Heinz Damian

# DER ROTE ADVOKAT



MOLDEN
VERLAG

HEINZ DAMIAN

# DER ROTE ADVOKAT

## SCHULWEGE, POLITISCHES, SKURRILES

MOLDEN VERLAG, WIEN

Die deutsche Bibliothek – CIP-Einheitsaufnahme

Damian, Heinz
Der rote Advokat – Schulwege, Politisches, Skurriles/Heinz Damian –
Wien: Molden Verlag, 2004
ISBN 3-85485-114-6


www.molden.at
Umschlagentwurf: Veronika Molden
Lektorat: Franz Schrapfeneder
Herstellung: Alfred Rankel
Satz: Zehetner Ges. m. b. H.
Druck: GGP Media GmbH

ISBN 3-85485-114-6

# Inhalt

# Vorwort

Zu einem Buch gehört ein Vorwort.

Dieses wird zwar selten gelesen, wenn doch, dann meistens nachher, wenn das Buch als Ganzes „konsumiert" wurde; aber zumindest für diesen Fall soll dieses Vorwort dienen.

Es heißt, wenn man auf sein Leben zurückblickt, sollen drei Dinge geschehen sein:

1. die Geburt eines Sohnes;
2. das Pflanzen eines Baumes;
3. das Schreiben eines Buches.

Bei der ersten Voraussetzung stoße ich schon an, aber ich glaube, drei Töchter wiegen einen Sohn mehrfach auf.

Vor ca. 40 Jahren habe ich ein Fichtenbäumchen, welches damals 25 cm klein war, eingesetzt. Heute ist es ein Riesenbaum, weit größer und schöner als jener, der jedes Jahr zu Weihnachten vor dem Rathaus steht.

Also fehlt nur noch das Buch, und ich habe zwar in meinem Leben berufsmäßig sehr viel geschrieben, habe mich auch eine zeitlang als freier Mitarbeiter bei der in hohem Renommee stehenden und damals noch existenten „Arbeiterzeitung" betätigt, aber eine geschlossene literarische Arbeit fehlt noch.

Mit diesem Buch versuche ich, diese Lücke zu schließen.

Ursprünglich habe ich den zweiten Teil des Buches geschrieben, nämlich die „Schulwege". Als ich diesen Teil des Buches bei Verlegern unterzubringen versuchte, wurde mir in aller freundlichen Anerkennung versichert, dass die „Schulwege" für ein Buch zu kurz seien. Einer meiner Freunde regte an, doch die skurrilen Erlebnisse hauptsächlich aus meiner Berufszeit zu Papier zu bringen, und daraus entstand dann die Idee, einen zweiten Teil unter dem Titel „Skurrile Geschichten" zu verfassen. Und so geschah es auch.

Mit diesen beiden Buchteilen habe ich dann neuerlich versucht, einen Verleger zu finden. Der mir aus der Jugend bekannte und in gemeinsamen Bestrebungen in der Südtirolfrage nahe gekommene Verleger Fritz Molden wies mich darauf hin, dass ich in meinem Leben so viel mit Politik zu tun gehabt habe und dieser Teil in einer doch vorwiegend selbstbiographischen Darstellung nicht fehlen sollte, und meinte, dass eine entsprechende Einleitung in dieser Richtung das Buch sicherlich bereichern würde.

Ich habe mich also hingesetzt und als Einleitung und schließlich ersten Teil des Buches „Ich über mich“ in dieser Richtung verfasst, und so ist das Buch nun in drei Teile gegliedert, wobei der selbstbiographische Teil und die „Schulwege“ direkt zusammengehören – ähnlich wie im altgriechischen Theater (ich habe acht Jahre lang ein humanistisches Gymnasium besucht und deshalb eine starke Affinität zu diesem Kulturkreis), wo bei Theateraufführungen der Tragödie immer die Komödie folgte, denn die Griechen waren ein heiteres Volk und meinten, es solle niemand nach einem Theaterbesuch traurig heimgehen.

Nun sind die Schulweggeschichten ja sicherlich bereits eine wesentliche Auflockerung meiner Lebenserinnerungen und muten eigentlich nicht wie eine Tragödie an, aber es sind besinnliche Darstellungen, und die skurrilen Geschichten, die den dritten Teil des Buches bilden, sollen den heiteren Abschluss darstellen.

Der erste Teil des Buches ist dem Umfang des Themas entsprechend eine lange Einleitung geworden. Der zweite Teil wählt die „Schulwege“ als Leitlinie.

Dieses Buch ist ja eigentlich nicht für meine Generation, sondern für Kinder und Enkelkinder geschrieben worden, zur Vermittlung jener alltäglichen Episoden in einer bewegten, nicht immer sehr schönen Zeit. Es ist nicht einfach, diese Zeit den Jungen zu erklären, weil sie vielfach am Verstand der damaligen Menschen zweifeln, die es zulassen konnten, dass man wegen „Abhören“ eines ausländischen Radiosenders hingerichtet werden konnte, dass Nachbarn und Freunde einfach nur deswegen, weil ihre Voreltern einmal aus Galizien nach Wien gekommen waren, misshandelt, gequält und umgebracht wurden, und das alles von Staats wegen, und die schließlich den mörderischen Unsinn eines jahrelangen Krieges mit allen nachfolgenden Gräueln nicht begreifen. Alles Tatsachen, die von der Ursache her nur von Historikern beurteilt werden können.

Im zweiten Teil spielt die Schule keine ausschließliche Rolle, sondern die Umwelt: das „Nebenbei" habe ich „einzufangen" versucht. Es soll gezeigt werden, dass auch in dieser Zeit das alltägliche Leben weitergegangen ist und es schöne Dinge, heitere Erlebnisse und besinnliche Stunden gegeben hat.

Am Schluss soll wie gesagt die heitere Skurrilität regieren.

Ich hoffe, dass dieses Buch durch die vorgenommene Gliederung gerade deshalb Freude bereitet.

# Der Weg zur Politik

## Kindheit – Jugend – Studium

Wie weit reicht die Erinnerung eines heute fast 80-jährigen Menschen zurück?

Ich bin 1925 geboren, das ist das Jahr der Einführung der Schillingwährung in Österreich. Den ersten Schimmer einer Erinnerung habe ich an ein Weihnachtsfest. Ich sehe den Weihnachtsbaum vor mir, und unten befand sich eine Eisenbahn. Das dürfte wohl erst 1927 gewesen sein. Da ich im Jänner 1925 geboren bin, war ich damals noch nicht ganz drei Jahre alt. Ich weiß auch noch – allerdings wurde mir das erst später bewusst –, dass die Erzeugerfirma dieser Eisenbahn Bing geheißen hat. Diese Firma gibt es längst nicht mehr, es war auch keine sehr große Eisenbahn, denn das hätten sich meine Eltern nicht leisten können. Sie haben sicherlich sehr viel und lange gespart, damit sie mir überhaupt dieses Geschenk machen konnten. Es gab wie gesagt eine grüne Lokomotive und ich glaube ein oder zwei Wagen dazu und natürlich auch Schienen. Die Lokomotive hatte einen Federantrieb, der musste aufgezogen werden und war sicherlich bald kaputt.

Wir wohnten damals in der Neubaugasse im 7. Bezirk in einer recht hübschen Wohnung, bestehend aus Zimmer, Küche, Kabinett und einem großen Vorzimmer, das ein Fenster auf den Gang hatte und als Essraum gestaltet war. Der Essplatz war von einer Lamperie umgeben, auf die Blumen, kleine Vögel und Herzchen gemalt waren. Laut Schilderung meiner Eltern bin ich auf dieser Lamperie immer herumgegangen und habe mit den Fingern auf die Malerei gezeigt und „Tudli“ (Vögel), „Mumi“ (Blumen), „Hatzi“ (Herz) gesagt; ein Geschirr, das ich erst in neuerer Zeit erworben habe, wird deshalb „Tudlimumihatzi-Geschirr“ bezeichnet.

An den schrecklichen Winter des Jahres 1929 gibt es auch eine Erinnerung. Und zwar an eine Fahrt mit der Straßenbahn auf einer offenen Plattform. Damals waren noch nicht alle Plattformen auf den Straßenbahnzügen geschlossen. Ich habe damals vor Kälte geweint, es hatte ja immerhin minus 30 Grad. Ein Wasserrohrbruch am Gang unseres Wohnhauses verwandelte das Stiegenhaus in einen Eislaufplatz. Auch an das kann ich mich noch erinnern.

Die erste Erinnerung an die Politik bezieht sich auf den Maiaufmarsch in Wien. Bis zum Jahre 1932 fand er jedes Jahr statt. 1933 wurde er von den „Vaterländischen", wie man die zur Macht gekommene Allianz zwischen Christlich-Sozialen und Heimwehr in unseren Kreisen bezeichnete, verboten. Die Sozialdemokratie rief zu einem friedlichen Protestspaziergang über den Ring auf, der auch sehr gut besucht war, aber natürlich keinem Vergleich mit den Maifeiern der Vorjahre standhielt. Diese Maifeiern waren immer ein großes Ereignis, wenn die Mitglieder der sozialdemokratischen Partei aus allen Wiener Bezirken zu Fuß über den Ring zogen. Auf der Tribüne sah man in der Mitte die achtunggebietende Gestalt des Bürgermeisters Karl Seitz, flankiert von den Funktionären der Partei, unter denen der spätere Bundespräsident General Körner herausragte. Ich zog mit den Eltern mit, hatte eine kleine rote Fahne, winkte, und ich weiß noch, dass Bürgermeister Seitz mir zurückgewinkt hat.

Zwanzig Jahre später, als ich als Obmann des Verbandes Sozialistischer Studenten am sozialdemokratischen Parteitag, wie es eben meiner Jugend entsprach, oppositionelle linke Töne als Delegiertensprecher der Studenten von mir gab, gab Karl Seitz, der in der ersten Reihe als Patriarch thronte, seinem Missfallen deutlich Ausdruck. Karl Seitz war aber als Repräsentant des so genannten „Roten Wien" ein allseits beliebter und hoch geachteter Mann. Ich kann mich noch erinnern, als ich einmal mit meinem Vater in der Nazizeit in einem Wiener Kaffeehaus war – das muss etwa im Jahre 1940 oder 1941 gewesen sein –, dass Karl Seitz hereinkam und nicht nur mein Vater, sondern auch viele andere Leute aufstanden und ihn ehrfurchtsvoll begrüßten. Das war damals eine gar nicht so ungefährliche Demonstration!

Im Frühjahr 1931 erhielten meine Eltern ein Siedlungshaus in der Flötzersteigsiedlung. Das Bauprogramm des so genannten „Roten Wien" war schon damals durch Behinderungen der von den Christlich-Sozialen dominierten Regierung eingeschränkt, aber es wurde immerhin noch gebaut, und das sehr zum Missfallen der Regierung. Dass für Arbeiter und so genannte „kleine Leute" Wohnungen gebaut wurden, in denen sich Wasser und Klosett innen befanden und sogar Platz für ein Badezimmer war, wurde von der christlichen Regierung als überflüssig erachtet. Natürlich waren die Bewohner dieser Gemeindebauten und natürlich auch der Gemeindesiedlungen größtenteils in der Sozialdemokratie organisiert, aber es wurde immerhin Wohnraum für fast eine Viertelmillion Menschen geschaffen. Die ganze Welt bestaunte dieses Aufbauwerk. Dazu kamen die Kindergärten, die Kinderfreibäder, soziale Einrichtungen und insgesamt eine Aufbruchstimmung, die im Gegensatz zu den tristen wirtschaftlichen Verhältnissen im übrigen Österreich stand.

1934 war in weniger als drei Tagen alles vorbei. Mit Kanonen wurde auf die Gemeindebauten geschossen, aus denen – das muss man der Objektivität halber sagen – natürlich auch herausgeschossen wurde.

Die freien Schulbücher wurden abgeschafft, die Schuldirektoren, soweit sie der sozialdemokratischen Partei angehörten, ihrer Funktion enthoben, der Bürgermeister Seitz mit Gewalt aus dem Rathaus vertrieben. Alles das ist allgemein bekannt, wird heute als Austrofaschismus bezeichnet, allmählich vergessen werden und mit dem Ableben meiner Generation wohl endgültig aus der Erinnerung in die Geschichtsbücher wandern.

Die Bedeutung der Auseinandersetzung zwischen Rot und

Schwarz für Österreich ist aber nicht wegzudenken. Sie beherrschte auch weitgehend die nähere Vergangenheit und beherrscht bis zu einem gewissen Grad auch die Gegenwart. Die Überwindung des Gegensatzes ist ein Problem, unter dem auch die Politik der 2. Republik schwer zu leiden hatte.

Das lässt sich alles auch in den Büchern nachlesen. Ein Portisch, ein Andics und viele andere haben darüber sehr ausführ-

*Mit den Eltern, 1. Mai 1928*

lich und eingehend geschrieben. Es soll hier in diesem Rahmen nur dargestellt werden, wie diese Situation auf mich als heranwachsenden Menschen wirkte.

Bei uns in der Flötzersteigsiedlung war der erste Mai natürlich immer ein großer Feiertag. Schon um fünf Uhr früh wurde mit Trompetenstößen geweckt, damit man rechtzeitig zu Fuß auf den Ring kam. Nach einem genauen Marschplan setzten sich die Züge aus den Bezirken in Bewegung. Wir kamen etwa um sieben Uhr zu den Sammelplätzen und dann ging es über die äußere Mariahilfer Straße, die innere Mariahilfer Straße und danach zum Ring. Eine eigene Siedlungsmusik zog dem Zug voraus, alles ehrenamtlich, ohne Honorar.

Heute kostet der Maiaufmarsch die Sozialdemokratie viel Geld, weil alles bezahlt werden muss, natürlich auch die Musikkapellen. So ändern sich die Zeiten. Der Idealismus ist etwas, das weitgehend der Vergangenheit angehört. Ich sage das nicht bedauernd, denn jede Zeit hat ihre Ausdrucksform, es ist eine nüchterne Feststellung, und wenn man überlegt, dass der so genannte Idealismus sicherlich nicht dazu beigetragen hat, politische Gegensätze zu überbrücken, soll man eigentlich nicht böse darüber sein, dass er nicht mehr in diesem Maße vorhanden ist wie früher.

Im Gegensatz zum kampflosen Untergang der deutschen und italienischen Sozialdemokratie gegenüber dem deutschen und italienischen Faschismus wurde in Österreich zumindest drei Tage Widerstand geleistet. Aber dieser Widerstand hatte oft auch skurrile Seiten: Der Generalstreik wurde nur in Wien und im näheren Bereich befolgt. Die Eisenbahnen fuhren weiter. Es gab Einheiten des sozialdemokratischen Schutzbundes, die erst am Abend mobil waren, weil die einzelnen Teilnehmer bei Tag an ihrem Arbeitsplatz blieben, den sie nicht verlieren wollten. Die Waffenverstecke wurden so geheimgehalten, dass nach der Inhaftierung der Funktionäre niemand mehr wusste, wo sich Waffen befinden.

Es war also klar, dass gegen die Übermacht von Bundesheer

und paramilitärischen Heimwehr- und Sturmscharverbänden (das war die Organisation der Vaterländischen Front, spöttisch auch als „Surmscharen" bezeichnet) keine Chance bestand. Es hat nachher geheißen, Otto Bauer und Julius Deutsch – beide Spitzenfunktionäre der Sozialdemokratie – hätten durch ihre Flucht in die Tschechoslowakei Schuld am Zusammenbruch des Widerstandes gehabt. Das ist natürlich Unsinn, denn Dollfuß und Starhemberg warteten ja nur darauf, dass sie die beiden aufhängen konnten. Das ist der Grund, warum eine Versöhnung zwischen den „Schwarzen" und „Roten" bis heute so schwierig geworden ist, weil nämlich nach der vorhersehbaren Niederlage der Sozialdemokratie die Standgerichte tätig wurden.

Die „Kinderfreunde", eine Unterorganisation der Sozialdemokratie, veranstalteten jedes Jahr ein Kindertreffen auf einer Wiese im Wienerwald. Dazu wurden Pferdewagen geschmückt, die Kinder fuhren aus verschiedenen Bezirken dorthin, und es gab dort allerlei Lustbarkeiten für Kinder, sogar etwas zu essen, was damals gar nicht so selbstverständlich war. Aber es bestand immer die Gefahr, dass diese Veranstaltung gestört wurde, nicht so sehr von den Christlichen, sondern von den Heimwehrlern, verächtlich „Hahnenschwänzler" genannt wegen des Aufputzes auf ihren Hüten. Die störten die Veranstaltungen, und gefährlich waren natürlich die Nazis, die auch im Gegensatz zur christlichen Regierung standen, aber in erster Linie die „Roten" bekämpften.

Am Kinderfreundefest, an dem ich teilnahm, übernahm eine Schutzbundeinheit die Sicherung, Kommandant war Münichreiter, ein Arbeiter, der die Möglichkeiten, die die Sozialdemokratie für die Weiterbildung bot, genützt hatte. Er war dann Kommandant des Schutzbundes im 13. Bezirk, und nach der Niederlage im Februar 1934 wurde er schwerverwundet mit Lungenschuss und fast bewegungsunfähig vom Standgericht zum Tode verurteilt und auf der Bahre zum Galgen geschleppt.

Interventionen, insbesondere auch beim damaligen Kardinal und bei kirchlichen Stellen, wurden brüsk abgelehnt. Der Kommandant der Feuerwache in Floridsdorf, Diplomingenieur Weissl, Befehlshaber der dortigen Schutzbundeinheit, erlitt das gleiche Schicksal. Das Gericht sprach ihm sein Wohlwollen aus, weil er alle Schuld übernommen hatte und erklärte, seine Leuten seien nur auf seinen Befehl ausgerückt, aber dessen ungeachtet wurde er zum Tod verurteilt und drei Stunden später hingerichtet! Als die westliche Auslandspresse gegen diese Hinrichtung protestierte, versicherte Bundeskanzler Dollfuß, dass es in Wien künftig keine Hinrichtungen geben werde. Als einige Tage später der sozialdemokratische Nationalratsabgeordnete und Bürgermeister von Bruck an der Mur, Wallisch, in den steirischen Bergen gefangen wurde, wurde er in Leoben abgeurteilt und gehängt. Dollfuß hielt also Wort, dass es in *Wien* keine Hinrichtungen mehr geben werde.

Die langjährigen Gefängnisstrafen, verhängt von den österreichischen Gerichten des Ständestaates, die dann, als die Nazis kamen, vielfach in KZ-Haft in Dachau/Buchenwald und anderen Lagern fortgesetzt wurden, betrafen viele Sozialdemokraten. Auch den Jugendfunktionär Bruno Kreisky hat es damals ereilt. Seine diesbezüglichen Ausführungen und seine mutige Verteidigungsrede vor dem Gericht sind in seinen Memoiren nachzulesen.

Ich war zu dieser Zeit neun Jahre alt, mein Vater hatte am 13. Februar im Keller zwei provisorische Betten aufgestellt, weil die Beschießung der Siedlung vom Bundesheer angedroht wurde. Der Krieg, das war immer die große Angst in meiner Kindheit, und nun war er da. Es kam nicht zur Beschießung, aber die Angst blieb, auch nach der so genannten „Normalisierung“ der Lage.

In der Schule musste jetzt immer in der Früh vor Schulbeginn gebetet werden, einmal im Monat fand eine Schulmesse statt. Der Religionslehrer fragte genau, welches Messgewand der Priester am Sonntag getragen habe, um zu überprüfen, ob man auch die Messe besucht habe. Meine Eltern mussten nochmals, nunmehr kirchlich, heiraten; ich schildere diese Episode im zweiten Teil dieses Buches.

Wir wurden also perfekt auf den Nationalsozialismus vorbereitet, indem uns alle Nachteile eines Gewissenszwanges und der politischen Diktatur durch den österreichischen Faschismus, dessen Hauptunterschied zum Nationalsozialismus darin bestand, dass er durch Schlamperei gemildert war, vor Augen geführt wurden.

Dazu kam noch eine katastrophale wirtschaftliche Lage, eine Massenarbeitslosigkeit, und zwar eine echte Arbeitslosigkeit mit Aussteuerung nach einem Jahr. Danach gab es überhaupt nichts mehr außer Klostersuppe, und es ist daher kein Wunder, dass in dieser Situation nur wenige dem von den Nazis 1938 abgelösten Regime eine Träne nachweinten.

Der hysterische Begeisterungsrummel des Jahres 1938, als die Nazis in Österreich einzogen, hatte seine Ursache darin, dass sich die Regierung eines Dollfuß – und nach seiner Ermordung durch die Nazis eines Schuschnigg – nur auf eine Minderheit der Bevölkerung stützen konnte. Bei der letzten freien Wahl des Jahres 1932 hatte die Sozialdemokratie als stärkste Partei über 40% der Wählerstimmen erhalten, die Nationalsozialisten waren im Parlament überhaupt nicht vertreten, aber nicht deshalb, weil sie nicht da waren, sondern weil sie kein Grundmandat erobert hatten, was nach dem damaligen Wahlrecht erforderlich gewesen wäre.

An sich war die Situation so, dass etwa 40% der Bevölkerung im linken Lager standen, 30% bereits nationalsozialistisch infiltriert waren und die Regierung sich daher nur auf höchstens 30% des Volkes stützen konnte. Die stärkste Widerstandskraft gegen den Nationalsozialismus, die Sozialdemokraten, waren ausgeschaltet und im Wesentlichen nicht bereit, für das Regime, das sie mit Kerkerstrafen und Hinrichtungen gequält hatte, ins Feld zu ziehen. Demgemäß hat dann

Schuschnigg mit den Worten „Wir weichen der Gewalt, Gott schütze Österreich“ das Land dem deutschen Nationalsozialismus überlassen.

Wie habe nun ich diesen Übergang und das Ende Österreichs im Jahr 1938 erlebt?

Es ist noch in Erinnerung: Am 13. März, das war der Tag der beginnenden Besetzung Österreichs, wurde ich geweckt durch das donnernde Geräusch der Flugzeuge, die Wien überflogen und in Aspern landeten. Es kam mir so vor, als wären es Tausende gewesen. Dann kamen die motorisierten Einheiten der deutschen Wehrmacht, und schließlich kam Hitler selbst. Natürlich haben wir seinen Einzug gesehen, durch die Linzer Straße fuhr er und grüßte mit erhobenem Arm die jubelnden Massen.

In der Hütteldorfer Straße gab es ein Lebensmittelgeschäft, das ein bisschen an die heutigen Supermärkte erinnerte. Es war das Geschäft der Frau Lotte Kellner, einer Jüdin. Man wurde dort hervorragend bedient, es war alles preiswerter, und die Ware war ausgezeichnet. Am 13. März raubten die Greißler der Umgebung das Geschäft aus, alles mit Duldung und Unterstützung der nationalsozialistischen Schlägertrupps, die, was nicht gestohlen wurde, zertrümmerten. Meine Mutter schüttelte in aller Öffentlichkeit Frau Kellner, die vor den Trümmern ihrer Existenz stand, die Hände und umarmte sie. Das hätte alle möglichen nachteiligen Folgen nach sich ziehen können, aber Gott sei Dank hat niemand eine Anzeige erstattet.

Es wurde angeordnet, überall Hakenkreuzfahnen auszuhängen. Das war bei uns relativ einfach, weil wir eine rote Fahne hatten, in die einfach nur ein weißer Kreis mit einem schwarzen Hakenkreuz eingenäht werden musste. Es wurde genau kontrolliert, ob überall eine Fahne ausgehängt war.

Wir waren mit einer Familie befreundet, der Mann war Polizeibeamter, die Frau Englischlehrerin. Sie war Jüdin und drehte in der Nacht vom 13. auf den 14. März den Gashahn auf. Damals gab es noch kein Erdgas, sondern nur Stadtgas, das im Simmeringer und Leopoldauer Gaswerk aus Kohle gewonnen wurde. Dieses Gas war zwar nicht so explosiv wie das heutige Erdgas, aber nicht entgiftet und daher nach relativ kurzer Zeit der Einatmung tödlich. Der Großteil der Selbstmorde aus politischen und auch aus wirtschaftlichen und persönlichen Gründen wurde damals in Wien durch das „Aufdrehen des Gashahnes“ bewerkstelligt.

Alle diese Tragödien gingen aber im allgemeinen Begeisterungsrummel, weil man endlich die ungeliebte Regierung losgeworden war, unter. Da von den Aktionen der Nationalsozialisten nur ein kleiner Teil der Bevölkerung betroffen war und die jüdische Bevölkerung größtenteils im 2. Bezirk lebte, wurde das allgemeine Leben eigentlich dadurch nicht sehr gestört. Die Linksfahrordnung wurde auf Rechtsfahrordnung umgestellt, es wurde auch wieder gebaut, und es gab für alle Arbeit. Die Bettler, die uns jeden Sonntag immer besucht und jeweils einige Groschen bekommen hatten, machten einen Abschiedsbesuch, bedankten sich für die jahrelange Unterstützung und teilten mit, dass sie jetzt Arbeit gefunden hätten und nicht mehr betteln gehen müssten.

Es gab also eine Art Aufbruchsstimmung, und als Hitler dann die Sudentengebiete der Tschechoslowakei besetzte, fand er eigentlich entsprechende Zustimmung bei der Bevölkerung. Die Tschechen hatten, wesentlich gemilderter als die Italiener in Südtirol, eine gezielte Entnationalisierungspolitik gegenüber der deutschen Minderheit ausgeübt, und man war allgemein der Ansicht, dass das Vorgehen Deutschlands gegenüber der Tschechoslowakei zum Schutze der eigenen Landsleute berechtigt sei. Als dann die westlichen Demokratien durch ihre Regierungschefs Chamberlain und Daladier mit dem so genannten Münchner Abkommen vor Hitler kapitulierten, schien alles in Ordnung, und die Vereinnahmung der Rest-Tschechoslowakei etwa ein halbes Jahr später zeitigte auch keine Reaktionen des demokratischen Westens. Man hatte den

Eindruck, Hitler beseitige den so genannten Versailler Vertrag „ohne einen Schwertstreich" – so hieß es auch immer in der nationalsozialistischen Propaganda –, und die Bevölkerung war im Wesentlichen damit einverstanden, auch in Österreich. Der Widerstand, so es ihn gab, blieb unbemerkt.

Das alles änderte sich erst mit Kriegsbeginn. Meine Eltern sorgten damals dafür, dass ich nicht in der in eine nationalpolitische Erziehungsanstalt umgewandelten Bundeserziehungsanstalt, in der ich das Gymnasium besucht hatte, verblieb. Mein bester Schulfreund, der aus einer sehr christlichen Familie stammte, und ich kamen in das Gymnasium in der Fichtnergasse, und ungeachtet unserer gegensätzlichen politischen Einstellung blieben wir gute Freunde.

Im Jahr des Anschlusses Österreichs an Deutschland fuhren wir im Sommer nach Südtirol, waren vorher vierzehn Tage in Grado gewesen. Ich bin damals das erste Mal am Meer gewesen, und als politisches Erlebnis ist mir in Erinnerung, dass ich auf der Fahrt von Grado nach Triest mit dem Schiff bzw. dann auf der Rückfahrt, weil es am Abend kühl wurde, eine Jacke anzog, auf der ich das damals in der Schule übliche nationalsozialistische Schülerabzeichen trug, was einen mitreisenden italienischen Arzt, der sehr gut Deutsch konnte, zu abfälligen Bemerkungen über Hitler und den Nationalsozialismus veranlasste. Diese Bemerkungen gegenüber meinen Eltern wurden zunächst von diesen ignoriert, weil man nicht wusste, ob es sich nicht um irgendeinen Spitzel handelt. Erst als er dann direkt mich anging, veranlassten mich meine Eltern, dieses Abzeichen abzunehmen. Daraus schloss ich, dass im faschistischen Italien jedenfalls unter der Bevölkerung gegenüber dem Nationalsozialismus in Deutschland offensichtlich nicht überall Sympathie herrschte, obwohl natürlich die gleichgeschaltete Presse in beiden Ländern das Gegenteil behauptete.

Im folgenden Jahr überraschte uns der Kriegsausbruch auch wieder in Südtirol. Meine Eltern erwogen damals ernsthaft, die

Gelegenheit des Auslandsaufenthaltes zu nützen und zu versuchen, ins westliche Ausland zu gelangen, um dem Krieg zu entgehen. Meine Eltern hatten vor allem Sorge, dass mir etwas zustoße, mein Vater war damals bereits 45 Jahre alt, es bestand also unmittelbar keine Gefahr, dass er zum Militär eingezogen würde. In unserem Freundeskreis in Südtirol herrschte mit wenigen Ausnahmen die Auffassung, dass Deutschland den Krieg verlieren werde, dass es aber, bis es dazu käme, lange dauern werde.

Da ich damals vierzehn Jahre alt war, war die Wahrscheinlichkeit hoch, dass man mich zum Militär einziehen werde, bevor der Krieg zu Ende sei. Dazu bestand auch die Gefahr des Bombenkrieges, der mich immer, wenn meine Eltern darüber sprachen, in furchtbare Angst versetzte, denn man befürchtete einen Gaskrieg. Dass es mit dem Atomkrieg noch viel schlimmer hätte kommen können, war damals nicht absehbar.

Wir fuhren also wegen stark reduzierten Zugverkehrs auf mehr oder minder abenteuerliche Weise von Bozen nach Wien, und als der Zug in Wiener Neustadt hielt, dröhnte aus dem Lautsprecher eine flammende Rede Görings, etwa des Inhaltes, wenn wir uns einschränken müssen, dann laufen wir eben in der Badehose rum. Meine Mutter machte leise die Bemerkung, dass der fettleibige Göring darin sicher kein erfreulicher Anblick wäre.

Es gab in den ersten beiden Kriegsjahren immer wieder Siegesfeiern, Polen wurde überrannt, bei Frankreich, Belgien und Holland dauerte es ein wenig länger, aber letztlich geschah dasselbe, dazwischen Norwegen, Dänemark, Jugoslawien und Rumänien, und schließlich war fast ganz Europa von Hitler unterworfen, und man erwartete allgemein die Invasion Englands. Dazu sollte es aber nicht kommen, Hitler war nicht mehr in der Lage. Er stürzte sich nun auf die mit ihm bis dahin durch einen skurrilen Freundschaftspakt verbundene Sowjetunion und besiegelte damit seinen Untergang, der allerdings noch fast vier Jahre auf sich warten ließ.

Mit Fortdauer des Krieges erlosch dann jede Begeisterung für den Nationalsozialismus in Österreich.

Das Abhören ausländischer Sender wurde unter schwere Strafen, unter Umständen sogar unter Todesstrafe gestellt. Natürlich hörte man die ausländischen Sender. Es gab eine Menge Information von Propagandasendern auf den britischen Inseln, die alle sehr gut empfangen werden konnten, und das schwindende Kriegsglück Deutschlands ließ sich auch zu einer Zeit, wo, abgesehen von den Luftangriffen, das deutsche Territorium noch nicht bedroht war, keineswegs verheimlichen.

Es bestand anfangs die Hoffnung, dass Österreich der Bombenkrieg erspart bliebe, denn die Österreicher erinnerten sich nun alle daran, dass sie eigentlich in einem Land lebten, das von den Alliierten befreit werden müsste, und meinten, wenn es überhaupt Luftangriffe gebe, diese höchstens auf militärische Ziele gerichtet sein würden.

Dem war natürlich nicht so. Als die ersten Angriffe Wiener Neustadt heimsuchten und die Stadt bald in Schutt und Asche legten, konnte man noch der Meinung sein, dass eben die dort domizilierten Flugzeugwerke das Ziel gewesen waren. Es folgten dann aber Terrorangriffe genauso wie in deutschen Städten auch auf Wien und Graz, Klagenfurt, Innsbruck und insbesondere auch auf Salzburg. Auch kleinere Städte wurden angegriffen, die Bomben wurden ziemlich wahllos abgeworfen und forderten dementsprechend viele Opfer unter der Zivilbevölkerung.

Dazu kam die permanente nervliche Belastung. Am Vormittag um elf Uhr wurde immer die Luftwarnung gegeben, in der Form, dass im Rundfunk ein Kuckucksruf erschallte. Man musste die Keller aufsuchen, darauf folgte das scheußliche Heulen der Sirenen, und dann fielen die ersten Bomben. Das begann etwa Ende 1943, das war auch die Zeit, in der ich zum Militär einrücken musste. Ich hatte noch Glück, dass ich ein halbes Jahr zurückgestellt war. Ich war 180 cm groß, wog aber nur 58 kg (heute sind es natürlich etwas mehr). Dadurch hatte ich aufgrund einer freundlichen Begutachtung durch österreichische Militärärzte eine Rückstellung auf ein halbes Jahr erreicht, die ich dadurch nützte, dass ich an der Hochschule für Welthandel zu studieren begann. Diese Entscheidung traf ich deshalb, weil ich bei einem Berufstest für das Betriebsmanagement geeignet gehalten wurde. Damals hieß es nicht „Management", sondern „Betriebsführung", aber wie bekannt ist, bin ich nicht in die Wirtschaft gegangen, sondern habe in der Folge den Anwaltsberuf ergriffen.

Da ich erst später einrückte, weil ich als „mindertauglich" eingestuft worden war, wurde ich zu den so genannten Landesschützen eingezogen. Das war ein wenig schlagkräftiger Haufen: die Jüngeren hatten irgendwelche Krankheiten oder waren so untergewichtig wie ich, und die älteren, 50-jährigen, waren eben nur alt, wie es mir damals vorkam. Heute ist ein 50-jähriger für mich jung. Ich wurde nach Hainburg einberufen, und es begann also dort die Ausbildung.

Ich muss noch nachtragen, dass ungeachtet der massiven und konsequenten regimegegnerischen Haltung meiner Eltern eine politische Prägung meiner Person stattfand, die einer gewissen Zwiespältigkeit nicht entbehrte. Irgendwie dachte die Jugend in dieser Zeit noch nicht österreichisch, sondern weitgehend deutsch. Man wünschte sich natürlich, dass man vom allgemeinen Strafgericht, das sicherlich einmal über Deutschland hereinbrechen werde, verschont bleibe und als Österreicher wieder einen selbstständigen Staat bekommen werde. Es gab aber damals auch – verbreitet über die ausländischen Rundfunksender, die man verbotenerweise hörte –, Überlegungen einer süddeutschen Union und einer Union etwa im Sinne des alten Österreichs. Es war also eine Zeit, in der nicht ganz klar war, was nach dem Krieg geschehen werde. Klar war nur, dass Deutschland den Krieg verlieren werde. Zumindest in unseren Kreisen war man davon überzeugt. Bei aller Ablehnung des Nationalsozialismus war eigentlich jeder überzeugt, dass er Deutscher sei. Das Entstehen eines eigenen österreichischen Nationalbewusstseins fällt erst in die Nachkriegszeit. Auch die sozialdemokratische Emigration in England bekannte sich zum Deutschtum, auch Österreich hat sich als „zweiter deutscher Staat" bezeichnet und auch der Text der damaligen Bundeshymne nahm darauf Bezug („deutsche Arbeit ernst und ehrlich"). Nur in Schweden hatte die Emigration, auch unter der vorausplanenden Lenkung eines Bruno Kreisky, das österreichische Nationalbewusstsein gepflegt.

Nun war es so, dass wir Jungen damals durchwegs der so genannten Hitlerjugend angehörten. Die Hitlerjugend, das war eine Organisation, die den jungen Leuten schon im Hinblick auf den späteren Militärdienst viele Sportmöglichkeiten bot und natürlich zu einer absoluten Politisierung führte. Auch wer durch das Elternhaus gegnerisch eingestellt war, so machte es doch Spaß, dort dabeizusein, das will ich gar nicht bestreiten, und es machte auch Spaß, dort eine entsprechende bessere Position innezuhaben. Es ist ja ganz interessant – in der Diktatur gibt es immer aufrechte und sehr tapfere Leute, die Widerstand leisten, die große Masse aber muss sich irgendwie arrangieren und auch überleben. Wenn eine entsprechende Begabung vorhanden ist, dann wird natürlich auch von Personen, die keine Sympathie für das politische System mitbringen, aus Karrieregründen mitgetan. Das war auch bei uns Jungen so, man nahm den bevorstehenden Untergang des Dritten Reiches ohne Trauer zur Kenntnis, aber solange es bestand, war eine Mitläuferschaft gegeben.

Die völlige gedankliche Umstellung erfolgte natürlich dann mit der Einziehung zum Militär und der ständigen Gefahr, an die Front geschickt zu werden, wobei für die Landesschützen, die ja eine unqualifizierte Truppe waren, die Partisanenbekämpfung vorgesehen war. Das waren eigentlich reine Himmelfahrtskommandos, und man war offensichtlich bei der Heeresleitung der Ansicht, dass die Aufopferung dieses Soldatenmaterials dem Reich den wenigsten Nachteil bringe. Es ging für mich nur darum, nicht zum Einsatz zu kommen. Das war gar nicht einfach, aber ich habe Gott sei Dank verständnisvolle Ärzte gefunden und einen Kreis von Freunden, die mir sehr geholfen haben, sodass ich zu der Zeit, als die Transporte in die Slowakei abgingen, im Lazarett sein konnte. Meine Militärdienstzeit beendete ich dann durch Flucht aus der deutschen Wehrmacht. Das war ein lebensgefährliches Abenteuer, so lebensgefährlich, dass ich es nicht einmal schildern möchte. Ich hatte ungeheures Glück, schlug mich zu meinen Eltern, die sich in Türnitz befanden, durch, und am letzten Kriegstag, dem 8. Mai, zogen die Sowjettruppen am Nachmittag in Türnitz ein. Der Krieg war aus. Die insbesondere aus der ersten Besatzungszeit bekannten Übergriffe der Besatzungstruppen waren zwar noch ein Problem, aber noch im Juni 1945 kehrten wir zu Fuß von Türnitz nach Wien zurück. Die Nachbarn hatten dafür gesorgt, dass niemand in unser leerstehendes Siedlungshaus eingezogen war, aber die im Keller befindlichen Lebensmittel waren natürlich nicht mehr vorhanden.

Ich hatte 1943, während ich von der deutschen Wehrmacht zurückgestellt war, ein Semester Welthandel studiert. Nach Kriegsende traf ich meinen Schulfreund und späteren hohen Richter Viktor Heller, der meinte, ich solle doch nicht Welthandel studieren, die Russen würden alle Maschinen wegführen und die Alliierten dafür sorgen, dass Österreich nur ein Agrarland werde. Er sagte, ich solle doch Jus studieren, da könne mir nichts passieren. Ich habe mich diesbezüglich überreden lassen, außerdem war die Universitätsmensa besser als die Mensa an der Hochschule für Welthandel. Das war in der damaligen Zeit ein gewichtiger Grund, die Universität zu wechseln, und ich begann mit dem Jusstudium, das ich dann unter Anrechnung von Semestern aus Kriegsdienstleistungen, einem Zwischenkurs während der Lazarettzeit und einem Semester Welthandel in der heute unwahrscheinlich kurzen Zeit von sechs Semestern mit dem Doktorat abschloss.

Während dieser Zeit begann meine eigentliche politische Tätigkeit, die, wie von meinem Verleger gewünscht, in dieses Buch, das eigentlich eine ganz andere Zielsetzung hatte, eingebaut werden soll.

Diese politische Tätigkeit gliedert sich in eine aktive während der Studentenzeit, unmittelbar danach in eine Tätigkeit als politischer Advokat und zuletzt in politische Zusammenarbeit mit Freunden, die die Politik als Beruf gewählt hatten.

Ich kann nicht mehr genau angeben, wann eigentlich was war. Aber in groben Zügen soll versucht werden, diese Zeit des Aufbruches und des Aufbaues nach dem Krieg und die Verwirklichung der Installierung der Demokratie in unserem Land, die es seit mehr als einem Jahrzehnt nicht mehr gegeben hatte, darzustellen, verbunden mit der Schilderung von Erlebnissen aus dieser Zeit.

Nach dem Krieg waren zur Wiederherstellung Österreichs als Staat von den Besatzungsmächten drei demokratische Parteien zugelassen: die ÖVP als Neugründung aus der ehemaligen Christlich-Sozialen Partei, die SPÖ als Nachfolgerin und teilweise Neugründung der alten Sozialdemokratie und die KPÖ, gefördert von der russischen Besatzungsmacht und damit in den Augen der Bevölkerung auch entsprechend belastet.

Während am Anfang alle Regierungsämter und Posten entsprechend den drei demokratischen Parteien vielfach dreifach besetzt waren, war es ganz interessant festzustellen, dass der so genannte Ständestaat, den die austrofaschistische Regierung nach dem Jahre 1934 als Allheilmittel gepriesen hatte, teilweise fröhliche Urständ feierte, denn Österreich wurde auf Jahrzehnte hinaus ein so genannter „Kammerstaat". Das heißt, die Kammern unter der Bezeichnung „Sozialpartnerschaft" regierten weitgehend das Land. Kammern entsandten nicht nur die Spitzenbeamten, die Abgeordneten, die Minister, sondern regelten als eine Art Nebenregierung die Belange des Landes, und man muss sagen, dass sie das eigentlich nicht schlecht gemacht haben. Persönlichkeiten wie Böhm, Raab, Sallinger und Benya waren auch menschlich sympathisch und integer und genossen in der Bevölkerung höchstes Ansehen und große Beliebtheit.

Der Kammerstaat erfasste alle Bereiche des täglichen Lebens und natürlich auch die Studentenschaft. Zunächst wurde die österreichische demokratische Studentenschaft gegründet. Das geschah in Ostösterreich im Wesentlichen unter russischer Patronanz; der Dreiecksstempel, den diese Institution nach sowjetischem Muster verwendete, machte das augenscheinlich. Einige Jahre später erfolgte die Umwandlung in die österreichische Hochschülerschaft. Diese beschäftigte sich mit Abwicklung von Auslandsreisen für Studenten, der Zulassung von ausländischen Studenten, mit alltäglichen Dingen wie dem Skriptenverlag, der Mensa, die damals sehr wichtig war, weil die Ernährung ja noch ein großes Problem darstellte, und nicht zuletzt auch mit der so genannten „Entnazifizierung". Diese stellte insofern ein Problem dar, als die jüngeren Studenten größtenteils alle bei der Hitlerjugend gewesen waren und dort auch Funktionen bekleidet hatten. Etwas ältere Studenten waren meistens im Krieg Offiziere der deutschen Wehrmacht und oft natürlich auch Mitglieder der NSDAP gewesen: es wurde also im „Hearing-Verfahren" geklärt, ob eine Zulassung zum Studium vertretbar war oder nicht. Und eigentlich war es in allen Fällen vertretbar.

Auf diese Weise wurde die so genannte „Entnazifizierung" allgemein durchgeführt; für Verbrechen in der NS-Zeit standen die Gerichte zur Verfügung, und alles andere wurde letztlich amnestiert bzw. gab es dann so genannte Sühneabgaben zu zahlen, die aber auch über kurz oder lang ausliefen. Und mit der Gründung der vierten Partei, damals VDU, heute FPÖ, die zunächst einmal alle ehemaligen Mitglieder nationalsozialistischer Organisationen, die ursprünglich nicht wahlberechtigt waren, einsammelte, war auch dieses Problem gelöst. Die Rückstellungsgesetze regelten die Rückstellung entzogenen

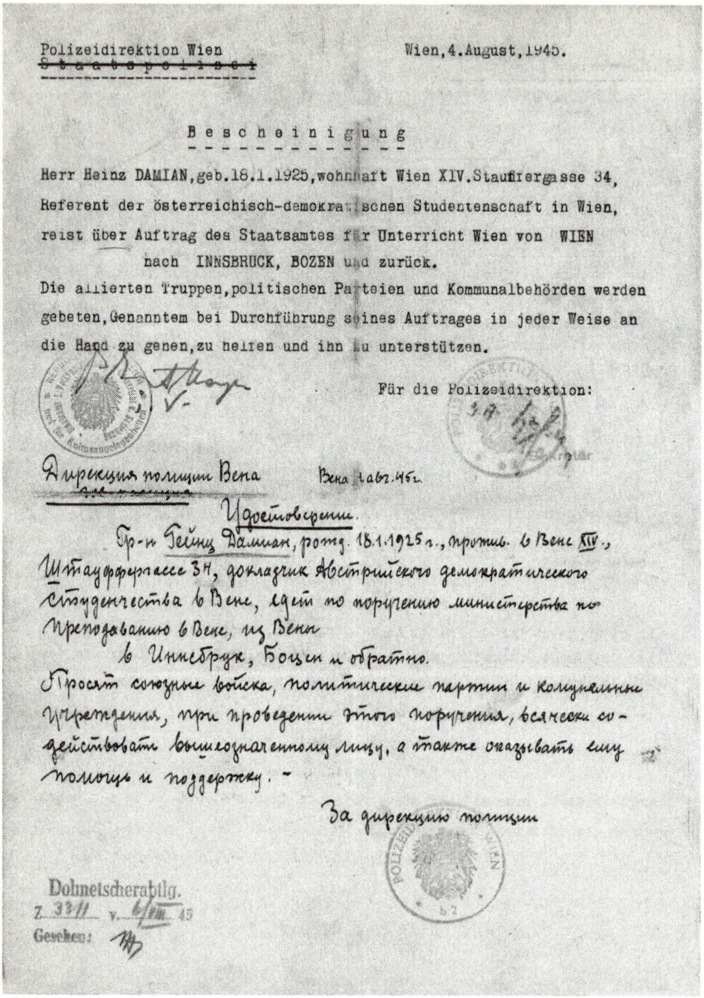

Polizeidirektion Wien Wien, 4. August, 1945.

~~Staatspolizei~~

Bescheinigung

Herr Heinz DAMIAN, geb. 18.1.1925, wohnhaft Wien XIV. Stauffergasse 34, Referent der österreichisch-demokratischen Studentenschaft in Wien, reist über Auftrag des Staatsamtes für Unterricht Wien von WIEN nach INNSBRUCK, BOZEN und zurück.

Die alliierten Truppen, politischen Parteien und Kommunalbehörden werden gebeten, Genanntem bei Durchführung seines Auftrages in jeder Weise an die Hand zu gehen, zu helfen und ihn zu unterstützen.

Für die Polizeidirektion:

Дирекция полиции Вена Вена 4 авг. 45 г.

Удостоверение.

Гр-н Гейнц Дамиан, рожд. 18.1.1925 г., прожив. в Вене XIV., Штауффергассе 34, докладчик Австрийского демократического студенчества в Вене, едет по поручению министерства по Преподаванию в Вене, из Вены в Иннсбрук, Боцен и обратно.

Просят союзные войска, политические партии и коммунальные учреждения, при проведении этого поручения, всячески содействовать вышеозначенному лицу, а также оказывать ему помощь и поддержку. –

За дирекцию полиции

Dolmetscherabtlg.
Z. 3311 v. 6/VIII. 45
Gesehen:

*Viersprachiges Dokument zur Überwindung der Zonengrenzen, Vorderseite*

Vermögens mit Verjährungsfristen, die allesamt in den 50er-Jahren abliefen, was aber natürlich die gegenwärtigen Bestrebungen, das damals begangene Unrecht, insbesondere an jüdi-

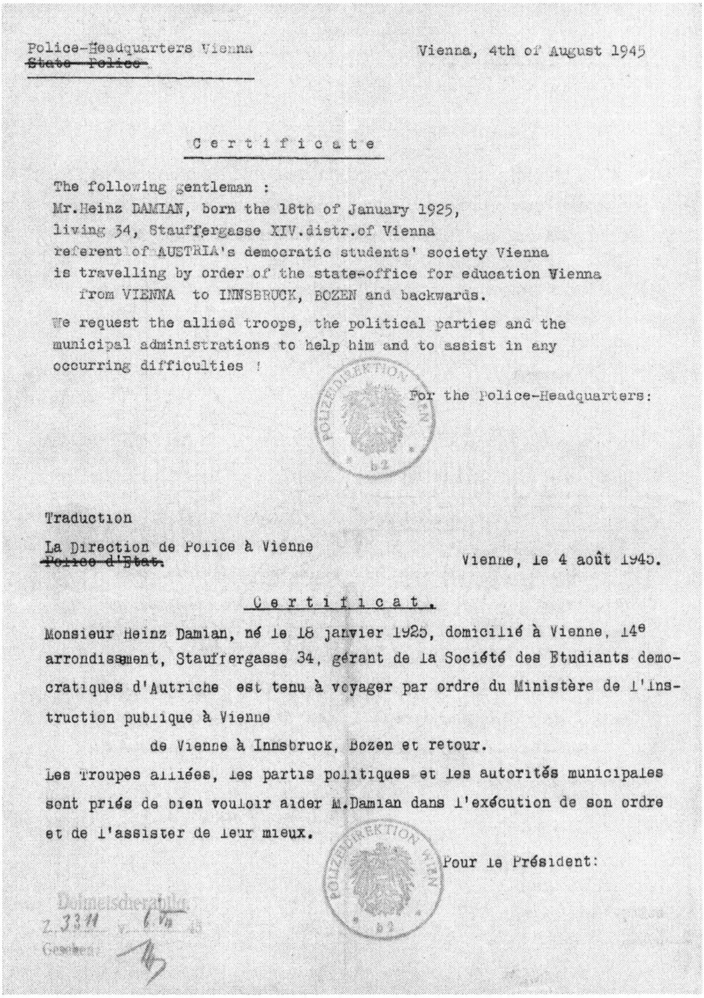

Police-Headquarters Vienna
~~State Police~~

Vienna, 4th of August 1945

Certificate

The following gentleman :
Mr.Heinz DAMIAN, born the 18th of January 1925,
living 34, Stauffergasse XIV.distr.of Vienna
referent of AUSTRIA's democratic students' society Vienna
is travelling by order of the state-office for education Vienna
from VIENNA to INNSBRUCK, BOZEN and backwards.
We request the allied troops, the political parties and the
municipal administrations to help him and to assist in any
occurring difficulties !

For the Police-Headquarters:

Traduction

La Direction de Police à Vienne
~~Police d'Etat.~~

Vienne, le 4 août 1945.

Certificat.

Monsieur Heinz Damian, né le 18 janvier 1925, domicilié à Vienne, 14e arrondissement, Stauffergasse 34, gérant de la Société des Etudiants democratiques d'Autriche est tenu à voyager par ordre du Ministère de l'instruction publique à Vienne

de Vienne à Innsbruck, Bozen et retour.

Les Troupes alliées, les partis politiques et les autorités municipales sont priés de bien vouloir aider M.Damian dans l'exécution de son ordre et de l'assister de leur mieux.

Pour le Président:

*Viersprachiges Dokument zur Überwindung der Zonengrenzen, Rückseite*

schen Mitbürgern, ihren Nachkommen gegenüber auszugleichen, nicht verhindert. Aber ab der Mitte der 50er-Jahre lebte man in Österreich, geführt von der Sozialpartnerschaft und den mehr oder minder von ihr installierten Regierungen, eigentlich angenehm und zufrieden.

Ich hatte mich ursprünglich nicht entschlossen, einer Partei beizutreten, sondern wollte zunächst einmal abwarten. Ich hatte Freunde in allen politischen Lagern, aber letztlich habe ich mich doch und auch relativ bald für die Sozialdemokratie entschieden und meine politische Tätigkeit im Verband sozialistischer Studenten begonnen.

Die Ernährungsfrage stand damals im Vordergrund, man hatte einfach nicht genug zu essen. Es gab zwar zahlreiche Hilfsorganisationen, aber das Problem blieb im Wesentlichen bestehen. Es wurde damals von der Hochschülerschaft eine Delegation zusammengestellt, die die Aufgabe hatte, die Kontakte mit der westösterreichischen Organisation herzustellen, denn es ging damals alles noch mehr oder minder einerseits in einer östlichen, andererseits in einer westlichen Hälfte des Landes vor sich. An dieser Delegation nahmen die Vertreter der politischen Parteien teil. Ich fuhr dabei eigentlich als Außenseiter mit, denn ich wollte die Gelegenheit ergreifen, in die Südtiroler Heimat zu kommen. Die Südtirolfrage war zu dieser Zeit schon höchst aktuell, es bestand noch eine beträchtliche Hoffnung, Südtirol für Österreich zurückzugewinnen, und ich wollte einfach in irgendeiner Form diesbezüglich aktiv werden. Es war auch zu überlegen, ob es nicht möglich wäre, Lebensmittel für die Studenten aus Südtirol zu bekommen. Aber das war eigentlich ein Vorwand, um mitfahren zu können, in Wahrheit ging es mir um Südtirol.

Wir wurden also mit Papieren ausgestattet, in denen die Besatzungsbehörden aufgefordert wurden, uns Schutz und Hilfe angedeihen zu lassen. In einem umfangreichen Dokument wurde in allen vier Sprachen dargelegt, wie wichtig diese Fahrt nach Westösterreich sei, und die Reise wurde also im Sommer 1945 kurz nach Kriegsende angetreten.

Wie ist man damals gereist? Um ein Uhr nachts fuhr ein Zug nach Westen, bestehend aus uralten Wagen, die überfüllt waren. Stehend bzw. angelehnt an die Waggonwände ging es bis St. Valentin, Fahrdauer sieben Stunden. Dort raus aus dem Zug, im Lastwagen zur Donau – das alles war von irgendwelchen lokalen Unternehmern organisiert –, dann mit Zillen über die Donau, drüben wieder im Lastwagen auf das Nordufer bis Urfahr, dort war die Zonengrenze. Das oberösterreichische Mühlviertel war russisch besetzt, der Rest Oberösterreichs amerikanisch. Eine Übertrittskarte in die US-Zone bekamen wir dort von Leuten, die daraus bereits ein Geschäft gemacht hatten. Gegen eine erträgliche Gebühr wurde die Karte verborgt, mit dieser Karte ging man über die Brücke, drüben stand der Partner, der die Karte wieder übernahm und man war im Westen.

Dort begaben wir uns gleich zur Stadtverwaltung auf der Landstraße. Der damalige Vertreter des Verbandes sozialistischer Studenten war der spätere erfolgreiche Bankier Dr. Schramke, der uns ein Quartier in einer beschlagnahmten Villa verschaffte, wo hauptsächlich Schauspieler untergebracht waren. Zu essen bekamen wir zwar nicht die duftenden Schnitzel mit Erdäpfelsalat, die für die städtischen Beamten vorbereitet waren, sondern einen etwas eigenartig schmeckenden Eintopf, aber das war für uns damals schon sehr viel.

Nun waren wir also zunächst einmal in Linz, mussten aber weiter nach Westen. Vor allem ich wollte nach Südtirol, und ich besprach mit meinen Reisepartnern, dass das Ernährungsproblem besser gelöst werden müsse. Und da kam ich auf folgende Idee – die natürlich sicherlich unerlaubt und strafbar war und heute Gott sei Dank verjährt ist, so dass ich darüber schreiben kann: nämlich genügend Lebensmittelkarten zu beschaffen.

Man bekam damals ja alles auf Lebensmittelkarten, und die desolate Verbindung zwischen den einzelnen Orten ermöglichte es, dass man sich in mehreren Orten anmeldete und daher mehrere Lebensmittelkarten bezog. Wir haben uns damals in der Folge in Salzburg, in Zell am See und in

St. Johann im Pongau angemeldet und so jeder drei Lebensmittelkarten erhalten und prächtig gelebt. Inzwischen versuchten wir, entsprechende Kontakte mit der dortigen Studentenorganisation zu knüpfen. Das lief auch ganz erfolgreich und führte in der Folge zu entsprechenden Ergänzungen der studentischen Mensen in Wien. Uns selbst ging es jedenfalls gut, wir lebten, wie man so schön sagt, wie Gott in Frankreich!

Dann ging es weiter nach Innsbruck. Dort war es wieder schlechter, denn in der französischen Zone war es ähnlich karg wie in der russischen Zone. Ich traf dort die ersten Landsleute – Südtiroler, die nach der Umsiedlung unter Hitler in Tirol verblieben waren. Diese Umsiedlungsaktion war aber Gott sei Dank auch von den Nazibehörden in Tirol sabotiert worden, so dass eine Schwächung der deutschsprachigen Südtiroler im Wesentlichen vermieden werden konnte. Danach gelangte ich mit einem noch verbliebenen Delegationsmitglied – die beiden anderen hatten inzwischen ihre Freundinnen im Westen gefunden und waren mit diesen nach Wien zurückgefahren – nach Südtirol.

Es ist wert, diesen Trip zu erzählen. Nach Kontaktnahme mit der Nordtiroler Landtagsregierung bekamen wir wieder schöne Papiere ausgestellt, aber nach Südtirol musste man natürlich „schwarz" gelangen. Einen legalen Übertritt gab es nicht. In dieser Richtung angeleitet, fuhren wir mit dem ersten Zug in der Früh nach Gries am Brenner, gingen hinein nach Obernberg, und von dort ging es neben dem Tribulaun hinüber nach Gossensass in Südtirol.

Mein Partner, ich glaube, er lebt nicht mehr, war sehr ängstlich, fürchtete immer, dass wir von den Franzosen erwischt würden, es hieß, von diesen werde man sehr brutal behandelt, also versteckten wir uns, wenn eine französische Militärstreife in der Nähe war, hinter Bäumen und gelangten schließlich auf eine asphaltierte Straße. Dort fand ich eine Dose, es war eine Öldose mit der Aufschrift „olio sasso", und wusste, dass wir bereits die Grenze überschritten hatten. Wir gingen nun vom

Berg hinunter, erreichten nach einigen Stunden Schelleberg, eine Ortschaft über Gossensass, und ich sagte zu meinem Partner: „Pass auf, aus diesem Bauernhof dampft es so gut, da werden wir sicher Knödel kriegen.“ Es war ein Sonntag, wir gingen hinein, erzählten, dass wir aus Wien kämen, und wurden sofort freundlich aufgenommen. Es gab, wie vorausgesehen, Knödel mit Salat, wir aßen uns ordentlich an und berichteten von den Greueln der Russen. Dann ging es weiter hinunter in Richtung Gossensass. Dort prophezeite ich meinem Partner, dass wir im Pfarrhof jausnen würden. Wir gingen hinein und wurden sofort zu Kaffee und Kuchen eingeladen, denn in Südtirol gab es bekanntlich alles. Es war damals für uns ein Land, wo „Milch und Honig flossen“.

Entsprechend dem Rat des Pfarrers ging es nach Gossensass zum Bahnhof. Es kam ein Zug, der dadurch auffiel, dass es im Inneren des Waggons keine Bänke gab, sondern alles am Boden saß. Mit diesem fuhren wir bis Blumau, und dann gingen wir den langen Weg hinauf in mein Heimatdorf Tiers. Es war bereits stockdunkel, und mein Partner wollte nicht mehr weiter gehen, also kehrten wir auf halbem Weg in Breien bei einem Schulkollegen meines Vaters ein. Wir hätten dort bleiben können, aber ich wollte unbedingt weiter. Um zwei Uhr früh langten wir in Tiers ein. Ich wusste, dass mein Wahlonkel Sepp dort inzwischen Bürgermeister geworden war, und wir klopften ihn mitten in der Nacht aus seiner Wohnung heraus. Er weckte sofort im Gasthaus Rose die Wirtin, die uns ein Zimmer bereit machte, und am nächsten Tag ging ich daneben in unser Stammhaus, wo wir bereits avisiert waren, und es begann eine Zeit, in der ich mich wie im Schlaraffenland wähnte.

Ich knüpfte dann bei Besuchen in Bozen die ersten Kontakte zur Südtiroler Landesverwaltung. Es war damals noch alles in Bezug auf Südtirols Zukunft offen. Uns fiel auf, dass die Reste der deutschen Wehrmacht dort in voller Uniform, wenngleich ohne Waffen, präsent waren. Es wurde zackig gegrüßt wie eh und je, die Südtiroler Volkspartei war damals bereits gegründet, und es gab auch eine kleine sozialdemokratische Gruppe. Wir suchten mit allen Kontakt, mein Reisepartner hatte ein Empfehlungsschreiben an den Gutsbesitzer und ehemaligen österreichischen Diplomaten Baron di Pauli, zu dem wir hinaus nach Kaltern fuhren, wo wir bestens beherbergt, verpflegt und betreut wurden. Dann ging es zum Grafen Kühnburg, der mit einer Fürstin Campofranco verheiratet war. Auch sie nahmen sich unser in liebevollster Weise an. Wir verbrachten wunderschöne Tage, sprachen mit lokalen Politikern. Dabei ist mir besonders Dr. Volgger in Erinnerung, der später Senator im italienischen Parlament wurde. Allgemein bestand die Hoffnung, dass Südtirol für Österreich zurückzugewinnen war.

Schließlich kam die Stunde des Abschieds. Wir wurden im so genannten „Heimkehrerzug“, beladen mit Rucksack und Koffern voll Lebensmitteln, nach Innsbruck gebracht. Ich getraute mich damals nicht einzuschlafen, weil ich fürchtete, es würde mir etwas gestohlen. Von Innsbruck ging es dann weiter, natürlich in Etappen und immer in der Angst, dass von dem kostbaren Gut, das wir an Ernährung mithatten, etwas verloren ginge. Zunächst kamen wir bis Brixlegg, dort war die Eisenbahnbrücke kaputt. Dann fuhren wir mit einer Fähre über den Inn, kamen mit der Zeit weiter bis Salzburg, von Salzburg nach Linz und dann schließlich mit einem der ersten Züge, der die Zonengrenze an der Enns passierte, nach Wien. Aussteigen in Hütteldorf, dort einen Helfer gechartert, der mit einem Packerl Zigaretten entlohnt wurde, und nach drei Monaten zu Hause angelangt und der Familie Ernährung für lange Zeit gesichert.

Zu dieser Zeit fanden überall in Österreich so genannte Südtirolkundgebungen statt mit dem Ziel, auf die Siegermächte einzuwirken und im Zusammenhang mit dem Friedensvertrag mit Italien eine Südtirollösung in der Form zu erreichen, dass das Land zu Österreich zurückkäme.

*Plakat zur Südtirol-Kundgebung 1945*

Auch die österreichische Hochschülerschaft veranstaltete eine solche Kundgebung im Auditorium maximum der Wiener Universität. Je ein Vertreter der damals zugelassenen politischen Parteien bzw. ihrer Ableger an den Hochschulen war als Redner vorgesehen. Ich weiß noch, dass für die SPÖ der damalige Vertreter in der Hochschülerschaft, Fritz Blumenschein, gesprochen hat; für die ÖVP (Freie österreichische Studentenschaft) sprach Dr. Rudolf Lewandowski. Für die Kommunisten sprach Dr. Hans Broda. Er war ein Bruder des späteren sozialdemokratischen Justizministers. Durch zufällige oder absichtliche Verwechslung hat die konservative Presse später dem sozialdemokratischen Justizminister unterstellt, er sei Kommunist.

Da ich gerade aus Südtirol zurückgekommen war, wurde der Gedanke geboren, dass ich als Vertreter der Südtiroler als Vierter sprechen sollte, was ich gerne annahm. Ich stellte mir eine lange Rede zusammen, in der ich sämtliche Untaten des faschistischen Regimes auflistete, die Gründe, warum es dann zur Option für Deutschland gekommen war, warum Südtiroler ausgewandert waren, teilweise freiwillig, teilweise gezwungen – jedenfalls ein entsprechend langes, ausführliches Referat.

Als dann die Kundgebung stattfand, gaben die beiden Sprecher der großen politischen Parteien ÖVP und SPÖ einen geschichtlichen Überblick und forderten lautstark die Beseitigung des Unrechtes und die Rückgabe des Landes an Österreich. Als dritter Sprecher kam Dr. Broda. Auch er gab einen langen historischen Überblick, er war aber ein schlechter Redner. Seine Stimme war nicht gut, er versprach sich häufig, die Zuhörer waren es müde, ein drittes Mal dasselbe zu hören, und es machten sich allgemeine Unruhe und sogar Unmutsäußerungen bemerkbar.

In diesem Augenblick war, nachdem mäßiger Beifall die Rede des Dr. Broda belohnt hatte, Zeit für meinen Auftritt. Ich überlegte blitzartig, dass es gar keinen Sinn hätte, das vorbereitete Konzept zu verwenden. Ich legte es weg und sprach keine fünf Minuten mit dem Kernsatz: „Wir wollen weg von Italien, wir wollen zurück zu Österreich." Ich erntete schon im Hinblick auf die ermüdenden Ausführungen der Vorredner einen ungeheuren Beifallssturm.

Nach Ende der Veranstaltung kamen viele Südtiroler, die in Wien ansässig waren oder angereist waren, zu mir, drückten mir ihre Freude über mein Statement aus, und ich wurde aufgefordert, in den Tiroler Bund bzw. in den Unterverein für Südtirol einzutreten. Ich habe das gemacht und gehofft, dass hier eine gewisse Basis für eine positive politische Tätigkeit für Südtirol ermöglicht würde, irrte mich aber insofern, als es sich dabei um eine Art Geselligkeitsverein handelte. Der Obmann spielte vor den Vorstandssitzungen ein Lied auf der Zither, und als er erfuhr, dass ich der Sozialdemokratie nahestehe und später im Verband der österreichischen Studenten Funktionen bekleidete, war er überhaupt entsetzt. Er versicherte immer wieder, dass Südtirol eine rein christliche Angelegenheit sei und man keinerlei Einmischung benötige – ein Unsinn, der auch die Politik der Südtiroler Volkspartei lange beherrscht hat. Mir hat später einmal Dr. Magnago – der Südtiroler Landeshauptmann und Vorsitzende der Südtiroler Volkspartei – ausdrücklich gesagt, er halte es für ausgeschlossen, dass die Sozialdemokratie jemals in Österreich den Bundeskanzler stellen werde. Mir ging es aber darum, meine Freunde in der sozialdemokratischen Partei für das Problem zu interessieren und sie als Mitstreiter zu gewinnen. Das wurde aber letztlich erst möglich, nachdem Kreisky Staatssekretär für auswärtige Angelegenheiten, in der Folge Außenminister und zuletzt Bundeskanzler geworden war.

Es ist ja heute allgemein bekannt, dass Kreisky mit seinem italienischen Parteifreund Saragat, als er Staatspräsident in Italien geworden war, eine Lösung ausgehandelt hatte, die praktisch einem Kondominium über das Land gleich gekommenwäre, die dann aber von der Südtiroler Volkspartei im Zusammenwirken mit der österreichischen Volkspartei deshalb abgelehnt wurde, weil man Kreisky den Erfolg nicht gönnte.

Wie dem auch sei, letztlich ist doch ein Zusammenwirken der politischen Kräfte in Österreich in der Südtirolfrage erreicht worden, und die Lösung, die heute nach vielen Schwierigkeiten, Kämpfen, Bombenattentaten, Verwundeten, Toten und Folterungen erreicht wurde, ist zwar aus österreichischer und Südtiroler Sicht nicht hundertprozentig befriedigend, aber es ist eine Regelung, mit der die Italiener leben können und mit der auch die Österreicher leben können, vor allem auch die Südtiroler. Durch den praktischen Wegfall der Grenzen in der EU ist dann jener Status erreicht worden, durch den sich die Regierungen beider Länder ermächtigt fühlten, der UNO die Beendigung des Streites bekanntzugeben.

## Politische Tätigkeit während der Studentenzeit

In der österreichischen Hochschülerschaft hatten die Konservativen natürlich eine erdrückende Mehrheit, die Freie österreichische Studentenschaft stand damals unter dem Vorsitz meines späteren Anwaltskollegen Dr. Karl Leutgeb, eines einmaligen politischen Talents, der Intelligenz und Volksnähe prächtig zu verbinden verstand. Er stammte aus Wien/Favoriten, kam aus einfachen Verhältnissen, war während des Krieges Offizier gewesen und hatte sich auch während des Krieges grundanständig verhalten. Er war dann für eine Politkarriere in der ÖVP vorgesehen gewesen, aber der Apparat hatte ihn zum Schaden der Partei hinausgeekelt, und er wurde ein überaus erfolgreicher Anwalt.

Es war in der damaligen Zeit, wo es der ÖVP gelang, aus der Furcht vor den Kommunisten (und den Russen) immer wieder die Sozialdemokratie anzupatzen, fast unmöglich, auf den Hochschulen entsprechende politische Erfolge zu erzielen. Die zweite Hochschulwahl fand dann bereits unter meiner Obmannschaft bei den Sozialistischen Studenten statt. Ich stellte entsprechende Kontakte mit den einzelnen Universitäten in Österreich her, man konnte bereits, wenngleich mit Viersprachenausweis, relativ unbehindert reisen, und bei dieser zweiten Hochschulwahl schnitten wir dann in einzelnen Universitäten und Hochschulen sehr gut ab und konnten unseren Stimmenanteil wesentlich verbessern.

Bei der ersten Hochschulwahl hatte es Krawalle gegeben, weil eine Anzahl von „Ehemaligen" unseren späteren Ehrenobmann Josef Schneeweiß, der Jahre im KZ verbracht hatte, als Verbrecher beschimpften und auch sonst einige ehemalige Nazis sich wieder trauten, den Mund aufzumachen. Es kam am Tag der ersten Hochschulwahl zu Arbeiterdemonstrationen vor der Universität, die natürlich dann das Ergebnis sehr negativ für uns beeinflussten. Bei der zweiten Hochschulwahl fiel das alles weg, und der damalige Chefredakteur der Arbeiterzeitung belohnte unsere Arbeit mit einer Schlagzeile in der dem Wahltag folgenden Ausgabe: „Sozialistischer Vormarsch an den Hochschulen". Vorübergehend kamen wir dadurch wieder in die Gunst der Parteiführung.

Ich möchte nun zwei Persönlichkeiten namentlich erwähnen, die es doch wert sind, in diesem Rahmen gewürdigt zu werden. Zunächst einmal Josef (Pepi) Schneeweiß: ein selten tapferer Kämpfer für die Sache des Sozialismus, ein in der Folge tüchtiger Facharzt (interne Medizin) und, was vielfach nicht bekannt ist, Autor wunderschöner lyrischer Gedichte, meist mit politischem Bezug, aber auch im persönlichen Rahmen bleibend. Pepi Schneeweiß wurde im spanischen Bürgerkrieg – der Generalprobe für den Zweiten Weltkrieg – verwundet. Man muss sich vor Augen halten: Jemand in gesicherter Existenz, der aus politischer Überzeugung in den Krieg gegen den Faschismus zieht!

Nach der Niederlage der spanischen Republik flüchtete Pepi Schneeweiß nach Frankreich. Dort kamen durch den Krieg dann die Deutschen hin, und erst im Jahre 1946 kehrte Schneeweiß aus Dachau, wo er jahrelang im Konzentrationslager interniert gewesen war, nach Wien zurück. Als Spanienkämpfer wären ihm alle politischen Möglichkeiten offen gestanden. Er aber setzte sich hin, setzte das Medizinstudium, das er, kurz bevor er nach Spanien ging, begonnen hatte, fort, wurde Arzt, machte dann sein Facharztdiplom und gab im Verband sozialistischer Studenten während seiner Studienzeit seinen jüngeren Genossen, zu denen auch ich zählte, viel an Wissen, Praxis und sozialdemokratischem Idealismus weiter.

Die Partei hat ihm das übel gedankt. Als das österreichische Bundesheer gegründet wurde und bereits vorher durch Schaffung der B-Gendarmerie die entsprechenden Weichen für eine ideologisch eindeutig rechts ausgerichtete Wehrmacht gestellt wurden, erlaubte Schneeweiß sich, in einer Denkschrift dagegen aufzutreten. Da aber die Partei mit der Aufstellung des Bundesheeres einverstanden war, belegte die Parteiführung ihn mit einem Funktionsverbot und drohte ihm den Ausschluss aus der Partei an.

Mein Vorgänger als Verbandsobmann der Sozialistischen Studenten war Raoul Schmijdeck – einer der besten, der aus dem VSSTÖ gekommen ist. Er wurde ein bedeutender Psychiater, war Universitätsprofessor in Yale (USA). Sein tragisches Schicksal soll nicht unerwähnt bleiben. Im Rahmen der Bildungsoffensive unter Kreisky startete die damalige Wissenschaftsministerin Firnberg eine Rückholaktion für österreichische Wissenschafter im Ausland. Schmijdeck übersiedelte mit Frau und zwei erwachsenen Söhnen nach Wien, seine Frau fuhr zur Liquidierung des amerikanischen Haushaltes nach Connecticut zurück. Auf einmal rief sie mich an, völlig verstört, „Raoul ist tot", gestorben beim Joggen am Roten Berg in Hietzing. Wir Freunde waren alle beim Begräbnis, Fritz Marsch, Generalsekretär der SPÖ, hielt eine ergreifende, großartige Grabrede.

Während meiner Studentenzeit war Karl Waldbrunner, der spätere Minister für die verstaatlichte Industrie, Zentralsekretär der SPÖ. In sein Ressort fiel auch die „Betreuung" (Überwachung der revolutionären Untriebe) des Verbandes sozialistischer Studenten. Ich wurde in meiner Eigenschaft als Obmann sehr viel zu ihm zitiert, und dort wurden mir die Sünden unserer Organisation vorgehalten und mit Entzug der kärglichen Subvention und schließlich sogar mit dem Ausschluss als Parteiorganisation gedroht. Es wurde sogar ein Spitzelsystem seitens der Partei eingerichtet, um uns auf unseren „subversiven" Sommerkolonien zu überwachen.

Wir hatten durch unseren damaligen zweiten Obmann Fritz Marsch eine aufgelassene, in einem einigermaßen desolaten Zustand befindliche Pension in Reifnitz am Wörthersee als Sommeraufenthalt erworben, die wir hergerichtet hatten und wo wir in ca. drei Lagerturnussen je sechzig unserer Mitglieder unterbringen konnten. Damals war es noch sehr schwierig, wegzufahren, die meisten unserer Mitglieder hatten kein Geld, aber die Unterbringung in dieser alten Pension in Reifnitz war verhältnismäßig preiswert. Das Land Kärnten versorgte uns sehr gut mit Lebensmitteln, wir verlebten dort schöne Ferien, die wir aber auch dazu verwendeten, unsere Leute politisch zu schulen und zu prüfen, wer für den Funktionärskader im nächsten Jahr in Frage komme. Fritz Marsch organisierte alles immer großartig, und Organisieren war auch seine Stärke, als er dann später Zentralsekretär der Partei wurde.

Aber es gab auch die so genannte Wirtschaftshilfe. Das war eine Organisation noch aus der Ersten Republik, die es sich zum Ziel setzte, begabte junge Leute aus Arbeiterfamilien an die Hochschulen zu bringen und ihnen Quartier und Stipendium zur Verfügung zu stellen. Diese Organisation war eigentlich schon durch ihre Struktur zu einer entsprechenden Zusammenarbeit mit uns verpflichtet. Sie versuchte aber auch immer wieder, unsere ideologischen „Abweichungen" zu verhindern. Diese Wirtschaftshilfe wurde damals von einem Neffen des Parteivorsitzenden und späteren Bundespräsidenten Dr. Schärf geleitet, einem persönlich freundlichen und umgänglichen Menschen, der sich aber leider verpflichtet fühlte, die absolute Parteitreue des Verbandes, der ja eine Teilorganisation der SPÖ war, zu sichern. Das ging so weit, dass er sich sogar an den Gendarmerieposten der Gemeinde Reifnitz am Wörthersee, wo sich unsere Pension befand, wandte mit dem Auftrag, Recherchen anzustellen, ob wir uns auch anständig benehmen würden. Wir haben uns aber leider nicht anständig benommen. Einige unserer Freunde, unter anderem ein späterer Spitzenbeamter der ÖBB, liefen in der Nacht unbekleidet über die Bundesstraße durch die Ortschaft. Sie sprangen zwar immer dann, wenn ein Auto entgegenkam – damals gab es ja nicht viele –, in die Büsche, aber irgendwer sah sie doch, und dieses Verbrechen musste natürlich höheren Orts gemeldet werden.

Ich wurde also zu Waldbrunner zitiert und musste mir wieder anhören, wie sehr der Partei dadurch geschadet worden sei.

Übrigens hat die SPÖ damals in Kärnten dessen ungeachtet immer wieder die absolute Mehrheit der Stimmen erreicht. Also sehr viel geschadet kann es wohl nicht haben.

Probleme gab es auch hinsichtlich unserer alle vierzehn Tage erscheinenden Zeitschrift „Strom". Edi Findeis und der später erfolgreiche Schriftsteller Fritz Hermann bildeten die Redaktion. Natürlich passte der Inhalt der Partei sehr oft nicht, und da wir die Druckkosten beim sozialdemokratischen Vorwärts-Verlag oft schuldig blieben, ergab das einen guten Vorwand, die Zeitung einfach nicht zu drucken. Aber die Arbeiter des Vorwärts-Verlages druckten uns trotzdem. Die Buchdrucker sind die geistige Elite der Arbeiterschaft, und sie hatten mehr politisches Gespür als die etablierten Parteifunktionäre.

Auch unser Studentenkabarett „Der rote Hund", geleitet vom späteren Bildungsfunktionär Hugo Pepper, soll in diesem Zusammenhang nicht unerwähnt bleiben. Das Ensemble spielte in ganz Österreich, in Wirtshäusern, Sektionslokalen, Bahnhofswartesälen, und wurde überall von der sozialdemokratischen Basis bejubelt, und weil es so erfolgreich war, vom Parteiapparat geduldet.

Das Verständnis der Alten für die Jungen war jedenfalls in der damaligen Zeit nicht sehr groß. Es gab immer wieder Ärgernisse zwischen Sozialistischen Studenten und Partei, obwohl dann letztlich viele Funktionäre der Sozialistischen Studenten auch nach meiner Zeit aus der „Kaderschmiede" in die Führungspositionen der Partei wechselten. Ich nenne nur einige: Blecha, Cap, Jankowitsch, Androsch, den neuen Bundespräsidenten Heinz Fischer und natürlich Leopold Gratz, der als Bürgermeister ewig im Gedächtnis der Partei bleiben wird, weil er ein Rekordwahlergebnis wie in einer Volksdemokratie erzielte. Gratz fragte damals alle seine Freunde, ob er dem Ruf der Partei, in Wien Bürgermeister zu werden, folgen solle. Ich war der einzige, der ihm abriet, nicht, weil ich sein Charisma und seine Fähigkeiten unterschätzte, sondern weil ich der Meinung war, dass er in erster Linie Parlamentarier sei und sein Weg in der Politik geradewegs zum Bundeskanzler führen werde. Wenn wir heute mit der U-Bahn fahren oder die Donauinsel betreten, dann wissen wir, was wir an ihm als Bürgermeister gehabt haben. Auch in seinen Ministerpositionen hat er viel Ersprießliches geleistet, besonders auch als Außenminister für Südtirol.

Nicht zu vergessen ist auch Fritz Marsch, der eine blendende innere Umorganisation der SPÖ bewirkt hat, zusammen mit Karl Blecha. Die beiden waren ein ausgezeichnetes Team, wie es nachher nie mehr erreicht worden ist. Peter Jankowitsch war ein Spitzendiplomat, kurze Zeit auch Außenminister. Alexander Otto war Präsidialist bei zwei Bundespräsidenten und vielsprachiger Botschafter. Hannes Androsch steht für eine Zeit des Aufbruchs und des Wohlstandes für die breiten Massen in Österreich. Alois Stacher und Ermar Junker waren als Stadtrat und Staatsphysikus für das Wiener Gesundheitswesen verantwortlich. Die Funktionäre aus der späteren Zeit kenne ich persönlich nicht so gut, aber es hat sich dann auch die Haltung der Partei gegenüber den Studenten wesentlich verbessert. Man wurde moderner, und sowohl bei der älteren als auch bei der jüngeren Generation hat man heute füreinander mehr Verständnis und Anpassung als zu jener Zeit, da ich in der Studentenbewegung tätig war.

Eine heitere Episode aus dieser Zeit möchte ich erwähnen. Wir, das heißt die Führung des damaligen Verbandes sozialistischer Studenten, verfassten beim Parteitag des Jahres 1948 eine Denkschrift, die, wie es unserer Einstellung entsprach, sehr linkslastig und revolutionär war und sich im Wesentlichen gegen die Koalition mit der ÖVP richtete. Wir waren der Ansicht, viele Positionen würden seitens der SPÖ nicht genügend nachdrücklich angestrebt. Vor allem bei Personalbesetzungen der Republik gab es Fälle, wo ehemalige Faschisten und Halbfaschisten zum Zug kamen. Diese Denkschrift, die im Wesentlichen von Heinz Kienzl, Fritz Herrmann und

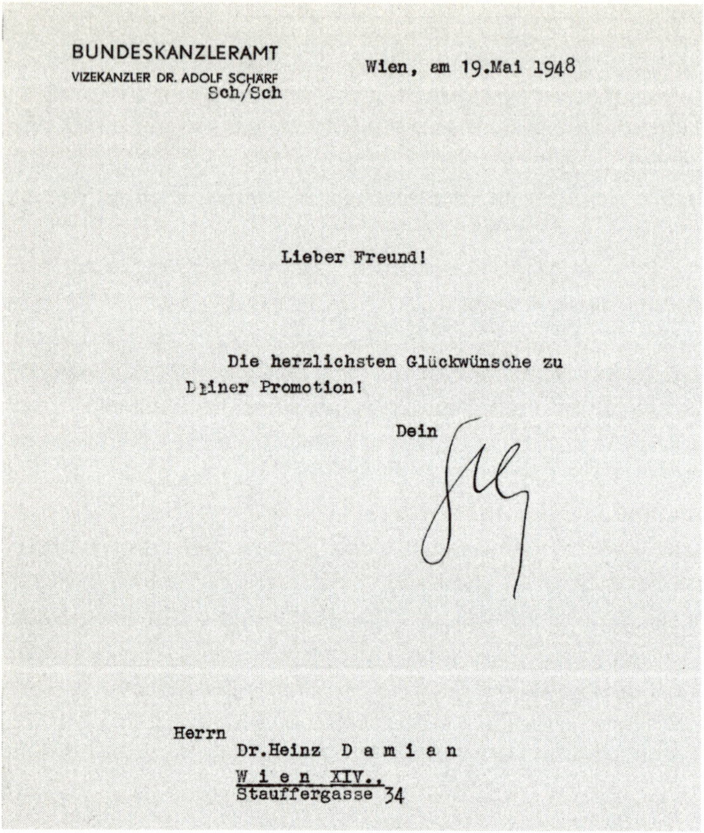

BUNDESKANZLERAMT
VIZEKANZLER DR. ADOLF SCHÄRF
Sch/Sch

Wien, am 19.Mai 1948

Lieber Freund!

Die herzlichsten Glückwünsche zu Deiner Promotion!

Dein

Herrn
Dr.Heinz D a m i a n
W i e n XIV.,
Stauffergasse 34

*Gratulation zur Promotion durch Parteivorsitzenden, Vizekanzler und späteren Bundespräsidenten Dr. Adolf Schärf*

Adolf Findeis unter Mitarbeit einiger weiterer, zu denen auch ich zählte, verfasst wurde, musste, da sie die Politik der Partei aufs Korn nahm, zu Schwierigkeiten führen, aber zunächst einmal stand zu befürchten, dass sie die Funktionäre der Partei bzw. die Delegierten des Parteitags gar nicht erreichen werde. Die postalische Versendung war nicht mehr möglich, dazu kam noch, dass wir nicht viel Geld hatten. Es hätte doch sehr vieler Briefmarken bedurft, und wahrscheinlich hätte ein

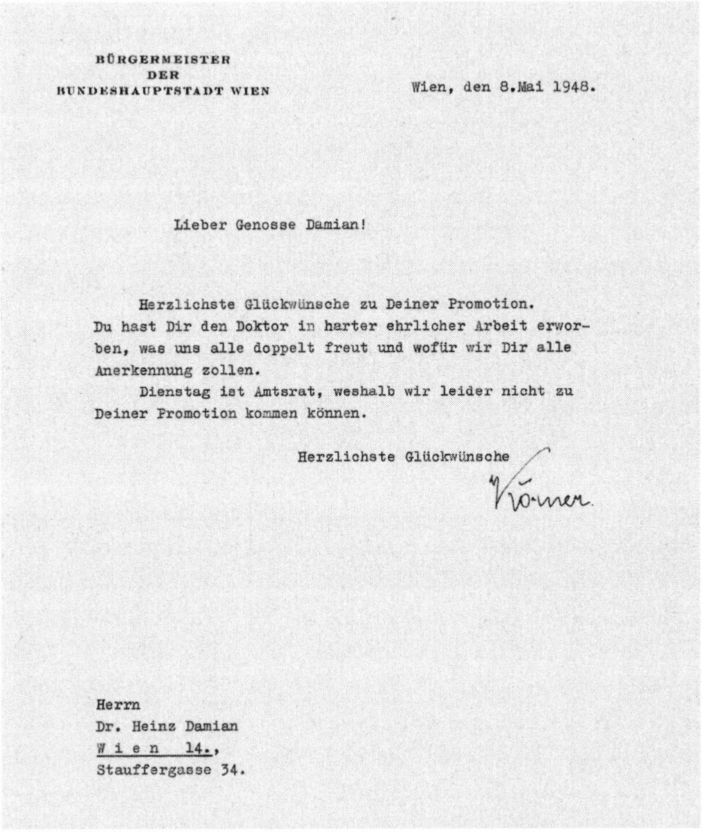

BÜRGERMEISTER
DER
BUNDESHAUPTSTADT WIEN

Wien, den 8.Mai 1948.

Lieber Genosse Damian!

Herzlichste Glückwünsche zu Deiner Promotion. Du hast Dir den Doktor in harter ehrlicher Arbeit erworben, was uns alle doppelt freut und wofür wir Dir alle Anerkennung zollen.

Dienstag ist Amtsrat, weshalb wir leider nicht zu Deiner Promotion kommen können.

Herzlichste Glückwünsche

Körner

Herrn
Dr. Heinz Damian
W i e n 14.,
Stauffergasse 34.

*Gratulation zur Promotion durch Bürgermeister und späteren Bundespräsidenten Theodor Körner*

großer Teil der Adressaten unsere Ausführungen gar nicht gelesen.

Ich kam damals auf eine Idee, auf die ich heute noch sehr stolz bin. Am Parteitag wurden auf dem Platz eines jeden Delegierten in der Früh von einem im Sekretariat tätigen Genossen, ich glaube, er hieß Levi, die Palette der sozialdemokratischen Zeitschriften aufgelegt, also „Die Zukunft“, „Arbeit und Wirtschaft“ von der Arbeiterkammer, „Der Arbeiterfischer“, die

ARBÖ-Zeitung, schließlich Provinzblätter und natürlich die „Arbeiterzeitung". Das alles landete auf den Tisch und wurde dann von den Delegierten, die in der Früh eintrudelten, überflogen. Ich schlug meinen Freunden vor, unsere Denkschrift einfach in genügender Anzahl, wir brauchten ca. vierhundert Stück, dem Genossen Levi mit dem Ersuchen, sie auch zur Verteilung zu bringen, zu übergeben. Levi fand daran nichts und führte diesen Auftrag, der eigentlich ein Wunsch war, aber von ihm als Auftrag angesehen wurde, durch.

Meine Freunde saßen auf der Galerie, ich war nicht im Plenum, sondern setzte mich auch hinauf, und wir schauten hinunter und warteten, was jetzt geschehen werde. Wir sahen, wie die ersten Delegierten interessiert blätterten, und auf einmal entdeckte einer, ich glaube, es war ein burgenländischer Delegierter, unsere Schrift und las sie. Er bekam einen roten Kopf und eilte sofort zum Zentralsekretär Waldbrunner, um ihm diese Ungeheuerlichkeit zu zeigen.

Jetzt geschah das, was ich in meine Planung bereits einbezogen hatte. Waldbrunner gab den Auftrag an Levi, den er zuerst gehörig zurechtstutzte, diese Denkschrift einzusammeln. Inzwischen waren aber alle Delegierten gekommen und saßen bereits auf ihren Plätzen, als Levi anfing einzusammeln. Eine größere Propaganda war nicht denkbar. Jeder, der die Denkschrift noch nicht gelesen hatte, sah sie sich nun an, weigerte sich, sie herzugeben, und die Verbreitung war gewährleistet.

Am Parteitag kam es dann zu einer Diskussion. Der Parteivorsitzende und spätere Bundespräsident Dr. Schärf nannte die Denkschrift ein „Traumbuch". Ich wurde sofort zu Waldbrunner zitiert, der alle möglichen Konsequenzen, vom Parteischiedsgericht bis zum Ausschluss, androhte. Aber wie so oft verlief die Sache letztlich im Sand, und einige vernünftige Leute aus der Partei begriffen dann doch, dass es zweckdienlicher sei, nicht mehr darüber zu reden, als ein großes Theater zu machen. Aber als Episode ist es sicherlich wert, in Erinnerung behalten zu werden.

Ich bin nach meiner Promotion noch etwa ein halbes Jahr lang Verbandsobmann geblieben, beendete dann aber meine Tätigkeit in der Studentenorganisation. Mein Nachfolger wurde Fritz Marsch.

Im Bund sozialistischer Akademiker (der volle Name lautet: Bund sozialistischer Akademiker, Intellektueller und Künstler) war ich zwar im Vorstand der sozialistischen Juristen, wurde aber dort eigentlich nie heimisch. Außerdem war ich bereits als Konzipient beim Anwalt des Gewerkschaftsbundes, Dr. Fuchs, tätig, und das nahm eigentlich meine Zeit völlig in Anspruch.

Mein Chef Dr. Fuchs war auf dem Gebiet des Arbeitsrechtes der Papst in Österreich, persönlich bedürfnislos, bescheiden, durch und durch Sozialist, im persönlichen Umgang aber etwas schwierig. Er war in manchen Dingen ein Perfektionist, andererseits war die Ordnung in der Kanzlei chaotisch und katastrophal. Aber ich lernte damals viel, und auch heute noch fragt man mich in arbeitsrechtlichen Dingen oft um meine Meinung und meinen Rat, obwohl ich schon ziemlich weit von der neuen Gesetzesmaterie entfernt bin, die jedoch in den Grundzügen dieselbe ist wie die alte. Die großen sozialpolitischen Errungenschaften der 50er Jahre sind im Wesentlichen bestehen geblieben, auch die gegenwärtige Regierung hat nicht allzu viel daran zu ändern vermocht.

Ich diente dann meine sechs Konzipientenjahre brav ab und setzte die Gerichtspraxis erst an den Schluss meiner Ausbildung. Das war insofern ungünstig, als ich natürlich am Anfang einige Zeit brauchte, um mich in die Gerichtsatmosphäre einzugewöhnen, erwies sich am Schluss aber insofern als praktisch, weil ich als Rechtspraktikant sehr viel Freizeit hatte und mich auf die Rechtsanwaltsprüfung vorbereiten konnte. Weil ich schon lange vorher Konzipient gewesen war und eben entsprechende Praxis hatte, wurde ich als Rechtspraktikant unter anderem einem Berufungssenat des Landesgerichtes für Zivilrechtssachen Wien zugeteilt. Als ich einmal bei einer Berufungsverhandlung als Schriftführer tätig war und mich mit meinen schlechten Stenographiekenntnissen abmühte, fand eine Verhandlung statt, bei welcher der Konzipient des damaligen SPÖ-Parteianwaltes Dr. Rosenzweig tätig war. Es war Dr. Robert Amhof.

Nach der Verhandlung gingen wir in einer Pause ins Justizbuffet und freuten uns über das Wiedersehen. Dr. Amhof war im Verband sozialistischer Studenten bei der Organisation Graz in führender Position tätig gewesen, außerdem war er Tiroler. Wir hatten also zunächst eine nette Plauderstunde, und dann fragte ich, wie es denn mit seiner Prüfung ausschaue. Dr. Amhof meinte, dass er auch gerade dafür lernen würde. Wir machten dann sofort aus, gemeinsam zu lernen und gemeinsam zur Prüfung anzutreten, und so geschah es auch.

## Anwaltschaft und Politik

Ende des Jahres 1954 legten wir beide die Anwaltsprüfung ab und beschlossen, gemeinsam eine Kanzlei zu eröffnen. Das war nicht so einfach, denn wir hatten keine Klienten und fast kein Geld. Schon der Ankauf einer Schreibmaschine stellte ein gewisses finanzielles Problem dar. Räumlichkeiten hatten wir auch nicht, aber Dr. Amhof war ein Künstler im Beschaffen von Räumlichkeiten.

Zunächst zogen wir auf Untermiete bei seinem Landsmann, Rechtsanwalt Dr. Wanner, ein. Dr. Wanner war ein vielgesuchter Anwalt, dessen Kanzlei aber deshalb immer kleiner wurde, weil er sich hauptsächlich um zahlreiche Vereine kümmerte, denen er als Vorstandsmitglied angehörte. Außer Dr. Amhof, der als selbstständiger Anwalt in einem Raum bei Dr. Wanner residierte (den Vater des Dr. Amhof hatte Dr. Wanner gut gekannt), war ich als Konzipient bei Dr. Wanner angemeldet, denn ich hatte noch nicht sieben Jahre Verwendungszeit erfüllt, weil ich die vollen sieben Jahre ohne Anrechnung abzuleisten hatte. Dies deshalb, weil ich ein Semester Welthandel inskribiert hatte und der damalige Referent in der Anwaltskammer, ein gewisser Dr. Heublum alles tat, um zu verhindern, dass junge Konkurrenz zu früh ins Geschäft kam.

So war ich also bei Dr. Wanner eingetragen und dann bei Dr. Amhof, was deshalb nicht leicht war, weil einem jungen Anwalt die Kammer damals noch keine Konzipienten zugestand. Der berühmte Advokat Dr. Korn, auch Sozialist, half uns damals, damit ich bei Dr. Amhof eingetragen werden konnte, und ab dem Jahr 1955 schließlich waren wir dann beide offiziell Anwälte. Da zeigte sich wieder das Talent meines Freundes und Partners Dr. Robert Amhof. Er hatte eine Wohnung im sechsten Bezirk aufgetrieben, in der wir dann unsere Kanzlei eröffneten, und als er etwas später erfuhr, dass in der Linken Wienzeile 4 die Großwohnung der verstorbenen Mäzenatin der Wiener Künstler, Frau Czerny, frei wurde, übersiedelten wir dorthin. Es war alles nicht einfach, denn in jedem der acht Zimmer saß ein Untermieter, aber mit der Zeit gelang es uns, die Wohnung freizubekommen, und von da an hatten wir dort unsere Kanzlei, die wir einige Male umbauten, die aber unser Kanzleisitz seit fünfzig Jahren geblieben ist und es hoffentlich auch bei meinen beiden Nachfolgern, die mit mir meine Gesinnung teilen, bleiben wird.

Ich habe bereits geschildert, wie ich in der Südtirolfrage mit den in Wien ansässigen Südtirolern im Tiroler Bund verschiedentlich Einfluss zu nehmen versuchte. Die Bemühungen auf Rückgliederung Südtirols an Österreich scheiterten dann endgültig und es gab als Unterstützungsorganisation für Südtirol den so genannten „Berg Isel Bund“. Der Name erinnert an die Kämpfe am Berg Isel im Jahr 1809 gegen Napoleon bzw. hauptsächlich gegen die Bayern, die versuchten, Südtirol zu okkupieren, was ihnen auch zeitweilig gelang. In diesem Berg Isel Bund waren natürlich durchwegs konservative und erzkonservative Persönlichkeiten tätig, und Kreisky, der damals zuerst Staatssekretär und dann Außenminister wurde, musste wohl oder übel auch von diesen konservativen Kreisen entsprechend akzeptiert werden. Er wurde aufgefordert, dem Berg Isel Bund beizutreten. Diesem Wunsch wollte Kreisky nicht entsprechen, er verlangte aber, dass ein Mann seines Vertrauens in den Vorstand aufgenommen werde, und nominierte mich mit dem Auftrag: „Machen Sie dort meine Politik."

Das war leichter gesagt als getan, denn was seine Politik war, das wurde mir eigentlich nie gesagt, das musste ich selber erkennen, und dabei gab es natürlich für mich gewisse innere Probleme. An sich war ich damals noch jung, kämpferisch und eher radikal eingestellt, während Kreisky bei aller Härte, die er bei Problemen, die er verfolgte, einsetzte, doch in weiser Voraussicht erkannte, dass mit Härte die Gefahr einer Isolation Österreichs verbunden war. Und natürlich stand auch damals schon im Vordergrund die Überlegung eines späteren EU (damals noch EWG)-Beitrittes.

Ich sah aber nach einiger Zeit doch ein, dass der Weg Kreiskys richtig war, und führte für ihn eine Reihe von „Missionen" durch. Ich fuhr nach Südtirol, führte mit dem Südtiroler Landeshauptmann Dr. Magnago und mit dem Südtiroler Abgeordneten im italienischen Parlament, Dr. Volgger, der am ehesten Affinität zur österreichischen Linken hatte – auch er war während der Nazi-Zeit im KZ gewesen – Gespräche. Ich sprach auch mit Dr. Benedikter, einem aufrechten Kämpfer für Südtirols Anliegen im italienischen Parlament. Er ist dadurch bekannt geworden, dass er zum Beispiel in Bozen im Autobus vom italienischen Schaffner verlangte, dass er Deutsch rede, und sich weigerte, aus dem Autobus auszusteigen – alles Dinge, die dann breit in der Zeitung berichtet wurden und sicherlich dazu beitrugen, das Problem nicht einschlafen zu lassen.

Es ist ja heute allgemein bekannt, dass das demokratische Nachkriegsitalien gegen nationale Minderheiten ähnliche Einstellungen an den Tag legte wie die Faschisten. Was nicht mit Gewalt erreicht worden war, versuchte man nun durch Zuwanderung auszugleichen. Es wurden alle Industrien in

Bozen subventioniert, ob sie nun aktiv arbeiteten oder nicht, es wurden alle Posten mit zugereisten Italienern, noch dazu meistens aus dem Süden, besetzt. Jedenfalls wurde auf diese Weise erreicht, dass die italienische Bevölkerung in Südtirol etwa auf ein Drittel anwuchs, größtenteils wohnmäßig konzentriert im Raum der Landeshauptstadt Bozen, und es war abzusehen – und das war auch das Ziel –, dass in einigen Jahren die Italiener in Südtirol der überwiegende Bevölkerungsteil werden und die deutschsprachigen Tiroler, die Kreisky immer schon sehr weise als „österreichische Minderheit" bezeichnet hat, dann ins Hintertreffen gelangen und sich dann die ganze Autonomie, die ganze Sprachregelung und alles andere von selber erledigen würde.

Dass das letztlich nicht so gekommen ist, ist sicherlich auf die erfolgreiche Tätigkeit Österreichs, insbesondere unter Kreisky, vor der UNO, aber auch durch Professor Gschnitzer, durch Kirchschläger, Wallnöfer und viele Südtiroler Politiker aus verschiedenen Lagern zurückzuführen, entscheidend aber war, dass der Strom der Zuwanderer insofern aufhörte, als die Italiener, die wegen günstigerer Verdienstmöglichkeiten nach Norden gezogen waren, nicht in Südtirol blieben, sondern weiter nach Deutschland gingen.

Dazu kam noch, dass die defizitären Industrien im Raum Bozen nach und nach eingingen, und schließlich war ein wesentlicher Umstand die Geburtenfreudigkeit der Südtiroler Bevölkerung, während die Italiener interessanterweise wenig geburtenfreudig waren. Daher besteht die heutige Bevölkerung etwa zu drei Vierteln aus Tirolern, die Deutsch und zu einem kleinen Teil Ladinisch sprechen, und zu einem Viertel aus Italienern, die eben, wie gesagt, fast durchwegs in der Stadt Bozen wohnen, was sich in jüngster Zeit insofern ausgewirkt hat, als sogar der Siegesplatz in Bozen, der immer ein Ärgernis für alle Südtiroler gewesen ist und dann durch einen vernünftigen italienischen Bürgermeister über dessen Initiative auf Friedensplatz umbenannt wurde, über Initiative der spätfaschistischen

Nachfolgerpartei nach einer Volksabstimmung wieder auf Siegesplatz umbenannt wurde. Die österreichische Außenministerin Ferrero-Waldner hat sich dabei sehr ungeschickt verhalten, denn der Postfaschist Fini bekam noch einen Orden und stellte die Dinge so dar, als ob er den Orden dafür bekommen habe, weil Österreich dieser Rückbenennung zugestimmt habe.

Ich versuchte, in Südtirol eine sozialdemokratische Gruppierung zu schaffen. Dies aus mehreren Gründen: Erstens bin ich Sozialist, und es war mir daher ein Herzensanliegen, die Ideen des demokratischen Sozialismus auch in diesem sehr konservativen und unter dem Einfluss einer altkonservativen katholischen Kirche stehenden Land zu verbreiten und zweitens war mir klar, dass eine entsprechende Unterstützung durch die österreichische Öffentlichkeit nur dann zu erreichen wäre, wenn auch die Sozialdemokratie ein entsprechendes wirkliches Interesse an dem Südtirolproblem zu zeigen in der Lage wäre, das natürlich nur dann, wenn sie in diesem Land auch in irgendeiner Form vertreten war. Und das galt dann auch für die Bruderparteien in Deutschland, Frankreich, in der Schweiz und vielleicht sogar auch in Italien. Diese Versuche einer sozialdemokratischen Gründung wurden also von mir unter der Parteipatronanz meines Freundes Leopold Gratz, der damals im Bundesrat saß und Zentralsekretär der Partei war, durch einen ausgedehnten Besuch in Südtirol eingeleitet.

Vor der Machtergreifung des Faschismus hatte es in der österreichischen Monarchie und auch in der Endzeit der Monarchie, als Südtirol noch bei Österreich war, eine relativ starke sozialdemokratische Bewegung insbesondere in den Städten Bozen und Meran mit etwa 1200 eingeschriebenen Mitgliedern gegeben, und mein Vater, der damals junger Lehrer war, hatte bereits an der Gründung der damaligen Sozialdemokratie in Bozen mitgewirkt. Davon war aber natürlich nichts mehr übrig, mehr als dreißig Jahre Faschismus hatten bewirkt, dass es nicht einmal Reste einer sozialdemokratischen deutschsprachigen Bewegung gab. Es musste also alles neu gemacht werden, und die Unterstützung der SPÖ unter Kreiskys Einfluss lief recht gut an. Der Sekretär des Städtebundes in Österreich, Greber, war der Kontaktmann, und es wurde nunmehr auch von dieser Seite entsprechend Unterstützung gewährt. Da aber der Gedanke der Einheitspartei, nämlich der Südtiroler Volkspartei, damals noch vorherrschend war, konstituierte sich diese Gruppe als Arbeitskreis für sozialen Fortschritt im Rahmen der Südtiroler Volkspartei.

Es ging dann darum, in den Südtiroler Landtag auch sozialdemokratische Abgeordnete hineinzubringen, was die Südtiroler Volkspartei ablehnte. Ich pilgerte nun, ausgestattet mit einem Handschreiben des Dr. Kreisky, zum Südtiroler Landeshauptmann Dr. Magnago und übergab ihm dieses Schreiben, worin der unmissverständliche Wunsch ausgedrückt war, dass zwei Mitglieder des sozialen Arbeitskreises auf die Kandidatenliste der Volkspartei kommen mögen. Magnago fügte sich dem widerstrebend. In der Diskussion, in der ich ihm sagte, er müsse ja auch in Erwägung ziehen, dass es in Österreich einen sozialdemokratischen Bundeskanzler geben könnte, meinte er, das sei völlig ausgeschlossen, aber schließlich wurden Dr. Jenny und der Lehrer Stocker als Kandidaten akzeptiert. In Südtirol gilt das System der Vorzugsstimmen. Stocker bekam nicht genügend viele, Jenny bekam sehr viele, wurde Mandatar im Südtiroler Landtag und blieb es auch lange Zeit. Der Arbeitskreis Sozialer Fortschritt trennte sich dann von der Partei. Die Volkspartei schloss die Mitglieder des Arbeitskreises aus der Partei aus, und die soziale Fortschrittspartei fiel später den politischen Turbulenzen, den Attentaten und Gerichtsverfahren zum Opfer, und so gibt es heute in Südtirol keine organisierte sozialdemokratische Bewegung mehr.

Mein Freund Dr. Egmont Jenny ist aber nach wie vor der anerkannte Exponent der Sozialdemokratie in Südtirol. Dr. Jenny ist ein namhafter Facharzt (Urologie) in Südtirol, der schon längere Zeit nicht mehr als Arzt arbeitet, aber politisch

DER BUNDESMINISTER
FÜR
AUSWÄRTIGE ANGELEGENHEITEN

Wien, am 5. Oktober 1964.

Sehr geehrter Herr Landeshauptmann !

Ich höre aus verschiedenen Quellen in Südtirol, daß bei der Kandidatennominierung für die Provinzialwahl einige Herren deshalb, weil sie sozialistischer Sympathien verdächtig sind, von der Aufstellung ausgeschlossen worden sind, obwohl sie sich nicht nur in ihrem engeren Berufskreis, sondern auch allgemein beträchtlicher Sympathien erfreuen.

Diese Tatsachen sind meinen Parteifreunden, die, wie Sie ja wissen werden, nicht nur nahezu die Hälfte der österreichischen Abgeordneten im Nationalrat, sondern auch die Hälfte der Mitglieder der Bundesregierung stellen, bekannt.

Ich werde es in Zukunft sehr schwer haben, meinen Parteifreunden begreiflich zu machen, daß es sich bei der Südtiroler Volkspartei um eine Gesamt-Repräsentation der Südtiroler handelt und ich kann nur mit größtem Bedauern diese neuerliche Demonstration gegen die zweitgrößte österreichische Partei, die sogar zweimal mit Stimmenzahl die größte war, von einer solchen diskriminierenden Haltung maßgebender Funktionäre der Südtiroler Volkspartei Kenntnis nehmen.

Ich will mich keineswegs in Ihre internen Dinge einmischen, wenngleich ich oft gezwungen bin, für die

Herrn
Landeshauptmann
Silvio M a g n a g o
B o z e n

Südtiroler Volkspartei intern und öffentlich Stellung zu nehmen, aber Sie dürfen mich nicht mißverstehen, wenn ich diese Entwicklung mit großer Besorgnis betrachte und befürchte, daß man der Südtiroler Volkspartei sehr bald das Recht streitig machen wird, im Namen aller Südtiroler zu sprechen.

Unter den gegebenen Umständen wird es auch schwer sein, in meiner Partei jene Art von materieller Unterstützung zu vertreten, auf die gerade die maßgebenden Herren der Tiroler Landesregierung so großen Wert legen, weil sie glauben, daß sie dazu allein nicht in der Lage sind.

Ich fühle mich zu diesem Brief aus dem Gefühl der Verantwortung für diese Entwicklung veranlaßt und als einer, dem das Schicksal der Südtiroler und Südtirols wahrlich mehr als ein Lippenbekenntnis ist.

Ich bitte Sie, diesen Brief so ernst zu nehmen, wie er gemeint ist und mit Ihren Freunden die Angelegenheit zu besprechen.

Es wäre äußerst fatal, wenn sich innerhalb der einen Hälfte der österreichischen Bevölkerung der Eindruck festsetzen würde, daß die Südtiroler Volkspartei nun eine einseitige politische Ausrichtung erfahren habe und sich gegen alles wendet, was sozialdemokratisch ist.

Es wird nicht leicht sein, unter diesen Umständen die sozialistische Partei in Österreich, aber auch in anderen Ländern, um deren Verständnis wir überall werben - in Skandinavien, in Deutschland, in England, in Holland und Belgien, in Luxemburg - zu einer positiven Haltung zu veranlassen.

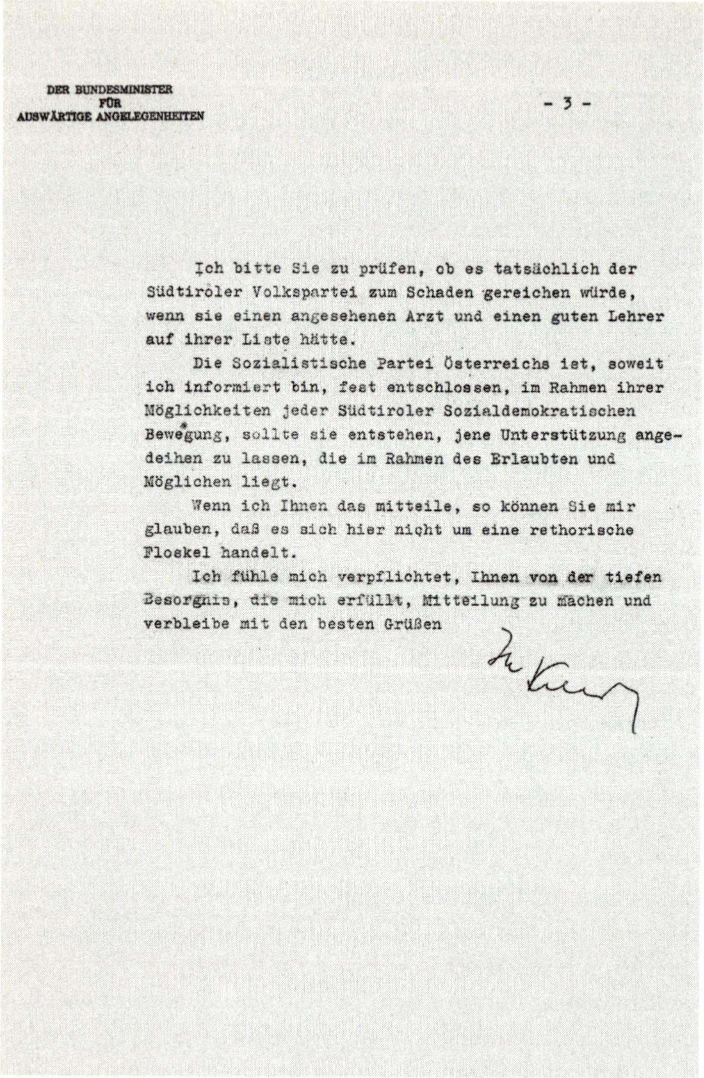
DER BUNDESMINISTER
FÜR
AUSWÄRTIGE ANGELEGENHEITEN

- 3 -

Ich bitte Sie zu prüfen, ob es tatsächlich der Südtiroler Volkspartei zum Schaden gereichen würde, wenn sie einen angesehenen Arzt und einen guten Lehrer auf ihrer Liste hätte.

Die Sozialistische Partei Österreichs ist, soweit ich informiert bin, fest entschlossen, im Rahmen ihrer Möglichkeiten jeder Südtiroler Sozialdemokratischen Bewegung, sollte sie entstehen, jene Unterstützung angedeihen zu lassen, die im Rahmen des Erlaubten und Möglichen liegt.

Wenn ich Ihnen das mitteile, so können Sie mir glauben, daß es sich hier nicht um eine rethorische Floskel handelt.

Ich fühle mich verpflichtet, Ihnen von der tiefen Besorgnis, die mich erfüllt, Mitteilung zu machen und verbleibe mit den besten Grüßen

*Brief Kreiskys an Magnago. Erster Entwurf vom Autor, überarbeitet vom damaligen Kreisky-Sekretär und damaligen Finanzminister Ferdinand Lacina. Prägnante Endfassung von Bruno Kreisky.*

ungeheuer regsam ist. Die „Südtiroler Nachrichten“, eine Monatszeitung, die er selbst im Wesentlichen im Alleingang herstellt, informiert klug und prägnant und findet in Südtirol auch viel Anklang. Zu seinem 70. Geburtstag gratulierte ihm Dr. Vranitzky sehr herzlich, zu seinem 75. der damalige Parteiobmann der SPÖ, Dr. Klima, und Kreisky war kurz vor seinem Tod noch Gast in der schönen Villa des Dr. Jenny unterhalb von dem Schloss Tirol mit dem Blick über Meran und das herrliche Etschtal.

Es ist bekannt, dass Kreisky im Zusammenwirken mit dem italienischen Staatspräsidenten Saragat – einem italienischen Sozialisten – eine sehr gute kondominiale Lösung für Südtirol ausarbeitete, die aber von der Südtiroler Volkspartei, die ja letztlich durch die hohe absolute Mehrheit bei allen Wahlen die Legitimation zur Vertretung des gesamten Südtiroler Volkes nachgewiesen hatte, abgelehnt wurde. Dies hauptsächlich unter dem Einfluss der Österreichischen Volkspartei, die Kreisky den Erfolg neidete. Kreisky zog sich dann von der Frage etwas zurück, es kam dann, wie ja auch bekannt ist, in der Folge nach unzähligen Verhandlungen in der so genannten „19er-Kommission“ und in allen möglichen Institutionen zu einer praktikablen und einigermaßen akzeptablen Lösung. Die Südtiroler hielten nicht an ihrer ursprünglichen Forderung, nämlich der Auflösung der gemeinsamen Region Trentino/Südtirol, in der sie natürlich eine Minderheit gewesen wären, fest, und stattdessen bekam die Provinz Bozen eine eigene Autonomie. Dort sind die Südtiroler der dominierende Faktor. Wirtschaftlich geht es den Südtirolern gut, der Fremdenverkehr blüht, und mit dem praktischen Wegfall der Grenze und der Einführung der Europawährung sind viele Hindernisse und viele Probleme in der Tat beseitigt worden. Der Weg dahin war aber dornig, und es gab eine sehr ernste Episode dazwischen, über die auch zu sprechen sein wird, nämlich die „Bumserzeit“.

Es ist eine traurige Erkenntnis, dass bei brisanten Problemen in den meisten Bereichen des Lebens erst dann etwas geschieht, wenn etwas geschieht. So war es auch in Südtirol. Als die Überfremdung sich massiv auszuwirken begann, nicht nur im bevölkerungspolitischen, sondern auch im sozialen Sektor – etwa mit der Behinderung der Südtiroler, wenn sie Wohnungen wollten, wenn sie Arbeitsplätze wollten, wenn sie mit Behörden zu tun hatten, mit der Einseitigkeit der italienischen Gerichte und vielem mehr –, kam es zu einer Großkundgebung in Schloss Siegmundskron und dann in der Folge zu Auseinandersetzungen mit der Polizei. Man muss sich vor Augen halten, mit welcher Kleilichkeit die italienischen Behörden damals arbeiteten. So wurde eine Frau einmal zu einer Gefängnisstrafe verurteilt, weil sie ein rotes und ein weißes Wäschestück (Tiroler Landesfarben) nebeneinander auf einer Wäscheleine aufgehängt hatte. Ähnliche Dummheiten, die sich natürlich sehr negativ für die Südtiroler auswirkten, hat es mehrfach gegeben.

Es kam dann zur Feuernacht am Herz-Jesu-Sonntag des Jahres 1961. Verschiedene Gruppen von Südtirolern, die bereits vorher entsprechend konspirativ zusammengearbeitet hatten, führten Massensprengungen durch. Damit wurde die Stromversorgung der Industriezone Bozen sowie der Eisenbahnverkehr lahmgelegt. Es war ein Ereignis, das in den Zeitungen der ganzen Welt seinen Niederschlag fand, und das Problem war mit einem Mal an die Öffentlichkeit gelangt, und zwar an die Weltöffentlichkeit. Italien versuchte mit einer beispiellosen Brutalität, den Aufruhr zu ersticken, aber das gelang, wie wir ja wissen, noch nie. Es kam dann zu den berühmten Bumserprozessen. Nachdem ursprünglich nur Sachwerte der Aufstandsbewegung zum Opfer gefallen waren, wurden mit zunehmender Härte auch von verschiedenen Gruppen Anschläge auf Polizeistationen durchgeführt. Es gab Tote und Verwundete, auf der anderen Seite schwerste Folterungen seitens der italienischen Polizei, häufig auch gegen völlig unbeteiligte Südtiroler.

In Österreich regierte damals die Volkspartei allein unter dem Kanzler Klaus und dem Innenminister Hetzenauer. Um sich das Wohlwollen Italiens zu sichern, verfolgten die österreichischen Behörden nun Südtiroler in Österreich, wobei der Objektivität halber natürlich schon gesagt werden muss, dass der Nachschub an Munition, Waffen und Propagandamaterial natürlich durch Österreich erfolgte und zum Teil auch von Bayern aus über Österreich.

Mein Kanzleikollege und Freund Dr. Amhof übernahm damals mit einem Verteidigerteam die Verteidigung von Südtirolern, die in Österreich, mehr oder minder auf Wunsch der italienischen Behörden, soweit das in Österreich möglich war, wegen Delikten, die sie im Inland begangen hatten, im Zusammenhang mit den Attentaten in Italien angeklagt und vor die Geschworenengerichte gestellt worden waren. Das Verteidigerteam, bestehend aus meinem Partner Dr. Amhof, aus dem späteren Justizminister Dr. Ofner, Dr. Steidl und anderen, erzielte immer wieder Erfolge, da Geschworenengerichte zuständig waren und die Geschworenen natürlich durch ihre Sympathie für die Südtiroler entsprechende Freisprüche fällten. Inzwischen wurden die Folterkarabinieri in Italien von den dortigen italienischen Gerichten freigesprochen. Es bestand also zwischen zwei Nachbarstaaten, die beide viele gemeinsame Interessen hatten, ein vollkommen unbrauchbares Verhältnis.

Bereits vorher, als es noch die große Koalitionsregierung in Österreich gab, hatte Österreich dann unter Dr. Kreisky die UNO angerufen. Es ist bekannt, dass die UNO salomonisch urteilte und beiden Staaten auftrug, weiterzuverhandeln und über die Verhandlungen Bericht zu erstatten, obwohl es zuerst ganz schlecht für Österreich ausgesehen hatte, weil sich die USA massiv auf die Seite Italiens stellte. Letztlich führten diese Verhandlungen dann zum Erfolg. Noch unter der ÖVP-Regierung kam es dann zum so genannten „Paket“, das von der Südtiroler Volkspartei und Österreich als Vertretungsmacht der Südtiroler angenommen wurde und das dann mit gewissen Verbesserungen die Grundlage der Südtiroler Autonomie bildete, die heute durchaus positiv praktiziert wird. Der Wegfall der Grenzen ist etwas, was vielleicht erst in hundert Jahren, aber irgendwann wohl zu einem einheitlichen Europa führen wird. Dann wird das Problem wohl überhaupt obsolet geworden sein.

Was war nun meine Tätigkeit im Zusammenhang mit dieser Entwicklung?

Zunächst einmal gab es die Einreiseverbote in Südtirol, und jemand, der in Österreich für die Südtirolfrage gearbeitet hatte, lief Gefahr, verhaftet zu werden, wenn er die Grenze am Brenner überschritt. Das hat sich aber dann letztlich wieder gelockert, und Kreisky zog mich für die Abfassung des berühmten Memorandums an die UNO heran. Er erteilte dem Südtiroler Schriftsteller Klaus Gatterer und mir den Auftrag, dieses Memorandum auszuarbeiten. Das geschah im Wesentlichen durch Klaus Gatterer, der einen blendenden Stil hatte; ich wirkte ein bisschen mit und brachte ein paar Ideen ein, aber an sich war dieses Memorandum vorwiegend das Verdienst des leider inzwischen verstorbenen Klaus Gatterer.

Es gab vorher eine Reihe von Besprechungen. Einmal waren wir bei einem Heurigen, wohin alle österreichischen Mitarbeiter in der Südtirolfrage von Dr. Kreisky eingeladen worden waren. Ich saß damals mit Professor Gschnitzer und Dr. Kirchschläger an einem Tisch und bekam ein Privatissimum über Völkerrecht zu hören, das in seiner Großartigkeit wohl von keinem der Teilnehmer hätte überboten werden können.

In den Prozessen gegen die so genannten Bumser in Südtirol wurden langjährige Haftstrafen verhängt, letztlich wurden die Verurteilten amnestiert, einige der von der italienischen Polizei Gefolterten sind verstorben, alles aufrechte Freiheitskämpfer, die nur Sachschaden anrichteten und immer darauf bedacht waren, Leben zu schonen, wurden von der Polizei zu Tode gefoltert. Durch eingeschleuste Spitzel wurde Luis Amplatz erschossen, seine Inschrift am Grab lautet: „Freunde, die ihr das Licht noch schaut, grüßt mir die Heimat, die ich über alles geliebt habe!“ Ich habe diesen Ausspruch beim Begräbnis meines Freundes Dr. Amhof, der so wacker für die Südtiroler nicht nur beruflich, sondern auch im sozialen Bereich gekämpft hat, zu seinem Andenken wiederholt, und die vielen anwesenden ehemaligen Südtiroler Freiheitskämpfer waren eben so wie die Bevölkerung von Sillian, die fast zur Gänze am Grab am Sillianer Friedhof versammelt war, sehr beeindruckt.

Meine Tätigkeit in der Südtirolfrage legte den Grundstein für eine, wenn ich es so sagen darf, enge Freundschaft mit Dr. Kreisky. Ich war der Jüngere und sehr geehrt, als er mir das Du-Wort anbot, was in der Partei zwar üblich war, aber bei Kreisky war letztlich doch alles irgendwie anders. Ich startete dann eine Aktion, als Kreisky die absolute Mehrheit zu verteidigen hatte, und diese Aktion war ein Riesenerfolg. Sie ist in die Parteigeschichte unter der Bezeichnung „Geschichten vom Dr. Kreisky“ eingegangen und bestand darin, dass Statements von Persönlichkeiten in Inseraten der Tageszeitungen erschienen, worin begründet wurde, warum Dr. Kreisky und somit die SPÖ gewählt werden sollten.

Die Statements wurden so ausgewählt, dass sie von Persönlichkeiten stammten, die nicht als Parteigänger der SPÖ bekannt waren, aber ungeachtet dessen ihre Bereitschaft erklärten, wegen Kreisky die SPÖ zu wählen. So zum Beispiel die Schauspieler Christiane Hörbiger, Senta Berger, Curd Jürgens, Achim Benning, Adrienne Gessner, Teddy Podgorsky, schließlich Opernpapst Marcel Prawy, der Schriftsteller Torberg, der Zeichner Zeller-Zellenberg, Erich Sokol, der berühmte Karikaturist, schließlich André Heller, der Maler Friedensreich Hundertwasser und der Sportler und heute so erfolgreiche Fußballtrainer Walter Schachner. Die notwendigen Kontakte stellte der mehrfache Theaterdirektor Ernst Haeusserman her.

Die „Kronen-Zeitung“, insbesondere deren Glossist Nimmerrichter, kommentierte sarkastisch im Verein mit der damaligen Oppositionspartei ÖVP. Am 6. 5. 1979 stand das Wahlergebnis fest: 96 Mandate SPÖ, 76 ÖVP, 11 FPÖ; Grüne gab es damals noch nicht.

Kreisky umarmte mich, als ich in der Wahlnacht in der Parteizentrale eintraf, und dankte tief bewegt. Das war eigentlich der Höhepunkt meines „politischen Lebens".

„Die Geschichten vom Dr. Kreisky" hatten dann insofern noch ein Nachspiel, als später auf einmal seitens der Volkspartei behauptet wurde, die Finanzierung dieser Inseratenkampagne, die sicherlich nicht billig war, sei durch Mittel geschehen, die auf dubiose Weise im Zusammenhang mit der Affäre, betreffend den Bau des Allgemeinen Krankenhauses, aufgebracht worden seien. Das war natürlich ein Unsinn oder besser gesagt ein untergriffiger Versuch, diese erfolgreiche und politisch wirksame Wahlaktion nachträglich zu diskreditieren. In einem von allen Parteien beschlossenen Untersuchungsausschuss über das AKH – die Sozialdemokratie hatte es sich nicht so einfach gemacht wie die jetzige Regierung, indem sie einfach alle für sie unerfreulichen Angelegenheiten unter den Teppich kehrte und jeden Untersuchungsausschuss ablehnte – kam es dann im Laufe der Befragungen auch zu einer Ladung, die an mich bzw. auch an Niki Lauda, Udo Proksch und, als prominentesten Teilnehmer, Dr. Bruno Kreisky erging.

Dort versuchten vor allem der Abgeordnete Dr. Kohlmeier, damals Generalsekretär der ÖVP, und der spätere Ferrero-Wahlhelfer und Wahlorganisator Bergmann irgendeinen Zusammenhang zwischen dieser erfolgreichen Aktion und den von ganz anderen Personen begangenen Verfehlungen beim Neubau des AKH herzustellen. Das gelang natürlich nicht, aber die ganze Angelegenheit war natürlich nicht angenehm.

Eine lustige Episode soll hier eingefügt werden. Ich kleidete mich für meine Befragung natürlich ordentlich, bin vorher zum Friseur gegangen und machte also äußerlich einen sicher ganz guten Eindruck. Ich konnte auch inhaltlich – wie ich annehmen darf – bestehen und ganz gute Statements abgeben.

Eine bekannte Schauspielerin rief mich nachher an und lobte mich hinsichtlich meines Auftrittes. Ich fragte sie, was sie zu meinem Statement zu sagen habe. Dazu hatte sie nichts zu sagen, sie meinte nur, ich hätte (im Fernsehen) sehr gut ausgesehen. Die Bedeutung des Fernsehens in Bezug auf Wahlen scheint sich also tatsächlich bei vielen Teilen der Bevölkerung auf das Äußerliche zu beschränken.

Auch Kreisky hatte gewisse Probleme, weil er bei der Befragung durch einen Vorarlberger ÖVP-Abgeordneten halblaut äußerte: „Das ist aber ein dummer Mensch", worauf ein großer Tumult losbrach, den Kreisky aber in seiner gewohnt geschickten Art dadurch beendete, dass er meinte, er sei ein alter Mann und pflege mit sich selbst zu reden. Der Ausschussvorsitzende, der damalige FPÖ-Abgeordnete und spätere Vizekanzler der einzigen Rot-Blauen Regierung, Dr. Steger, war mit dieser Antwort zufrieden und die Befragung ging weiter, aber der „dumme Mensch" ist an diesem Abgeordneten, wie das eben leider in der Politik üblich ist, hängen geblieben.

Vorher, in die Zeit der Alleinregierung der ÖVP nach deren Erringung der absoluten Parlamentsmehrheit unter Bundeskanzler Klaus fiel der Aufstieg Kreiskys zum Parteivorsitzenden der Sozialdemokratie und in der Folge zum österreichischen Bundeskanzler und bedeutenden europäischen Staatsmann. Es ist vielleicht noch erinnerlich, dass ein Teil der sozialdemokratischen Funktionäre mit Kreisky nicht einverstanden war. Es gab Widerstände seitens der Gewerkschaftsfraktion, und vor allem war Dr. Pittermann als Parteivorsitzender natürlich nicht davon begeistert, dass ein neuer Stern am Parteihimmel aufstieg. Die Ablöse des Dr. Pittermann erschien aber insofern notwendig, weil er persönlich hochintelligent, integer, eloquent, aber kein Winnertyp war. Es war klar, dass er und die Partei mit ihm ewig Zweiter bleiben würde. Das erkannten auch seine besten Freunde und Anhänger, und man wollte allgemein seine Abwahl und Dr. Pittermann warf dann selbst das Handtuch.

Nun ging es darum: Wer wird der neue Parteivorsitzende? Die Gewerkschaften schlugen den niederösterreichischen Landeshauptmannstellvertreter Czettel vor, gewesener Betriebsratobmann von Schöller-Bleckmann in Ternitz. Dipl.-Ing. Waldbrunner, die ewige graue Eminenz, stand auch zur Diskussion, aber die Jüngeren und die so genannten Linken hatten sich im Wesentlichen auf Dr. Kreisky eingeschworen, nur war zu befürchten, dass er im Parteitag keine Mehrheit erhalten werde.

In diese Zeit fällt auch die Gründung einer sozialdemokratischen Gruppierung in Südtirol, an der ich wesentlichen Anteil hatte. Deren Exponent, der Bozner Facharzt Dr. Jenny, war zum Parteitag nach Wien geladen worden. Am Parteitag gab es immer ein bestimmtes Ritual. Nach der Begrüßung kamen zuerst die Gäste zu Wort, dann folgten die Berichte, die politischen Referate und zuletzt die Wahlen in den Parteivorstand. Dr. Kreisky hatte ja das Südtirolproblem in Schwung gebracht, er kannte daher unsere Südtiroler Freunde, begrüßte sie sehr herzlich, und ich kam damals auf die Idee, hier das Angenehme mit dem Nützlichen zu verbinden. Einerseits sollte die Partei für das Südtirolproblem interessiert werden, und das ging natürlich am besten dann, wenn Südtirols Sozialdemokraten zu Wort kamen, und andererseits sollte Dr. Kreisky dadurch Vorteile für seine Wahl als Parteivorsitzender haben.

Ich wusste also, dass Dr. Jenny unmittelbar nach der Begrüßung der Delegierten als erster Gast des Parteitages das Rednerpult betreten werde. Am ersten Tag war der ganze Saal immer voll mit Delegierten, die Galerie voll mit Anhängern, die Presse war zugegen. Ich sprach am Abend davor mit Dr. Jenny und riet ihm, seine Antrittsrede auf Dr. Kreisky und dessen Verdienste in der Südtirolfrage zu konzentrieren. So geschah es auch. Dr. Jenny hielt eine fulminante Ansprache, die zu einer großen Laudatio für Kreisky wurde.

Dr. Pittermann mit seinem hohen politischen Intellekt erkannte natürlich sofort, worum es ging, und es war ihm

*Jesco von Puttkamer*

CHEFREDAKTEUR DES »VORWÄRTS«

Herrn

Dr. Egmont Jenny

B o z e n /Italien

Tiroler-Etschland-Str. 13

5201 Roleber/Siegkreis
Ettenhausener Straße 27
Fernruf: Bonn 44304
Büroanschrift:
532 Bad Godesberg
Kölner Straße 108-112
Fernruf: 76811

28. Mai 1968
vp/o

Lieber Genosse Jenny,

ich habe den Wahltermin abgewartet Ihnen zu schreiben, wohlwissend, daß Sie genug um die Ohren hatten. Nun haben Sie die Sache ja überstanden. Gemessen an der Entwicklung im ganzen Lande, hat sich die SFP ja noch relativ gut gehalten.

Ich muß Ihnen nicht besonders versichern, wie sehr ich die vergeblichen Versuche bedauert habe, den Kontakt zwischen der SFP und unserer Bonner Parteileitung herzustellen. Sie werden inzwischen ja wohl auch schon gehört haben, daß die Absage in letzter Minute, als alles doch noch geraten schien, auf eine massive Intervention des gerade zu den Marx-Feiern in Bonn anwesenden Bruno Pittermann zurückging. Mehr möchte ich dazu brieflich nicht sagen. Ich bin mit meiner Familie vom 1. Juli nachmittags an wieder auf dem Strobelhof. Ich freue mich sehr, Sie dann wieder sehen zu können und hoffe nur, daß Sie mir das vergebliche Mühen um eine Zusammenarbeit nicht anlasten. Ich habe das meine dazu getan und bin trotz der schlechten Erfahrungen der Meinung, daß im Hinblick auf die bei Ihnen im November anstehenden Kommunalwahlen ein neuer Anlauf genommen werden sollte.

Mit herzlichen Grüßen von Haus zu Haus

Ihr

Jesco von Puttkamer

(Jesco von Puttkamer)

*Schreiben von Puttkamer*

anzumerken, wie sehr ihm diese Vorgangsweise missfiel. Etwa ein Jahr später schrieb der deutsche Sozialdemokrat Jesco von Puttkamer an Dr. Jenny, dass die SPD von Dr. Pittermann ein Schreiben erhalten habe, des Inhalts, man solle die Südtiroler Sozialdemokraten nicht unterstützen, weil sie eigentlich gar keine echten Sozialdemokraten wären. Das war eine späte Vergeltung, die eigentlich des gescheiten, tüchtigen und aufrechten Sozialdemokraten Dr. Pittermann unwürdig war. Es kam aber später zu einer guten Beziehung zwischen ihm und Kreisky, und dieses Detail erwähne ich auch nur deshalb, weil es meine persönliche politische Tätigkeit betraf. Die Verdienste Kreiskys in der Südtirolfrage sind ja allgemein bekannt, und dass es heute für Südtirol eine akzeptable Autonomie gibt, dass die EU vieles glattgebügelt hat, was von den italienischen Faschisten und ihren Nachfolgern verschuldet wurde, ist ja auch allgemein bekannt.

Kreisky wurde also auf diesem Parteitag zum Parteivorsitzenden gewählt, und damit war der erste Schritt für lange Jahre sozialdemokratischer Politik in Österreich gemacht. Kreisky hatte in der Zeit der ÖVP-Alleinregierung die entscheidenden Weichen gestellt, das Dogma des Stückes eines gemeinsamen Weges zwischen Sozialdemokraten und Liberalen, modernen, nicht parteigebundenen Persönlichkeiten erfunden, und die ehemaligen sozialistischen Studenten der Jahre 1945 bis 1960 trafen sich wiederholt bei Veranstaltungen. Ich hatte damals noch eine gewisse Autorität als seinerzeitiger Bundesobmann, die ich insofern nützte, als ich regelmäßig Zusammenkünfte zwischen einer Gruppe von jüngeren, gleichgesinnten Aktivisten in meiner damaligen Wohnung im Hochhaus am Matzleinsdorfer Platz organisierte. Bei diesen Zusammenkünften trafen sich Leopold Gratz, damals Mitglied des Bundesrates, das ist jene Position, mit der meistens die Parteikarrieren beginnen, Hannes Androsch, später Finanzminister und Vizekanzler und heute erfolgreicher Industrieller, Erich Pogats, Direktor der Verlage des ÖGB und Experte auf dem Gebiet des Zeitungswesens, Heinz Kienzl, späterer Generaldirektor der Nationalbank, Friedrich Marsch, Zentralsekretär der Partei, und auch Karl Blecha, und bei einer dieser Zusammenkünfte, die geprägt waren von politischen Diskussionen, Erörterungen aller Art, wurde die Idee geboren, einen Club zu gründen, um den Kreis entsprechend zu erweitern.

## Club 45 – Der Fall Lucona

Wir hatten alle das Gefühl, wir sollten etwas tun, und ich meinte, es müsste zunächst eine entsprechende Organisation geschaffen werden. Also wurde beschlossen, einen Verein zu gründen und einen Club, der im Wesentlichen jene Mitglieder des Verbandes sozialistischer Studenten aufnehmen sollte, die bereits entsprechende Positionen in Politik, Wirtschaft oder im Staat innehatten und in der Lage wären, Ideen und brauchbare Vorschläge weiterzutragen. Dazu kam natürlich auch der Wunsch, ein gewisses Flair durch Gründung eines eigenen Clubs zu schaffen, denn das Treffen in meiner zwar schönen, aber nicht allzu großen Gemeindewohnung konnte ja niemals alle interessierten Personen aufnehmen. Es war damals eine Aufbruchstimmung, man rechnete damit, dass die schwarze Alleinregierung abgewählt werden würde. Man wollte einfach für den Tag X bereit sein, die Jungen, die damals nicht mehr ganz jung waren, aber noch lange nicht zur älteren Generation gehörten, drängten an die Macht und wollten bei der Gestaltung der Gesellschaft unter Kreisky nicht zu spät bzw. zu kurz kommen.

Die erste Frage war, ein geeignetes Clublokal zu finden. Da gab es damals einen sehr umtriebigen Steuerberater namens Eder, der bei den weiteren Beratungen zugezogen wurde. Eder war ein im Wiener Gesellschaftsleben bekannter Mann, er war nicht mehr jung, hatte aber viele Freunde und vor allem eine sichere finanzielle Basis. Er vertrat nämlich die Innung der

Fleischhauer steuerlich, und jedes Innungsmitglied beschäftigte ihn als Steuerberater gegen eine zwar nicht hohe Pauschale, aber es gab eben sehr viele Fleischhauer.

Eder hatte eine Reihe guter Mitarbeiter in seiner Kanzlei, die die notwendigen Agenden solid und sicher besorgten. Seine Leidenschaft waren die Politik und die Kunst der Intrige. Also wurde Eder aufgefordert, ein geeignetes Clublokal zu finden. Es gab zwar einige Vorschläge, aber es war nichts Geeignetes dabei. Schließlich sagte Gratz, dass es in Wien den Herrn Udo Proksch gebe – das war ein „bunter Hund", wie man damals sagte, der alle kannte und den alle kannten und der über seine Lebensgefährtin, eine Hocharistokratin, gerade die Konditorei Demel erworben hatte. Das Haus der Konditorei Demel bestand aus mehreren Stockwerken, die Konditorei befand sich eigentlich nur im Parterre, in der Folge dann im ersten Stock, aber die weiteren Stockwerke waren frei. In eines dieser Stockwerke, nämlich in den vierten Stock, zog dann der Club, der inzwischen vereinsrechtlich gegründet worden war, ein. Präsident dieses Clubs wurde natürlich Leopold Gratz, die übrigen Gründer bildeten im Wesentlichen den Clubvorstand. Der Andrang zu diesem Club war sehr groß. Eigentlich alles, was in Wien Rang und Namen hatte und irgendwie zur linken Reichshälfte gehörte oder gehören wollte, wünschte, in den Club aufgenommen zu werden. Das geschah auch in der Folge, der Club hatte dann etwa zweihundert Mitglieder, der Clubbeitrag war für damalige Verhältnisse hoch, im Vergleich zu den üblichen Vereinen, die es in Wien gab, sogar sehr hoch, es waren etwa zweihundert oder dreihundert Schilling monatlich, aber für die Mitglieder, die ja schon längst arriviert waren und gute Positionen innehatten, waren das keine Beträge.

Dieser Club 45 wurde von Udo Proksch dann künstlerisch ausgestaltet und möbliert, und damit konnte die Veranstaltungstätigkeit aufgenommen werden. Neben Veranstaltungen, die etwa einmal in der Woche stattfanden, wurde ein Mittagstisch nach englischem Muster geboten, alles aus der Konditorei

*Eine Veranstaltung im Club 45*

Demel, die Betreuung erfolgte durch die Clubdame. Mit der ersten hatten wir insofern Pech, als sie mit der Clubleitung nicht harmonierte, die zweite betreute dann sehr lange den Club erfolgreich. Als Hilfskraft war immer Frau Eva tätig, und eine dritte und vierte Clubdame folgten dann später. Frau Eva war immer da und erwies sich als die gelungenste Variante. Frau Eva betreute den Club und die Mitglieder ausgezeichnet, sie wurde allgemein geschätzt und geachtet, und so blieb es bis zur Auflösung des Clubs in den 90-er Jahren.

In diesen Club 45 ist alles Mögliche hineininterpretiert worden. In Wirklichkeit war er nicht, wie behauptet wurde, eine mafiose Organisation, bei welcher dunkle Intrigen gesponnen wurden und Posten zur Vergabe gelangten. Das war Unsinn, denn alle im Club hatten bereits entsprechende Positionen, und Transaktionen wurden in Banken und Sekretariaten, aber sicher nicht im Club erörtert oder gesponnen. Die Mitglieder trafen sich dort einfach, fühlten sich wohl, und das Veranstaltungsprogramm war gut ausgewählt. Probleme gab es insofern, als es ein reiner Herrenclub war und Frauen nicht Mitglieder, aber umso häufiger Gäste waren, was wiederum Anstoß erregte, weil es den Grundprinzipien der Sozialdemokratie widersprach. Aber seitens der Clubmitglieder wurde dieses Prinzip nicht aufgegeben.

Es erregte natürlich Anstoß, dass ein doch der Sozialdemokratie nahestehender Verein, dessen Mitglieder zur roten Prominenz zählten, die erzkonservative Ritterburg Demel erobert hatten. Da wurde natürlich geschimpft, verleumdet und alles Mögliche erzählt, um diese Situation zu ändern. Das gelang schließlich auch durch die „Affäre Lucona".

Über Lucona ist bereits alles Mögliche geschrieben worden, ein Licht ins Dunkel hat man allerdings nicht gebracht. Udo Proksch ist wegen versuchten Versicherungsbetrugs, verbunden mit dem Tod der Matrosen des Schiffes Lucona, sohin wegen fünffachen Mordes, verurteilt worden. Es wurde ihm angelastet, ein Schiff mit wertlosem Schrott hoch versichert und dann zum Untergang gebracht zu haben.

Die Beschuldigungen waren vielfach skurril, ursprünglich hieß es, das Schiff sei mittels Fernzündung vom Demel aus im Indischen Ozean versenkt worden und dergleichen Unsinn mehr. Die Vorverurteilung erfolgte in vielfacher Weise bereits durch die Presse. Aufgeklärt wurde die Sache nie, und angesichts der massiven Vorverurteilung haben die Geschworenen einen Schuldspruch gefällt. Hinsichtlich des Schuldspruches war eines bemerkenswert: Normalerweise kommt bei einem Mord an fünf Personen ja nur eine lebenslange Strafe in Frage, die Geschworenen waren aber offensichtlich unsicher, denn sie gaben Proksch „nur" zwanzig Jahre. Der Oberste Gerichtshof hat dann „die Ordnung" wieder hergestellt.

Ich war in der Sache Lucona als Anwalt im Zivilprozess gegen die Versicherungsgesellschaft, bei der das Schiff versichert gewesen war, tätig. Dieser Prozess spielte sich in sagenhafter Weise ab. Die Richter wurden immer wieder gewechselt, aber nicht deshalb, weil sie gestorben, erkrankt oder versetzt worden wären, sondern auf eine mysteriöse Weise. Fast immer waren andere Richter oder Beisitzer in diesem Verfahren tätig. Nur der Senatsvorsitzende blieb stets derselbe, der Sohn eines prominenten Universitätsprofessors, der nach dem Anschluss Österreichs an Deutschland auf seinen Visitenkarten den Zusatz „SA Obersturmbannführer und Universitätsprofessor“ anfügte. Dieser Richter wies die Klage der Gesellschaft, die den Transport einer Uranaufbereitungsanlage nach Hongkong auf dem Schiff Lucona durchgeführt hatte, gegen die Versicherung ab. Ich berief dagegen, der Berufungssenat hob das Urteil auf, die Sache wurde zurückverwiesen, es erging wieder ein klagsabweisendes Urteil, woraufhin ich wieder in die Berufung ging, und schließlich gab uns das Oberlandesgericht Wien Recht, und ein Grundsatzurteil wurde dahingehend gefällt, dass die Versicherung zahlen musste.

Nun lehnte der Oberste Gerichtshof deswegen über Antrag des Anwaltes der Versicherung sämtliche Richter des Berufungsgerichtes als befangen ab, eine Vorgangsweise, die es in der hundertjährigen Geschichte der österreichischen Justiz nie vorher gegeben hatte.

Inzwischen war von der Versicherung Strafanzeige erstattet worden, und nach entsprechender Vorbereitung durch den Journalisten und kurzlebigen FPÖ-Quereinsteiger Pretterebner, und nach Vorverurteilungen und allen möglichen Interventionen wurde Proksch dann verurteilt. Ich habe ihn im Strafverfahren natürlich nicht vertreten und will dazu auch keinen Kommentar abgeben, sondern die ganze Angelegenheit, die mich an den Rand des Herzinfarktes gebracht hatte, möglichst vergessen.

Ich habe Udo Proksch im Gefängnis mehrfach besucht und ihm gesagt: „Udo, du musst, wenn du jemals aus dem Gefängnis herauskommen willst, aufklären, was wirklich geschehen ist.“ Das hat Proksch aber aus irgendwelchen Gründen abgelehnt, und er ist dann im Gefängnis gestorben. Sein letzter großer „Auftritt“ war mit 500 Leuten bei seinem Begräbnis.

Ich habe nie ein lustigeres Begräbnis gesehen. Es wurde gesungen, ein Solist spielte auf einem Akkordeon russische Lieder, es wurden Brötchen und Getränke gereicht, und alle meinten, der bunte Vogel Udo Proksch sei allgegenwärtig, obwohl er schon in seinem Sarg ins Grab hinuntergelassen worden war und die Totengräber damit beschäftigt waren, den Sarg mit Erde zu bedecken.

Auch im Fall Lucona fand ein Untersuchungsausschuss statt, die Affäre hatte die Minister Blecha und Gratz zum Rücktritt gezwungen. Was in Österreich so üblich ist und offenbar von Politikern verlangt wird, nämlich einen Freund, der in die Bredouille kommt, „wie einen heißen Erdapfel“ fallen zu lassen, lehnte Gratz ab, er bekannte sich während des Gerichtsverfahrens und auch nachher zu seiner Freundschaft zu Proksch. Die Justiz entwickelte im Zusammenhang mit dem Fall Lucona eine Betriebsamkeit mit der Absicht, alle Freunde von Proksch nach Möglichkeit auch zu verurteilen. Eine derartige Flut an Verfolgungen wegen Lappalien hat es vorher und nachher in Österreich nicht gegeben.

Pretterebner konnte in einer Versammlung vor einigen Hundert Studenten behaupten, ich sei wegen der Lucona-Geschichte in Untersuchungshaft gewesen. Diesmal wurde er wenigstens in erster Instanz wegen Ehrenbeleidigung verurteilt, die zweite Instanz sprach ihn mit der Begründung frei, es habe sowieso niemand geglaubt, dass das, was Pretterebner über mich gesagt habe, richtig sei!

Das Verhalten der Justiz in dieser Zeit wäre es wert, in den skurrilen Geschichten, dem dritten Teil dieses Buches, behandelt zu werden, der Einheitlichkeit halber habe ich diesen Abschnitt aber in diesen Teil meines Buches eingefügt. Die ganze Sache ist Schnee von gestern, Pretterebner hat mir das Buch „Der Fall Lucona“, das übrigens in großen Teilen von falschen Schlüssen und Mutmaßungen gekennzeichnet ist, mit einer netten Widmung geschickt. Ich habe unsere Auseinandersetzung für beendet erklärt.

Der Club 45 konnte nach all diesen Ereignissen nicht mehr aufrechterhalten werden. Die Versicherungswirtschaft bzw. deren Exponenten traten aus dem Club aus, zumal der Prozess ja zwischen der Bundesländer Versicherung und der Schweizer Gesellschaft, die die Lucona gechartert hatte, geführt worden war. Die ganze Sache fiel auch in den Zeitraum des so genannten „Bundesländerskandals". Es wurden damals Scheinversicherungen und Scheinleistungen der Versicherungen an prominente Politiker der ÖVP ausgezahlt, die dann alle ihrerseits den Hut nehmen mussten. Ein Zusammenhang zwischen der „Affäre Lucona" und der „Affäre Bundesländer" ist offiziell niemals hergestellt worden, auffällig war nur, dass alles in dieselbe Zeit fiel und die Bundesländer Versicherung einen eigenen Kontrolleur in den Hafen, aus dem das Schiff abgefahren war, bevor es dann im Indischen Ozean sank, entsandt hatte, der alles für in Ordnung befand.

Aber Schwamm drüber – die Sache ist heute nicht mehr aktuell, und ich will eigentlich nichts mehr davon wissen. Ich will mir nur nicht den Vorwurf machen lassen, etwas in dieser selbstbiographischen Darstellung wissentlich verschwiegen zu haben.

## „Kronen-Zeitung" – Der Fall Olah

Die sozialdemokratische Arbeiterpartei der Ersten Republik – damals gab es nur wenige Radios und überhaupt noch kein Fernsehen, und die Bedeutung der Printmedien war daher wesentlich höher als jetzt – betrieb durch ihren „Vorwärts-Verlag" zwei Zeitungen: Die „Arbeiterzeitung" für gehobene Ansprüche, „Das Kleine Blatt" für den Rest der Bevölkerung.

Nun muss man wissen, dass Bildung den Sozialdemokraten immer besonders am Herzen lag und dass es damals viele hochgebildete Arbeiter gab, die mit Vergnügen die „Arbeiterzeitung" abonnierten und lasen. Die „Arbeiterzeitung" wurde von 1895–1931 von Chefredakteur Austerlitz geleitet, der kein gelernter, graduierter, aber dessenungeachtet ein blendender Jurist und sogar Mitglied des Verfassungsgerichtshofes war. Als Journalist war er einsame Spitze.

Sein Nachfolger – bis zum Erscheinungsverbot 1934 und nach Wiedererscheinen 1945 – war dann Oscar Pollak, ein großartiger Journalist und liebenswerter Mensch. Er war verheiratet mit der Abgeordneten im Nationalrat Marianne Pollak. Das Ehepaar war kinderlos, aber es hat selten Menschen gegeben, die so persönlich aneinander gehangen sind wie die beiden. Als Oskar Pollak an einem Herzleiden plötzlich verstarb, gab sich Marianne am nächsten Tag den Tod.

Ein ähnlicher Fall war der Journalist Heinz Prantl, der bei der SPÖ für die Öffentlichkeitsarbeit bei vielen Wahlen zuständig war. Als seine Frau starb, erhängte er sich am nächsten Tag. Ich war bei seinem Begräbnis am Friedhof in Felixdorf, und die ergreifende Grabrede Bruno Kreiskys ist mir heute noch in Erinnerung.

Mit dem Aufkommen der Massenmedien etwa in den 50-er und 60-er Jahren, der steigenden Bedeutung der Boulevardpresse zu Lasten der politisch eindeutig orientierten Zeitungen war das Ende der „Arbeiterzeitung" absehbar geworden. Nach Oscar Pollak war noch Franz Kreuzer ein ausgezeichneter Chefredakteur, dann kam aber bald das Aus. Die „Kronen-Zeitung" drückte alle anderen Blätter an die Wand, bürgerliche Parteizeitungen waren schon vorher eingegangen, und nur die „Presse" hat dank einer Dauersubvention der Industriellenvereinigung überlebt.

In der sozialdemokratischen Partei erkannte man natürlich, dass man ohne ein Sprachrohr in der Öffentlichkeitsarbeit Probleme bekommen werde. Ursprünglich war der Rundfunk wie alles in Österreich zwischen linker und rechter Reichshälfte zweigeteilt, und die Notwendigkeit einer besonderen Anstrengung auf dem Gebiet der Printmedien wurde allgemein für nicht so wichtig gehalten. Das änderte sich, als durch das Rundfunkvolksbegehren, das sehr geschickt von bürgerlicher Seite in Österreich, insbesondere vom Spitzenjournalisten Gerd Bacher und von Hugo Portisch, eingeleitet wurde, schließlich das Rundfunkgesetz von der Volkspartei-Mehrheit beschlossen wurde. Gerd Bacher wurde erster Generalintendant, und die Sozialdemokratie hatte im Rundfunk nichts mehr zu plaudern.

Nachdem sich die Mehrheitsverhältnisse umgedreht hatten, wurde Gerd Bacher durch einen Spitzenbeamten des Justizministeriums, Dr. Oberhammer, einem Tiroler, ersetzt, der seine Sache auch nicht schlecht machte und die bisher bestandene Einseitigkeit der politischen Berichterstattung beseitigte, aber schließlich wurde der Praktiker Bacher wieder Generalintendant, und er hat bei seiner Bestellung etwas gesagt, was ihn mir außerordentlich sympathisch gemacht hat: „Es ist niemand dran gehindert, gescheiter zu werden." Und so war es auch. Bacher stellte die Unabhängigkeit des Rundfunks im Großen und Ganzen wieder her und führte ihn in professioneller Weise zum Erfolg. Seine Nachfolger haben niemals mehr dieses Format erreicht.

Der Stern der „Kronen-Zeitung" strahlte immer mehr, die Auflagenziffer stieg, das Duo Dichand und Falk führte die Zeitung zu einem ungeahnten Erfolg. Finanziert wurde dieser Erfolg aber durch Mithilfe des damaligen Präsidenten des Gewerkschaftsbundes und späteren Innenminister Franz Olah. Daraus resultierte die stärkste Krise der Sozialdemokratie in der zweiten Republik. Olah war ein sehr tüchtiger und fähiger Politiker, aufgestiegen aus dem Arbeiterstand, aber er war natürlich ein Machtmensch par excellence. Ich habe ihn persönlich gut gekannt, unsere Kanzlei hat ihn auch lange anwaltlich vertreten, und als er sich 1964 mit dem Gewerkschaftsbund und der Partei überworfen hatte und die ganze Affäre, in deren Verlauf Olah Finanzmittel aus dem Gewerkschaftsbund zweckentfremdet entsprechend seinen politischen Ambitionen zur Verfügung stellte, beim Strafgericht endete, konnte ihn unsere Kanzlei natürlich nicht mehr vertreten. Ich empfahl ihm damals meinen Gegner in der österreichischen Hochschülerschaft und Anwaltskollegen Dr. Leutgeb, der ihn mit großer Ambition und tüchtig verteidigte, aber nicht verhindern konnte, dass er, weil nun einmal der Tatbestand der Untreue – wenngleich nicht aus eigensüchtigen Motiven – gegeben war, 1965 verurteilt wurde, wobei es dann Kreisky war, der während einiger Tage nach dem Ableben des Bundespräsidenten Jonas (1974) mit dessen Funktion verfassungsmäßig betraut war, Olah begnadigte, sodass dieser seine Ministerpension erhalten konnte.

Olah ist inzwischen mehr als 90 Jahre alt geworden, ich habe ihn zuletzt am Begräbnis seines Anwaltes, meines Freundes von der anderen Seite, Dr. Leutgeb, getroffen, und auch über diese erbitterten Auseinandersetzungen hat die Zeit ein versöhnliches Tuch gebettet.

Zu meinen Freunden zählten auch Professor Fritz Klenner, Spitzenfunktionär des österreichischen Gewerkschaftsbundes und Generaldirektor der Bank für Arbeit und Wirtschaft, und Alfred Ströer als Vorstandsvorsitzender dieser Bank, deren Aufstieg in ihre Zeit fällt. Neben der beruflichen Vertretung der Bank haben wir auch politisch viel zusammengearbeitet. In der Südtirolfrage hat uns Professor Klenner viel geholfen. Wir haben in Bozen die Südtiroler Volksbuchhandlung gegründet, die dem österreichischen Gewerkschaftsbund bzw. dessen Verlag gehörte. Die Südtiroler Volkspartei wehrte sich vehement gegen diese, wie sie meinte, sozialdemokratische Gründung, in der Furcht, dass damit die Südtiroler vielleicht verdorben werden könnten. Es gelang uns nicht, ein geeignetes Geschäftslokal in Bozen für die Volksbuchhandlung zu finden, das gelang erst durch Mithilfe der Bozner neofaschistischen Partei, die ungeachtet aller politischen Gegensätze durch einen ihr angehörigen Realitätenvermittler dieses Problem löste. Die Volksbuchhandlung besteht noch immer, natürlich ist die beherrschende Buchhandlung in Bozen die der Kirche nahestehende „Athesia“, deren Mitbesitzer sie offensichtlich auch ist, aber die Volksbuchhandlung hat sich recht tapfer behauptet. Das Geschäftslokal wurde zwar zwischenzeitig gewechselt, die Buchpalette weist neben der einschlägigen Südtiroler Literatur aber viele progressive Autoren auf und schließt hier gegenüber der „Athesia“ eine publizistische Lücke.

In diese Zeit fiel, vor allem im Zusammenhang mit dem Strafprozess gegen Franz Olah, die „Affäre Kronen-Zeitung“. Da die „Kronen-Zeitung“ von Olah teilfinanziert worden war, leitete daraus der Anwalt der sozialdemokratischen Partei, der ausgezeichnete Jurist und Mitglied des Verfassungsgerichtshofes, Dr. Wilhelm Rosenzweig, ab, dass eigentlich der Gewerkschaftsbund, der die „Kronen-Zeitung“ finanziert oder mitfinanziert hatte, der wirkliche Eigentümer sei. Es gelang ihm auch, eine einstweilige Verfügung zu erwirken. Der vom Gericht eingesetzte Verwalter überschritt aber seine Befugnisse beträchtlich, weil er nicht nur die finanziellen, sondern auch die redaktionellen Angelegenheiten in seinem Sinn regeln wollte. Dies wurde dann vom Gericht abgestellt.

Der Jubel der „Arbeiterzeitung“ über die Ausschaltung des Konkurrenten trieb seltsame Blüten. Die „Arbeiterzeitung“ schrieb, „das Schandnest werde ausgeräuchert“ und dergleichen mehr, mit dem „Erfolg“, dass die sozialdemokratische Partei die einige Tage später stattfindende Wahl (März 1966) entsprechend verlor, obwohl Chancen bestanden hätten, endlich einmal die Mehrheitsverhältnisse in Österreich umzudrehen. Aber solche Gewaltakte liebt die Bevölkerung in Österreich nicht. Der Prozess ging letztlich monate- und jahrelang hin und her, und ich habe mir damals gesagt, es müsste doch möglich sein, mit den Inhabern der „Kronen-Zeitung“ zu einem Gespräch zu kommen, denn in Österreich gilt der Grundsatz, dass „die Leit durch des Redn z'sammkommen“.

Das war auch deshalb leichter möglich, weil der Mitinhaber der „Kronen-Zeitung“, Dichand, ebenso wie ich im Matzleinsdorfer Hochhaus wohnte. Wir sahen uns täglich mehrmals, grüßten freundlich, diskutierten im Aufzug und am Gang, und ich schlug daher Professor Klenner als Spitzenfunktionär des ÖGB, Banker und Generaldirektor der Arbeiterbank, später BAWAG, vor, Dichand bei mir in der Wohnung zu treffen – das sei ein neutraler Ort und es könne niemand daraus irgendwelche Schlüsse ziehen – und einmal miteinander zu reden. Meine damalige Frau machte ein gutes Abendessen, und ich zog mich zurück, ließ die beiden Herren allein, und das war der Beginn der Bereinigung der „Angelegenheit Kronen-Zeitung".

Es ist zwar niemals zu einem engeren Verhältnis zwischen „Kronen-Zeitung" und der Sozialdemokratie gekommen, aber eine gewisse Loyalität hat dann bestanden. Gestört wurde sie lediglich durch den „Kronen-Zeitung"-Redakteur Nimmerrichter, genannt „Staberl". Kreisky hat einmal gesagt, die Renegaten seien die gefährlichsten, und auch in diesem Fall Recht gehabt, denn Nimmerrichter war einmal Journalist bei der „Arbeiterzeitung" gewesen, diese hatte seine Fähigkeiten und Talente offensichtlich nicht erkannt und dadurch seinen Groll verursacht. Nimmerrichter war ein blendender Journalist, aber bei seiner gehässigen Einseitigkeit ging natürlich viel von seinem großartigen Talent verloren. Er ist auch schon längst in Pension und wahrscheinlich sieht er heute auch alle Dinge milder als zu jener Zeit, als er noch ein aktiver Kämpfer war.

Ich habe dann auch beruflich bezüglich des Kaufes der „Kronen-Zeitung" verhandelt. Ich fuhr nach Frankfurt, die Eigentümerschaft der „Kronen-Zeitung" war verschachtelt und verschleiert, und redete mit den Leuten dort. Aber Dr. Rosenzweig, der in dieser Sache sehr viel zu reden hatte, schätzte die Situation offensichtlich nicht richtig ein. Er war der Meinung, dass man um den lächerlichen Betrag von sieben Millionen Schilling die „Kronen-Zeitung" kaufen könne. Die Verhandlungen scheiterten dann auch.

Ich habe die ganze Sache schon weitgehend vergessen

gehabt, aber unlängst ist mir ein Buch in die Hand gekommen, in dem das alles geschildert ist. Ich glaube, das Buch gibt es gar nicht mehr im Handel, aber es war hochinteressant, auf diese Weise wieder an diese wesentliche politische Episode unseres Landes, an der ich aktiv mitgewirkt hatte, erinnert zu werden. Ich habe mich wirklich bemüht, dass es zu einer Regelung käme, denn ich war immer der Ansicht, dass die Sozialdemokratie eine ordentliche Zeitung mit guten Journalisten benötige, nicht ein Vereinsblatt, das den Gegner angreift und eigene Schwächen verschweigt, sondern ein wirklich objektives, sei es auch ein Boulevardblatt, das natürlich eine entsprechende politische Tendenz aufweisen sollte, aber keineswegs ein Vereinsorgan sein dürfte. Es wurde dann der Versuch gemacht, eine eigene kleine Zeitung zu machen, die natürlich eingegangen ist. Heute gibt es zwei Boulevardzeitungen, an denen allerdings dieselben Eigentümer mitbeteiligt sind.

Ich habe, als ich im Alter von 78 Jahren, wie es so heißt, in den wohlverdienten Ruhestand trat und die Kanzlei meinen Juniorpartnern übergeben konnte, nachdem mein Freund und langjähriger Partner Dr. Robert Amhof verstorben war, alle Akten von politischer Bedeutung, soweit sie noch vorhanden waren, dem Reißwolf und der Müllverbrennung überantwortet. Ich will das alles zumindest im Detail vergessen.

Mir ist das ungeheure Glück zuteil geworden, in meiner zweiten Ehe mit einem Töchterchen beschenkt zu werden. Die Kleine kommt jetzt in die Schule, ist ganz entzückend, und ich möchte noch lange leben, um mitzubekommen, wie sie größer wird, vielleicht sogar erwachsen, aber die Zeit läuft mir irgendwie davon. Ich komme mir vor wie eines der Tonbänder, auf welche ich dieses Buch diktiert habe, die am Schluss immer schneller laufen. Einmal sind sie dann zu Ende, und so ist es auch mit dem Leben.

Ich will bei dieser Gelegenheit nicht meine beiden anderen Töchter vergessen. Sie sind erfolgreich im Beruf, haben jede selbst ein Kind, die Beziehungen zu mir als Vater sind leider etwas reduziert. Ich habe mit meiner ersten Frau keinen Rosenkrieg geführt, sondern wir sind vernünftig auseinandergegangen und geblieben ist eine beiderseitige Wertschätzung, aber man kann immer nur eine Familie haben.

Mein verstorbener Freund und Partner Dr. Amhof sagte in seiner Antwortrede an seinem 75. Geburtstag: „Ich trete in das letzte Quartal meines Lebens ein." Leider hat das Quartal bei ihm nur fünf Jahre gedauert. Bei mir dauert es auch schon fast fünf Jahre, es vergeht fast kein Monat, in dem ich nicht die Todesanzeige eines Freundes erhalte. Wenn es zu einem Treffen der ehemaligen sozialistischen Studenten kommt, erschreckt mich immer, wie alt sie alle geworden sind (sich selber sieht man ja nicht). Gerade die Aufgabe, dieses Buch zu schreiben, hat mich eigentlich wieder in die Jugend zurückgeführt, und wenngleich diese als erweiterte Einleitung gedachte Biographie doch wesentlich länger geworden ist, als ich beabsichtigt habe, so hat sie mich selbst an vieles erinnert, was ich schon vergessen zu haben glaubte.

## Nicht nur ein Roter, sondern auch ein Advokat

Nun wird sich mancher Leser fragen, inwieweit der Inhalt des Buches dem Titel „Ein roter Advokat" gerecht wird. Dass der Autor ein Roter ist, ist sicherlich bereits genügend dargelegt worden, aber wie steht es mit dem Advokaten?

Im österreichischen Fernsehen treten fast immer dieselben Anwälte, moderiert vom Juristen Resetarits, auf und schildern Fälle aus ihrer Praxis, die alle dadurch gekennzeichnet sind, dass unsinnige Prozesse fast zum Ruin der Beteiligten geführt haben. Diese Sendungen sind geradezu eine Propaganda gegen die Rechtsanwälte, denn wenn zum Beispiel zwei Nachbarn um ein Grundstück streiten und dieses zuletzt dem einen der Anwälte gehört, zeichnet dieser Vorgang kein positives Berufsbild der Anwaltschaft. Ich kann nicht mit solchen Geschichten aufwarten, möchte aber den Lesern einige grundlegende Tatsachen aus einer 50-jährigen Berufserfahrung zur Kenntnis bringen.

In diesem Beruf kann man zwar wohlhabend, aber schwerlich reich werden. Ein ordentliches Auto, ein Häuschen im Grünen, eine gute Ausbildung der Kinder sind, wenn man den Beruf erfolgreich führt, „drinnen". Große Transaktionen, die viel Geld bringen, sind nur auf wenige Anwaltskanzleien beschränkt. Die Entwicklung in dem halben Jahrhundert, in welchem ich diesen Beruf ausgeübt habe, hat sich in den letzten Jahren völlig verändert. Während die Anwaltschaft früher mit Werbeverboten, mit dem Verbot der Errichtung von Filialkanzleien belastet war, ist das heute praktisch alles weggefallen. Das hat aber natürlich auch dazu geführt, dass eine gewisse Gigantomanie in diesem Beruf zu verspüren ist. Kollegen, die zweimal mit einem Anwalt in Singapur korrespondiert haben, erweitern ihr Kopfpapier gleich um eine internationale Niederlassung im Fernen Osten. Angeben ist in diesem Beruf sehr verbreitet, und auch ich war in jungen Jahren nicht böse drüber, wenn Zeitungen über Erfolge unserer Kanzlei berichteten.

Grundsätzlich sollte Diskretion unbedingtes Muss sein, und wichtig ist vor allem, dass vor Übernahme eines Falles die Aussichten ehrlich und rückhaltlos mit dem Klienten erörtert werden. Wenn ein Prozess gut ausgeht, gibt es meistens keine Probleme, wenn – was leider nicht immer zu vermeiden ist – ein Prozess verloren wird, dafür umso mehr. Es muss in diesem Zusammenhang bedacht werden, dass für die Frage eines Prozessausganges sehr selten Rechtsfragen, sondern in überwiegender Zahl Beweisfragen entscheidend sind. Beweisfragen kann man schwer vorher einschätzen, man weiß ja nicht, was die Zeugen aussagen werden und was die eigenen Parteien in der Parteienvernehmung vor Gericht angeben. Die Beweisfrage wird meistens in der ersten Instanz entschieden. Es besteht zwar eine grundsätzliche Möglichkeit, die Beweiswürdigung in der zweiten Instanz anzufechten, es kommt aber fast nie vor, dass solchen Anfechtungen Folge gegeben wird, und in der dritten Instanz ist, wenn die Anrufung des Obersten Gerichtshofes überhaupt zugelassen wird, die Anfechtung der Beweiswürdigung gesetzlich ausgeschlossen. Das ist etwas, was die meisten Nichtjuristen nicht verstehen, aber es ist so.

Was kann nun das Resümee aus fünfzig Jahren Berufserfahrung sein, bzw. was gibt man jungen Kollegen, die in dem Beruf starten, an Erfahrungswerten mit? Der Start ist in diesem Beruf nämlich sehr wichtig und auch sehr schwierig, denn es dauert einige Zeit, bis man entsprechend etabliert ist. Diese Zeit wird meistens durch eine praktisch verlängerte Konzipientenzeit überbrückt; sehr häufig sind junge Kollegen mit Frauen verheiratet, die einen Beruf haben, der zumindest die Existenz sichert. Wenn man sich dann im Beruf entsprechend durchgesetzt hat, dann kann man allerdings auch davon leben, und viele Kollegen leben gar nicht schlecht.

Torberg erwähnt in einigen seiner Bücher über die Wiener Kaffeehausliteraten den Anwalt Dr. Sperber. Als dieser gefragt wurde, welche Rechtsfälle seine Kanzlei überwiegend zu bearbeiten habe, war die Antwort: „Rachmones und Mischpoche." Rachmones bezeichnet im jüdischen Jargon Armenvertretungen, und Mischpoche ist die Familie. Daraus resultiert dann die Frage, was soll man als Anwalt nicht machen, bzw. welchen Vertretungen soll man zu entgehen versuchen?

Die Armenvertretungen, jetzt Verfahrenshilfen, werden von der Anwaltskammer nach einem „Radl" zugeteilt, ihnen kann man also nicht entgehen. Wenn man Terminkollision hat, muss man einen anderen Kollegen ersuchen, einzuspringen und diesen Kollegen natürlich auch ordnungsgemäß bezahlen. Dafür legt die Anwaltskammer jedes Jahr dem Justizministerium eine Kostenaufstellung vor, und die aufgelaufenen Honorare aus diesen Vertretungen werden dem Pensionsfonds der Kammer zugeführt. Der einzelne – wie er jetzt heißt – Verfahrenshelfer hat also, wenn er die Pension erlebt, auch etwas davon.

Für Familienmitglieder, auch für entfernte Verwandte, muss man als Anwalt, wenn man diesbezüglich angesprochen wird, tätig sein. Das bringt aber meistens nur Nachteile mit sich. Wenn man den Prozess gewinnt – und das gilt übrigens auch für die Strafverfahren –, dann deshalb, weil der Klient sowieso im Recht war, und wenn man ihn verliert, dann ist der Anwalt schuld. Es gibt viele Fälle, wo Zwistigkeiten in der Familie aus solchen Prozessverlusten Jahrzehnte gedauert haben. Also nach Möglichkeit keine Prozesse für entfernt verwandte Familienmitglieder führen!

Aber auch sonst ist das Familienrecht und die weitreichende Möglichkeit richterlicher Disposition eine Quelle von Unannehmlichkeiten. Also, wenn es geht, Hände weg vom Familienrecht! Dazu gehören natürlich auch die Ehescheidungen.

Am Anfang meiner Tätigkeit bis etwa vor zwanzig Jahren gab es noch die Ehrenbeleidigungsprozesse. Das neue Strafgesetz hat hier guten Wandel geschaffen, aber die so genannten „Bassenaprozesse“ – deshalb so genannt, weil die Streitigkeiten meistens an gemeinsamen Wasserleitungen in alten Wiener Zinshäusern ausbrachen, waren ein Graus.

Wenn man schon etwas arrivierter ist und Unternehmen vertritt, dann kommt es natürlich vor, dass man für Direktoren, Prokuristen und dergleichen, unter Umständen auch über Empfehlung, und für gewöhnliche Mitarbeiter der Firma Prozesse führen muss. In diesem Fall braucht man natürlich sehr viel Fingerspitzengefühl. Wenn sich eine Sache negativ entwickelt, ist es oft sehr schwierig, das einem guten Klienten zu erklären.

Damit komme ich zum Kapitel der Haftung. Als Anwalt haftet man unbeschränkt für so genannte Kunstfehler. Aus Amerika kommend, hat es sich zu einem System entwickelt, das für die Ausübung des Berufes beachtliche Probleme mit sich bringt. Ein Kunstfehler liegt bereits dann vor, wenn man nicht alle Entscheidungen des Obersten Gerichtshofes in einer bestimmten Rechtsfrage beachtet hat. Da der Oberste

Gerichtshof ja nicht einheitlich zu entscheiden pflegt, ist das ein schwieriges Unterfangen. Bisher galt die Grundregel: „Der Anwalt muss nicht gescheiter sein als das Gericht." Wenn man also in einem Prozess eine Instanz für sich hatte, dann hatte man eine vertretbare Rechtsansicht vertreten und konnte nicht mehr zur Haftung herangezogen werden. Auch davon ist der Oberste Gerichtshof in der letzten Zeit abgegangen. Der Anwalt muss gescheiter sein als das Gericht. Sinnvoll wäre, dass die Haftung des Anwaltes auf jenen Betrag beschränkt wird, der der Versicherungssumme seiner Pflichtversicherung entspricht. Die Wirtschaftstreuhänder haben eine solche Regelung durchgesetzt, leider aber nicht die Anwaltskammer.

Eines habe ich in meiner langen Berufspraxis festgestellt: Man soll keine Haftungsprozesse gegen Ärzte führen. Die Solidarität bei den Medizinern ist weit ausgeprägter als bei den Juristen. Letztlich werden solche Haftungsprozesse wegen Behandlungsfehlern von einem ärztlichen Sachverständigen entschieden, und die Gutachten schauen dann meistens so aus, dass den Arzt kein Verschulden trifft oder, was auch sehr häufig der Fall ist, dass die Frage auf den Beweissektor verschoben wird. Und die Ordinationshilfe kann dann natürlich immer bestätigen, dass die Patientin oder der Patient auf die hohen Risken aufmerksam gemacht worden sei, aber dessen ungeachtet die Behandlung bzw. Operation verlangt habe.

Wenn man alle diese Risken überlegt, dann muss man sich eigentlich fragen, was hier für den Anwalt noch gefahrlos zu tun übrig bleibt. Nun, wenn die amerikanischen Verhältnisse auch bei uns auch einkehren, dann wird wahrscheinlich jeder verlorene Prozess ein Haftungsverfahren gegen den Anwalt nach sich ziehen. Es werden höhere Versicherungen notwendig werden, und es werden sich dadurch natürlich die Betriebskosten einer Anwaltskanzlei beträchtlich erhöhen. Das muss letztlich dann der Konsument, also in dem Fall der Klient tragen, denn Gerichten, die über Schadenersatzansprüche entscheiden, ist das im Wesentlichen egal, denn sie trifft es ja nicht. In dieser Richtung wäre mehr Initiative der Anwaltskammer gefragt.

Ich will aber an der Berufsorganisation keine Kritik üben, denn ich war niemals bereit, in irgendeiner Form eine Funktion in der Kammer zu übernehmen, obwohl ich doch mehrmals gefragt wurde, aber ich bin der Ansicht, wenn man nicht selbst bereit ist aktiv mitzuwirken, dann muss man jenen Kollegen, die dazu bereit sind, wenn schon nicht Dankbarkeit, so doch Freiheit von unliebsamer Kritik einräumen.

Es sei der Ordnung halber auch darauf hingewiesen, dass die Tätigkeit der Funktionäre der Anwaltskammer durchwegs ehrenamtlich erfolgt.

Ich habe schon einmal in diesem Buch gesagt, dass die Gerichte in Österreich im Wesentlichen gut funktionieren und es – wenn überhaupt – nur sehr selten vorkommt, dass jemand zu Unrecht vom Strafgericht verurteilt wird. Trotzdem muss man sich aber darüber im Klaren sein, dass jeder menschlichen Institution Fehler anhängen und dass natürlich fast jeder an das Gericht herangetragene Fall aus der persönlichen Sicht des oder der Richter gewonnen aus Erlebnissen, die sie vielleicht selbst gehabt haben, Beurteilung findet. Natürlich habe auch ich negative Erfahrungen mit Gerichten und Richtern gemacht. Eines hat mir mein langjähriger Chef in der Konzipientenzeit, Dr. Fuchs, als Grundsatz mitgegeben: Niemals einen Richter ablehnen, man zieht sich dann das Missfallen der gesamten Richterschaft zu, weil sich ein so genannter Ablehnungsantrag, wie er im Gesetz vorgesehen ist, ja in der Branche herumspricht.

In Zivilprozessen ist häufig die beste Lösung ein Vergleich. Das ist manchen Klienten aber schwer beizubringen, weil sie von ihrem Recht überzeugt sind. Das ist aber meistens der Gegner auch, also ist der Vergleich schon ein Weg, dass beide den Prozess nicht verlieren. Vielfach wird Richtern vorgeworfen, dass sie Vergleiche deshalb manchmal sogar massiv durchzusetzen versuchen, um sich Arbeit zu ersparen. Das mag ein

Nebenzweck sein, aber letztlich entspricht es der österreichischen Mentalität und auch der Vernunft, einen friedlichen Ausgleich einem jahrelangen Rechtsstreit vorzuziehen.

Ich habe einen Richter gekannt, der ein Häuschen in der Umgebung von Wien und einen schönen Garten besaß. Das war für ihn sein Ein und Alles. Um es zu nützen, musste er aber sehr viel Zeit aufwenden. Er brachte es zustande, immer zu Mittag in sein Häuschen zu fahren, seine richterliche Tätigkeit war um zwölf Uhr mittags beendet. Urteile musste er fast nie verfassen, denn fast alle seine Prozesse endeten mit einem Vergleich. Er blieb immer in der ersten Instanz, weil er es ablehnte, im Oberlandesgericht tätig zu sein, denn dann hätte er ja nicht mehr täglich in seinen Garten fahren können.

Ein eigenes Kapitel sind natürlich auch die Anwaltskosten. Wenn man gewinnt, dann muss der Gegner zahlen, wenn man verliert, wird der eigene Klient zur Kasse gebeten. Aber auch wenn man gewinnt und Kosten ersiegt, bleibt die Frage, ob man sie bekommt. Die österreichische Gesetzgebung hat eine Reihe von Grundsätzen entwickelt, die das Leben der Schuldner wesentlich erleichtern. Bei der Kostenberechnung ist Fingerspitzengefühl sehr wesentlich und vor allem auch eine entsprechende soziale Einstellung.

Ich habe gemeinsam mit meinem Partner viele Prozesse aus den vorerwähnten Gründen umsonst geführt oder umsonst führen müssen. Das ist speziell für junge Kollegen, die beim Start ins Berufsleben sind, oft nicht machbar. Wenn einmal der Wagen läuft, dann lässt sich das leichter verkraften.

Wichtig ist in diesem Beruf, dass man zuhören kann. Man darf nicht den Fehler machen zu glauben, dass der Klient nicht auch brauchbare Ideen hat. Man muss eine gute Kommunikation zum Klienten herstellen und eine entsprechende Vertrauensbasis. Insofern hat der Anwaltsberuf eine Ähnlichkeit mit dem Arztberuf. Allerdings gibt es für Anwälte keine „Krankenkasse“, sondern nur einen vollständigen Selbstbehalt durch die

Verpflichtung, das Honorar, wenn nicht der Gegner zahlt, selbst tragen zu müssen.

Ich weiß nicht, wenn ich noch einmal in den Stand versetzt würde, zu überlegen, ob ich wieder diesen Beruf ergreifen solle, wie ich entscheiden würde. Ich habe sicherlich am Anfang und auch später manchen Fehler gemacht, manchmal war ich zu wagemutig, manchmal zu wenig, manches hätte man besser machen können, aber das ist sicher in jedem Beruf so. Nur ist beim Anwaltsberuf die Verantwortung, die man zu tragen hat, sehr hoch.

Wenn ich bei der Sozialversicherung angefangen hätte, wie es ja unter meinen politischen Freunden unter anderem vorgesehen war – ich glaube, zum Direktor eines der Institute hätte ich es gebracht, und ich hätte längst eine schöne Pension und wäre sogar gesetzlich daran gehindert gewesen, bis zum 78. Lebensjahr aktiv zu arbeiten.

Wäre ich im Staatsdienst, wäre ich wahrscheinlich zumindest Ministerialrat oder durch politischen Anschub Sektionschef geworden, und das würde auch eine prächtige Pension bedeuten im Vergleich zu dem, was ich heute von der Anwaltskammer bekomme.

Aber wenn man alt ist, hat man auch ganz andere Bedürfnisse. Man hat ein Häuschen im Grünen, das Fahrzeug ist auch noch brauchbar, die Kinder sind versorgt bzw. ist noch etwas Geld da, um sie zu versorgen, im Kasten hängen genügend Anzüge, und vielleicht würde ich, hätte ich diese Möglichkeit, wieder denselben Beruf wählen.

Dass ich nicht in die Politik gegangen bin – das war die zweite Alternative, die sich mir gestellt hat –, war meines Erachtens richtig. Ich hätte dort sicherlich auch Karriere gemacht, aber ich glaube, dass ich letztlich gescheitert wäre. Ich bin viel zu emotionell, um mich in der Politik zu behaupten. Irgendeinen Versorgungsposten hätte ich wahrscheinlich dann bekommen, aber ich wäre dabei sicher nicht glücklich gewesen.

So ist es mir gelungen, Beruf und Politik in einem ausgewogenen Maß zu verbinden, und das habe ich auch versucht, in diesem Buch zu schildern. Also alles in allem ein „Roter Advokat".

# Meine Schulwege

## Der erste Schulweg

Vor einigen Tagen bin ich zufällig vorbeigefahren an meiner alten Volksschule gegenüber der im neugotischen Stil errichteten Kirche. Das kleine einstöckige Häuschen daneben ist inzwischen der Assanierung zum Opfer gefallen, etwa in den fünfziger Jahren, als die Nostalgie noch nicht in war.

Dort gab es ein kleines Papiergeschäft. Eine alte Frau betrieb es. Man bekam Redisfedern, Radiergummis und alle Arten von Schulheften. Als ich in die Schule eintrat, gab es das alles noch umsonst. Die Hefte durften nicht liniert sein, so verlangte es die Modernität der Glöckelschen Schulreform (siehe Anhang). Später, unter der christlichen Diktatur, wurde der kostenlose Lehrmittelbezug abgeschafft. Das Bild des später von den Nazis ermordeten „Heldenkanzlers“ Dollfuß (siehe Anhang) prangte deshalb auch in der Auslage des Papiergeschäftes.

Das Schulgebäude, errichtet im Jahre des 50. Regierungsjubiläums Seiner kaiserlich-könglichen apostolischen Majestät, wurde, um die Baulinie einzuhalten, weiter weg von der Straße gebaut, weshalb es möglich war, dort zu Mittag bei Schulschluss eine Klasse in Zweierreihen aufzustellen. Dann Verabschiedung mit Verbeugung zum Herrn Lehrer und ab mit Gejohle.

Der Herr Lehrer Winterle, streng und imposant, Junggeselle, ging jeden Tag nach der Schule zum Mittagessen ins Gasthaus „Kretschmer“ in der Hütteldorferstraße. Wer besonders brav war, durfte dem Herrn Lehrer die Tasche tragen. Im Extrazimmer war schon gedeckt, immer das „kleine Menü“, damals um 2,00 Schilling, und dazu ein Glas Wein.

Beim Kapitel über die „Schäden des Alkohols“ erfolgte

daher ein ausdrücklicher Hinweis, dass das eine Glas, welches der Herr Lehrer zu Mittag trinkt, erlaubt ist.

Was hat man nicht alles gelernt im Leben!

Volksschule, Gymnasium, Universität, Kurse usw. Was ist geblieben an Grundwissen? Das meiste hat man erfahren und behalten vom Volksschulmeister, dem Herrn Lehrer Winterle aus Wien-Baumgarten.

Es gab aber auch noch andere Autoritäten.

Unten beim Eingang stand der Schulwart Penz mit seinem martialischen, aufgezwirbelten Schnauzbart. Er hatte unter anderem die wichtige Aufgabe des Lichtanzündens. In der Schule gab es noch Gasbeleuchtung. Wenn es im Winter um acht Uhr früh noch finster war, musste Licht angezündet werden. War das ein Ereignis, wenn Herr Penz mit der langen Stange kam, an deren Ende ein kleines Flämmchen brannte. Mittels eines Hakens wurde bei jeder Lampe zuerst das Gas aufgedreht. Es zischte leise, und dann, sobald es mit der Zündflamme in Berührung kam, gab es einen kleinen Knall und das Klassenzimmer erstrahlte im milden Glasglühlicht.

Im Kapitel „Beleuchtung" haben wir dann gelernt, dass es der Carl Freiherr Auer von Welsbach (siehe Anhang) war, der durch die Erfindung des aus Asbest gefertigten (nach dem Erfinder später benannten) Auerstrumpfes eine geordnete Beleuchtung in Wien erst ermöglichte.

Die höchste Autorität besaß jedoch der Herr Oberlehrer, wie damals noch der Schuldirektor bezeichnet wurde. Als ich in die dritte Klasse ging, starb er. Uns Schülern war es „freigestellt, dem Begräbnis beizuwohnen". „Wenn das Begräbnis kommt, ist die Kappe abzunehmen", schärfte uns der Klassenlehrer ein.

Der Herr Oberlehrer war „gerade rechtzeitig gestorben" im Winter 1934; ein paar Wochen später wäre er von den durch Staatsstreich zur Macht gekommenen „Christlichen" (siehe Anhang) sicher abgesetzt worden, denn er war auch einer von den Glöckelschen Schulreformern.

Neben der Schule befand sich ein abgezäunter Spielplatz. An besonderen Tagen durften wir während der Zehnuhrpause dort paarweise einen Rundgang absolvieren, natürlich nur in der warmen Jahreszeit und bei gutem Wetter.

Es gab auch Schüler, die nicht einmal Schuhe hatten. Meist kamen sie aus dem Barackenlager beim Bahnhof Hütteldorf.

An einen dieser Schüler erinnere ich mich noch, er schlief während der Unterrichtszeit oft ein. Er schämte sich, zu sagen, dass er nachts Blumen in den Gasthäusern verkaufen musste, weil der Vater als Invalide aus dem Ersten Weltkrieg heimgekommen war und die Mutter als Wäscherin nicht genug verdiente, um die Kinder zu ernähren.

Der Heimweg führte durch die Pachmanngasse bergauf, vorbei am Pfarrhaus. Der Herr Dechant teilte manchmal Zuckerln an die vorbeigehenden Kinder aus und wurde dementsprechend ehrerbietig gegrüßt.

Der Herr Katechet war in der Pfarre als Kaplan tätig. Er konnte so schön beten und dabei die Augen zum Himmel verdrehen. Mein Schulfreund, der Hansel, hat ihn einmal „nach-

*Volksschulklasse, 1934*

gemacht", und ohne dass der Herr Katechet dabei das Gebet unterbrach, hat er ihm eine schallende Ohrfeige verabreicht.

In der Hütteldorfer Straße ging der Schulweg dann weiter. Dort stand und steht heute noch das „Altersheim Baumgarten". Damals hieß es noch „Versorgungshaus". Gegenüber war die „Schokoladenfabrik Cabeau" mit der Fabriksfiliale. Dort kauften sich die alten Mutterln und Vaterln aus der „Versorgung" das billigste, nämlich Tortenbruch um 50 Groschen, heute etwa 20 Schilling oder 1,45 Euro, vom geringen Taschengeld, das die Anstaltsverwaltung ausgab. Das billigste Produkt, das es gab, war allerdings eine Kakaopastille, Preis 1 Groschen! Die „Gummikrokodile", rosa mit grünen Augen, kosteten schon 5 Groschen, und ein „Adabei" (siehe Anhang) sage und schreibe 20 Groschen, für einen Volksschüler schier unerschwinglich!

Die Straße, die über den Berg weiter hinaufführte, wurde mehrmals im Jahr „frisch geölt". Ein Warnschild mit diesem Wortlaut wurde am Anfang und Ende der Straße von den Straßenarbeitern angebracht. Wer da mit dem Fahrrad nicht aufpasste und hinfiel, sah schrecklich aus. Der Gehsteig war nicht gepflastert, daneben verlief ein Wassergraben, und wenn es regnete, gab es auf dem Gehsteig eine Menge kleiner Wasserläufe. War das ein Vergnügen, das Wasser zu stauen und umzuleiten! Die mütterliche Entrüstung über den Zustand der Schuhe war dann auch dementsprechend!

Dort, wo die Straße schmal wird und zuletzt in einen Fußweg übergeht, gab es sogar eine richtige Quelle, deren Wasser nach einigen Metern im Kanal versickerte. Diese Quelle erlangte im Frühjahr 1945, als die Wasserversorgung Wiens bei Kriegsende teilweise ausfiel, große Bedeutung. Dutzende Menschen standen mit Kannen angestellt, um wenigstens etwas Wasser zu erhalten. Jetzt ist aber alles verbaut und die Quelle gluckert irgendwo im Abwässerkanal. Damals wuchs um sie herum Schilf, und im Frühjahr blühten Dotterblumen, herrlich gelb, und die Vögel kamen, um zu trinken.

Auch der Fußweg, der den letzten Teil des Schulweges bildete, war ursprünglich nicht befestigt. Erst nach Kriegsbeginn wurden von den Nazis Juden zu Pflasterarbeiten eingeteilt, lauter Leute, die manuelle Arbeit nicht gewohnt waren. Bei bitterer Kälte und unterernährt – denn Juden bekamen nur die halben Lebensmittelrationen – mussten sie Pflastersteine schleppen und diese kniend am Weg einsetzen, angetrieben von brutalen Aufsehern. Das hieß: „Arbeit macht frei."

Der Weg war von Schrebergärten gesäumt. Manche der Hütten waren das ganze Jahr über bewohnt, weil sich die Besitzer keine Wohnungen leisten konnten. So viel konnte man gar nicht heizen, dass es in den zugigen Hütten warm geworden wäre.

Einmal brannte eine solche Hütte auch ab. Der arme Bewohner wurde obdachlos. Ein anderer Dauerbewohner dieser Schrebergartensiedlung führte billige Transporte durch. Er besaß einen kleinen Leiterwagen und einen Hund, der Karo hieß. Da der Mann selbst Jellinek hieß, brachte er auf dem Wagen und seiner Hütte ein Schild mit der Aufschrift „Karo & Jellinek Transporte" an. Das erregte große Heiterkeit, weil es ein fast gleichnamiges Speditions-Großunternehmen, „Cargo & Jellinek", in Wien gab.

Einmal hieß es sogar in der Zeitung, die Spedition erwäge eine Wettbewerbsklage, aber offensichtlich hatte diese Firma schließlich mehr Humor als eine deutsche Werft, die einmal einen gleichnamigen kleinen Bootsbauer erfolgreich verklagte.

Mitten in den Schrebergärten standen zwei große Häuser. Eines davon gehörte einem Klavierpädagogenehepaar, das seine Tätigkeit mit den Worten „nach leicht fasslicher Methode und gegen mäßiges Honorar" anpries. Als der Ehemann aus dem Krieg nicht zurückkam, ließ ihn seine Frau für tot erklären.

In den fünfziger Jahren, als es möglich wurde, nach Jugoslawien an die Adria zu fahren, entdeckte ein Nachbar den für tot Erklärten weit unten bei Ulcinj, wo er mit einer jungen, rassigen Dalmatinerin ein gutgehendes Wirtshaus betrieb. Die jäh aus dem Witwenstand herausgerissene Frau eilte zu allen möglichen Behörden, um ihren Mann zurückzubekommen; das einzige, was sie erreichte, war die Streichung ihrer Witwenpension und die Rückforderung der „zu Unrecht als Übergenuss empfangenen Beträge".

Gegenüber befand sich das andere Haus, in dem der Arzt Dr. Sereinig ordinierte. Er tat dies bis zu seinem 85. Lebensjahr, und ganze 93 Jahre ist er alt geworden. Der Arztberuf diente ihm als Broterwerb, er betrachtete sich aber selbst in erster Linie als Künstler. Er malte recht ansprechend, und die Bilder, welche er bei seinen Hausbesuchen bei so genannten „besseren Leuten" zu sehen bekam, hatten es ihm angetan. Manchmal äußerte er seine Meinung über ein Bild und vergaß, warum er eigentlich gekommen war. Wenn er weggehen wollte, musste er diskret darauf aufmerksam gemacht werden, dass er den Kranken noch nicht gesehen habe. Nachdem er ihn dann aber in Augenschein genommen hatte, war seine erste Frage: „Was wollen S' denn nehmen?" Nannte der Patient irgendeine Arznei, erhielt er meist zur Antwort: „Das wird auch nix nutzen!"

Aber es sind letztlich damals auch nicht mehr Leute gestorben als heute.

Ich bewohnte damals mit meinen Eltern ein Siedlungshaus der Gemeinde mit einem kleinen Vorgarten. Meine Eltern hatten dieses Haus gegen Zahlung eines Genossenschaftsanteiles von 1.000 Schilling, was damals ein exorbitanter Betrag war, erworben, und das war nur deshalb möglich, weil uns die Wohnung, die wir vorher in der Stadt bewohnten, vom Nachbarn mit diesem Betrag abgelöst wurde. Für meine Eltern, die vom Lande kamen, war dies ein ungeahnter Glücksfall. Der Garten wurde gepflegt, Spalierobst gesetzt, den Blattläusen zu Leibe gerückt, und die erste Ernte von drei Birnen war ein Riesenereignis.

Mit jener Gasse, in welcher das Haus stand, endete die Siedlung. Ein weiterer Bauteil befand sich noch in Arbeit. Die

Kapswagen, das waren großrädrige, einachsige Karren, von einem Pferd gezogen, waren den ganzen Tag unterwegs, um Erde fortzuschaffen. Für die Greißler bedeutete der Hunger und der Durst der Kapskutscher das „große Geschäft", so dass sich innerhalb kurzer Zeit drei solche Unternehmen in der Gasse ansiedelten.

Zuerst gab es nur eine Greißlerei in einer Art Bauhütte. Man bekam dort Bier, Gurken, Brimsen aus der Slowakei, Liptauer und Brotlaibe, die händisch aufgeschnitten wurden, und natürlich Quargeln, die unter einem Glassturz aufbewahrt wurden. Eine besondere Attraktion war aber die Brauselimonade, die Belohnung für besonderes Bravsein.

Das Groschengeschäft ging so gut, dass sich der Greißler ein neues Haus bauen konnte und fortan dort das Geschäft betrieb und „Feinkost-Handlung" nannte.

Das einfachere und billigere Verkaufsprogramm hatte allerdings die Greißlerin Graf. Auch sie konnte nach einigen Jahren ein Haus bauen. Im Untergeschoss befanden sich dann ein Fleischerladen und die Greißlerei. Mit dem Pächter der Fleischhauerei, oder besser gesagt, mit allen Pächtern, prozessierte sie ununterbrochen, alles unter größter Anteilnahme ihrer Kunden, die auch meistens in den diversen Prozessen „ihre Zeugen" waren.

In der Straße gab es Gasbeleuchtung. Am Abend trafen sich dort bei den Laternen die Kinder, solange sie noch aufbleiben durften. Wir spielten „Bahnhof", stellten Züge aus Rollern und selbstgebastelten Seifenkistelfahrzeugen zusammen, bis es dunkel wurde und alles zu Bett musste.

Eine bedeutende Rolle spielte in der Gasse der Vertrauensmann der sozialdemokratischen Partei, Herr Fischer. Er kassierte pünktlich den Mitgliedsbeitrag für die „Politische", wie die sozialdemokratische Partei im Gegensatz zur Gewerkschaft bezeichnet wurde, und achtete darauf, dass am 1. Mai jeder die rote Fahne heraushing und alles zum Aufmarsch gestellt war.

Das letzte Mal war das 1932 möglich. Zwei Jahre später saßen wir zum ersten Mal im Keller, als Dollfuß und Starhemberg im Bürgerkrieg die Kanonen oben bei der „Zeiss-Fabrik" (siehe Anhang) auffahren ließen.

Das war aber nur der Anfang. Das Aufsuchen des Kellers wurde dann, als die „Schwarzen" durch die „Braunen" abgelöst worden waren und der Krieg im Endstadium war, ein täglicher „Brauch". Es sind aber keine Bomben auf die Siedlung gefallen, und auch die Besatzungsmächte haben die Siedler einigermaßen verschont.

Nach und nach wurden die Bewohner, die 1931 als junge Menschen voller Zukunftshoffnung hier eingezogen waren, alt und starben. Die Kinder zogen fort oder blieben und machten aus den einfachen Siedlungshäusern durch Umbauten wahre Villen. Jeder zweite Garten wurde durch eine Garage verkleinert, eine Buslinie fährt in der Nähe jetzt vorbei, und es gibt für die Kinder von heute keinen Schulweg mehr, stattdessen eine Schulfreifahrt. Die Gaslampen sind verschwunden, die Gasse ist mit Neonlicht hell ausgeleuchtet und ordentlich asphaltiert.

Ich möchte sie aber nicht missen, die Erinnerung an die Romantik des Schulweges von seinerzeit, das Stapfen durch den Schnee zwischen den winterlichen Gärten, wenn es dunkel war und das milde Licht der Gaslaternen den Weg ausleuchtete, oder im Frühjahr, wenn himmlischer Duft aus blühendem Jasmin die Luft erfüllte!

## Noch ein Schulweg

Ich bin ein Einzelkind, meine Eltern waren beide Pädagogen und wünschten daher, dass ich ausserhalb der elterlichen Geborgenheit mein Gymnasialstudium in einer größeren Gemeinschaft absolviere.

Es gab damals die Bundeserziehungsanstalten. Es waren keine „Korrektionsanstalten", wie z.B. damals Kaiserebersdorf oder Eggenburg, sondern Schulen, die sich ebenfalls an der Glöckelschen Schulreform der 20er-Jahre ausrichteten und die es auch Kindern vom Land oder Kindern aus einfachen Haushalten ermöglichen sollten, eine höhere Bildung zu erwerben und allenfalls auch später zu studieren.

Es gab in Österreich solche Bundeserziehungsanstalten in Traiskirchen, in Graz- Liebenau, eine für Mädchen im 3. Wiener Gemeindebezirk und schließlich die Bundeserziehungsanstalt Wien-Breitensee. Diese Schule war in einem ehemaligen Kasernen- und Kommandogebäude zwischen Kendlergasse und Hütteldorfer Straße etabliert. Es war ein großräumiger Bau, der viele Klassen, Nebenräume, Werkstättenräume, Sporträume und alles, was halt für eine solche Internatsschule notwendig war, beherbergte.

Ich war nur ein so genannter „Tagzögling“. Das heißt, ich konnte am Abend, nach Erledigung meiner Hausaufgaben, heimgehen und musste in der Früh wieder zum Unterricht um 7.45 Uhr in der Anstalt sein. Der Schulweg führte von der Flötzersteig-Siedlung, wo wir das Einfamilienhaus bewohnten, hinunter zur Hütteldorfer Straße und auf der Hütteldorfer Straße bis zur Kendlergasse zum Schuleingang.

Ich entdeckte dort nach einiger Zeit einen viel interessanteren Weg, der an der Hinterseite der „Großwäscherei Habsburg“ vorbeiführte. Dieser Weg war nicht asphaltiert; da wuchs auf einer ungepflegten Wiese alles Mögliche. Es wurde dort teilweise auch Gerümpel abgelagert. Es war also, wie gesagt, für ein heranwachsendes Kind wesentlich interessanter, dort zu gehen, als auf der Hütteldorfer Straße.

Die Hütteldorfer Straße wurde nur dann benützt, wenn besonders schlechtes Wetter war und ich die Erlaubnis erhielt, mit der Straßenbahn einige Stationen zu fahren. Es gab damals die so genannten „Kurzstreckenzonen“, aber nicht in der Form, wie sie heute mit den Streifenfahrscheinen gehandhabt werden. Die Kurzstreckenfahrer mussten auf der vorderen Plattform des Triebwagens, die durch eine Schiebetür vom übrigen Fahrgastraum abgeschottet war, verbleiben. Neben dem Einstieg – es gab ja keine Tür, sondern es war alles ständig offen – hing ein Einwurfkasten. Hier musste man 10 Groschen einwerfen, und damit erhielt man die Berechtigung, die Kurzstreckenzone abzufahren. Dieses Privileg genoss ich aber nur bei Schlechtwetter oder wenn ich leicht verkühlt war.

Mein Vater war damals Lehrer, zwar Alleinverdiener, aber in den 30iger-Jahren musste man froh und glücklich sein, wenn man nicht arbeitslos war. Wir hatten also einen bescheidenen, aber doch auskömmlichen Lebensstandard; ich weiß noch genau, dass das Tagesbudget meiner Mutter 4 Schilling betrug, das entsprach heutigen ATS 250 oder etwa 18,00 Euro.

Schon in der Volksschule kam es häufig vor, dass Kinder nicht in die Schule gehen konnten, weil es regnete und sie keine Schuhe hatten, und man war in jener Zeit täglich mit sozialen Problemen und der Not der Mitmenschen konfrontiert. Meine Eltern sorgten aber dafür, dass diese traurige Situation von mir rechtzeitig wahrgenommen und nicht übersehen wurde.

Ich kann mich noch genau erinnern, wie es mich jedes Mal erschütterte, wenn ich vor den Kellerfenstern dieser „Großwäscherei Habsburg" Obdachlose liegen sah, die sich in Papier eingewickelt hatten und nur deshalb bei den Fenstern lagen, weil der warme Dampf und die warme Luft von der Wäscherei aus den Fenstern strömte.

Der allgemeine wirtschaftliche Niedergang der 30er-Jahre manifestierte sich auch dadurch, dass das Fabriksgebäude, das hinter der Wäscherei Habsburg stand, total verfiel. Die Fenster waren eingeschlagen, das Dach hatte Lücken. Es war einmal eine große Autofabrik gewesen, aber es war niemand mehr da, der sie betrieb oder der dort arbeitete.

Im Unterricht fanden die damaligen völlig konträren gesellschaftlichen und politischen Verhältnisse ihren Niederschlag. Meine Schulkameraden kamen aus ganz Österreich, und es war nicht leicht, in die „BEA“ aufgenommen zu werden. Die Aufnahmsprüfung war schwerer als in anderen Mittelschulen, und vor allem musste man mit „sehr gut“ qualifiziert sein, um aufgenommen zu werden. Prüfungen fanden in Deutsch und Rechnen statt; es musste ein Aufsatz geschrieben werden, und entsprechende Rechenaufgaben waren zu bewältigen.

Darüber hinaus brauchte es – 1935 gab es schon den autoritären christlichen Ständestaat – eine gewisse Protektion, in der damaligen Zeit am Wirksamsten durch einen Pfarrer oder noch besser einen Prälaten oder eine bischöfliche Residenz. Über eine solche Protektion verfügten meine Eltern nicht. Sie wollten aber diese Schule. Der Direktor des Hauses, Hofrat Rommel, war noch einer der Glöckelschen Schulreformer, den die neuen Machthaber offensichtlich übersehen hatten, und meine Eltern wollten unbedingt, dass ich an dieser Schule Aufnahme finde. Aber woher eine „schwarze“ Protektion nehmen?

Meiner Mutter kam dann der Umstand zugute, dass Großvater, nachdem er aus der alten Armee seinen Abschied genommen hatte, in St. Leonhard im Passeier, in Südtirol, sein Sommerdomizil aufschlug. Dort lebte auch eine angesehene Wirtsfamilie samt Kindern, die zum Freundschaftskreis meiner Mutter, die damals selbst noch ein Kind war, gehörte.

Einer der Söhne dieses Wirtsehepaares besuchte das Priesterseminar, studierte Theologie und trat in den „Deutschen Orden“ in Lana bei Meran ein.

Der „Deutsche Orden“ hat eine sehr bewegte und interessante Geschichte; die Ordenskleidung mit dem großen weißen Kreuz war sehr eindrucksvoll. Dieser Sohn der Nachbarn meines Großvaters wurde dann Dekan von Lana, einer großen Gemeinde bei Meran mit einigen tausend Einwohnern, und der Dekan war natürlich jemand, der über höchstes Ansehen verfügte.

Mit ihm setzte sich meine Mutter in Verbindung, und ich kann mich noch an zahlreiche Gespräche erinnern, die zwischen Pater Alfred und meiner Mutter geführt wurden. Meine Mutter, die ja im Widerspruch zu ihrer Erziehung in höchstem Maße antiklerikal wurde, warf dem armen Pater Alfred alle Fehler, Sünden, Verbrechen und was auch immer der katholischen Kirche anzukreiden war, vor. Von der Inquisition über die Unterstützung des Faschismus, bis hin zur Ausrottung der Indianer in Südamerika, für alles musste der arme Pater Alfred „gerade stehen“. Pater Alfred ertrug alles in christlicher Demut, es ist überhaupt schwer, mit einer Frau zu diskutieren, und mit meiner Mutter war es noch schwerer. Sie war ausgezeichnet beschlagen, sie konnte ungeheuer schnell sprechen und ihre Gedanken entwickeln. Jedenfalls dachte ich mir, es sei doch eigentlich eine unangemessene Art, wenn man von jemandem etwas wolle, ihn so schlecht zu behandeln.

Meine Mutter wollte nämlich zweierlei: Erstens für mich, zwecks Aufnahme in die Bundeserziehungsanstalt, eine geistliche Protektion, und zweitens, dass Pater Alfred eine Trauung meiner Eltern vollziehe, denn sie waren zwar standesamtlich verheiratet seit 1924, aber das genügte natürlich im ständestaatlichen christlich-autoritären Österreich nicht. Da musste also kirchlich geheiratet werden, denn sonst hätte mein Vater seinen Posten verloren.

Nun war aber meine Mutter nicht bereit, sich den diversen kirchlichen Zeremonien wie Brautunterricht und „weiß Gott was“ zu unterziehen, und jedes Mal, wenn Pater Alfred ein solches Ansinnen stellte, „fiel sie über ihn her“ und verglich die Bräuche der katholischen Religion mit den Riten der Urvölker, mit Hinterindien und allem Möglichen. Der arme Pater Alfred hat mir wirklich Leid getan, er war so ein lieber Mensch, und ich habe damals gesehen, was christliche Demut bedeutet. Jedenfalls hat aber meine Mutter mit ihrer Energie alles erreicht.

Die Eltern wurden in Lana in der Kirche in aller Stille getraut, und ein Schreiben erging an den ordensoberen Pater Marian in Wien. Eine solche Protektion konnte natürlich nicht übergangen werden, und ich fand im Jahre 1935 Aufnahme in die Bundeserziehungsanstalt in Wien-Breitensee.

Nun muss ich einen großen Sprung fast in die Gegenwart machen.

Als ich nun begann, diese Geschichte zuerst für meine Kinder aufzuschreiben und, in die einzelnen Abschnitte aufgeteilt, literarisch zu gestalten, fragte ich mich, was eigentlich mit den Personen geschehen sei, die mir damals den Eintritt ins Studium ermöglicht hatten, und erwog, Pater Marian aufzusuchen und mich als erwachsener Mann bei ihm zu bedanken und nach seinem Befinden zu erkundigen; kurz dachte ich mir, es sei wahrscheinlich auch für ihn interessant, was aus seinem „Protektionskind" geworden sei. Dann rechnete ich aber nach und kam zum Ergebnis, dass Pater Marian sicher nicht mehr unter den Lebenden weile. Somit nahm ich von diesem Vorhaben Abstand.

Etwa drei Jahre später las ich in der Zeitung eine Notiz, dass der Ordensobere des „Deutschen Ordens", Pater Marian, im Alter von 105 Jahren verstorben sei.

Es tut mir heute noch Leid, dass ich die Gelegenheit eines persönlichen Kontaktes versäumt habe.

In der Bundeserziehungsanstalt kamen die politischen Gegensätze der 30er-Jahre besonders stark zum Ausdruck. An der Spitze der Anstalt stand zwar noch ein fortschrittlicher Direktor in der Person des Hofrats Rommel.

Das „wesentliche Sagen" hatte aber der Religionslehrer. Dieser wurde später Prälat und lebte mit seiner „Köchin" dann in unmittelbarer Nähe meines damaligen Wohnhauses. Er war ein umgänglicher Mann, der aber natürlich schon dafür sorgte, dass die Prinzipien des damaligen christlichen Ständestaates auch in der Schule umgesetzt wurden.

Die einzelnen Professoren waren, wie sich später herausstellte, zum Großteil Nazis. Als nach dem Anschluss Österreichs an Deutschland in der großen Schulfeier verkündet wurde, wer so genannter „illegaler Nationalsozialist“ war, konnte man staunen. Es war fast die ganze Professorenschaft!

Die Schule wurde damals in eine nationalpolitische Anstalt (NAPOLA) umgewandelt, und ich habe sie natürlich verlassen und bin dann in ein einfaches bürgerliches Gymnasium, das aber einen sehr guten Namen und Ruf hatte, in Wien-Hietzing gekommen.

Die Zeit in der Bundeserziehungsanstalt war aber doch auch interessant. Die vielseitige Kombination von Bildung, Sport und gutem Benehmen hat sich doch sicherlich vorteilhaft ausgewirkt. Auch die künstlerische Komponente, insbesondere die Beziehung zur Musik, ist sehr gepflegt worden. Es gab zwei Musiklehrer, die Professoren L. und D. Professor D. hatte einige andere Fächer zu unterrichten, aber er stammte aus einer sehr angesehenen Familie mit Musiktradition und war mehr für die geistliche Musik zuständig, Herr Professor L. für die profane Musik.

Wir haben damals sehr, sehr viel gelernt, nicht nur Singen, sondern auch Musikgeschichte. Es gab ein sehr gutes Schulorchester, und es wurden Werke aufgeführt, die meine spätere Liebe zur klassischen Musik begründeten. Darunter etwa das berühmte Klavierkonzert von Mozart in C-Moll. Solistin war eine Professorin, die Klavier unterrichtete. Es war ein großartiges Ereignis, und jedes Mal, wenn ich mir heute dieses Klavierkonzert von einer CD abspiele oder es im Radio höre, erinnere ich mich noch genau daran, welch ungeheuren Eindruck diese Musik auf mich machte, als ich sie zum ersten Mal hörte.

Der Chorgesang war natürlich ein wesentlicher Faktor. Man musste an bestimmten Nachmittagen zum Chorgesang antreten, und Professor D. betrieb das mit großer Hingebung. Er hatte eine wallende Künstlermähne, und wenn er dirigierte, schloss er die Augen wie später Karajan und war völlig der Musik hingegeben. Er hatte unter den Sängern – es waren ja alles größtenteils noch Sopranstimmen – einige Lieblinge.

Und sein besonderer Liebling war ein Schüler, den wir aus unerklärlichen Gründen „Mikober“ nannten, obwohl er ganz anders hieß. Dieser „Mikober“ hatte eine glockenreine Stimme und wusste auch entsprechend aufzutreten und sich in seiner Bedeutung zu sonnen, was natürlich nicht sehr zu seiner Beliebtheit unter den Mitschülern beitrug.

Es gab nun immer wieder Solostellen, die dieser Schüler über Anordnung des Professor D. zu singen hatte. Und ich vergesse nicht, wie es zu einer großen Aufführung kam und „Mikober“ seine Solostelle vorzutragen hatte. Diese Solostelle war dadurch gekennzeichnet – ich weiß nicht, ob es ein Werk von Bach war, jedenfalls war es Barockmusik –, dass sie zuerst vom Orchester vorgetragen wurde, dann im zweiten Anlauf musste die Solostimme einsetzen und dann der Chor. Das war dutzende Male geprobt worden, aber als bei der Aufführung alles festlich versammelt saß, Professor G. hingebungsvoll dirigierte und die Orchesterstelle kam, schmetterte „Mikober“ seinen Part vorzeitig in den Saal. Es führte zu völliger Verwirrung. Bei großen Aufführungen und großen Orchestern und Konzerten kommt so etwas allerdings auch vor, aber erfahrene Dirigenten und Musiker spielen über eine solche Stelle hinweg. Es bemerken oft nicht einmal die Kritiker, wenn ein solcher Fehler passiert.

In diesem Fall kam es aber zum vollkommenen Zusammenbruch. Das Orchester hörte auf zu spielen, Professor D. aber, dem das zuerst gar nicht auffiel und der wie Beethoven, der durch seine Taubheit auch nicht mehr hörte, wenn das Orchester aussetzte, dirigierte mit geschlossenen Augen weiter, und auf einmal merkte er, was geschehen war. „Mikober“ wurde blutrot, brach in Tränen aus. Jedenfalls, es war ein schrecklicher Augenblick, und es dauerte einige Zeit, bis man 20 Takte vorher neu einsetzte. Das Malheur war tagelang Gesprächsthema, und die meisten Kinder, sie sind ja bekanntlich boshaft, gönnten dem Liebling des Dirigenten diesen Misserfolg.

Ich erzähle diese Geschichte deshalb, weil ich Jahrzehnte später einmal eine Verhandlung als Anwalt bei einem auswärtigen Gericht hatte, ich glaube, es war irgendwo in Oberösterreich, bei welcher ein Lokalaugenschein an einer Unfallstelle stattfand. Dieser Lokalaugenschein führte das Gericht und die beteiligten Anwälte in eine kleine Gemeinde auf die Baustelle, auf welcher sich der Unfall ereignet hatte. Der Verhandlungsrichter leitete die Verhandlung und stellte die entsprechenden Fragen, und nachdem alles abgewickelt war, gingen alle Beteiligten, Kläger, Beklagter, Anwälte, Gericht und Sachverständige, wie das so üblich ist, ins Dorfwirtshaus, um zu essen oder einen Trunk zu tun. Dabei wurde auch gesprochen und erzählt. Irgendwie kam die Rede auf die Bundeserziehungsanstalt Breitensee. Ich erzählte, dass ich dort Schüler gewesen sei und der Richter, der auch dort saß, sagte, dass auch er Schüler in dieser Bundeserziehungsanstalt gewesen wäre. Ich sah ihn mir an, einen etwa 50-jährigen Mann, und schlagartig wurde mir klar, wer hier saß, es war „Mikober". Aber natürlich sagte ich nichts und erwiderte, dass es mich freue, einen Kameraden wiederzutreffen, und ich habe es natürlich unterlassen, ihn an die schwerste Stunde seiner Kindheit zu erinnern.

Im Jahre 1938 war dann meine Schulzeit in der Bundeserziehungsanstalt beendet. Ich hätte bleiben können, die NAPOLA war eine NS-Eliteschule. Aber meine Eltern waren natürlich über diesen Gedanken entsetzt, und nahmen mich heraus.

Ich war außerdem kein guter Schüler. Ich hatte immer gewisse Probleme, weil ich alle möglichen Ideen hatte, mich aber auf das „Schulische" etwas zu wenig konzentrierte, und wurde also dann in die Fichtnergasse im 13. Bezirk transferiert. Eine gute Anstalt mit einem der damaligen Zeit entsprechenden, natürlich nationalsozialistischen Direktor, der aber ein liberaler und toleranter Mann war. Unsere halbjüdischen Mitschüler durften alle maturieren, und er selbst zog die persönliche Konsequenz. Als der Krieg zu Ende ging, meldete er sich freiwillig an die Front und ist als Soldat irgendwo in der Slowakei oder im Burgenland gefallen.

Der Schulweg in die Fichtnergasse wurde allerdings von mir bereits nicht mehr zu Fuß zurückgelegt, sondern ich hatte ein Fahrrad bekommen. Dieses Fahrrad war ein so genanntes „Adler Dreigangrad". Es hatte 124 Reichsmark gekostet, das wären heute etwa ATS 8.000 oder 580 Euro. Das war damals eine Riesensumme, aber ich konnte mit diesem Fahrrad von der Flötzersteig-Siedlung ins Wiental hinunterfahren und auf der anderen Seite wieder hinauf bis zur Fichtnergasse. Die Fahrt hinunter war sehr kurz und sehr angenehm, das Zurückfahren war sehr anstrengend, denn man musste eine beträchtliche Steigung überwinden, und ich habe mir damals bei meinem Ehrgeiz, die Steigungen durchzutreten, offensichtlich einen Herzfehler zugezogen, der mir zwar bei der Deutschen Wehrmacht die Front ersparte, aber im Alter Bypassoperationen zur Folge hatte. Univ. Prof. Ernst Wolner hat 1988 Herzklappe und Bypässe eingebaut und mir versichert, dass sie für eine lange Lebenserwartung reichen werden.

Dieser Schulweg war für mich insofern sehr interessant, als man je nach Zeit die Westbahn in einer Unterführung oder auf einer Brücke überquerte. Meine Liebe zur Eisenbahn konnte ich natürlich viel besser ausleben, wenn ich direkt mit dem Objekt meiner Zuneigung konfrontiert war.

Das ist aber wieder eine andere Geschichte.

## Mein Schulweg über die Eisenbahn

Meine Beziehung zur Eisenbahn gibt es seit frühester Kindheit. Dadurch, dass im Sommer immer in die „alte Heimat" nach Südtirol gefahren wurde und man dort anders – zumindest damals – als mit der Eisenbahn nicht hinkam, wurde das ganze Jahr gespart, um im Sommer diesen Urlaubstrip unternehmen zu können.

Man fuhr damals nicht – wie heute – über Innsbruck, sondern der Schnellzug Wien–Meran verließ den Wiener Südbahnhof um 22.00 Uhr. Bis Villach brauchte er die ganze Nacht, und in den Morgenstunden wurde der Zug in Villach „zerlegt" in einen Teil, der weiter nach Rom fuhr, und einige Wägen, die durch das Pustertal sich Richtung Bozen/Meran bewegten. Die Fahrt war reichlich langsam, aber man konnte sie genießen, und der Verschubvorgang in Villach faszinierte mich jedes Mal.

Meine Mutter erzählte mir, dass ich beim Fenster stand. Unser Wagen war durch die „Zerlegung" der Zuggarnitur der letzte geworden, und ich schrie: „Mama der Zug is tebochen." Das heißt also, gebrochen.

Zugfahren war also das höchste aller Vergnügungen, die ich mir vorstellen konnte, und diese Liebe hat eigentlich Jahrzehnte angehalten.

Auf dem Schulweg vom Flötzersteig in das Hietzinger Gymnasium war es entweder möglich, durch die Zehetnergasse mit dem Fahrrad zu fahren. Zwei Bahnunterführungen waren zu durchfahren, und man konnte, wenn man den Fahrplan einigermaßen kannte und wusste, wann ein bestimmter Zug kam, warten, oder man fuhr über die Ameisbrücke beim Güterbahnhof Penzing.

Das war besonders interessant. Dort wurden die Güterzüge zusammengestellt. Heute geschieht das alles am Zentralverschiebebahnhof Wien-Kledering. Damals war die Güterbeförderung noch dezentralisiert, und etwa zehn kleine Lokomotiven – sie trugen alle die Nummer 478 – schnaubten und schoben die Güterwagen vorwärts und rückwärts. Sie bremsten dann plötzlich ab, konnten auch rasch beschleunigen, der abgehängte Güterwagen rollte dann alleine weiter und wurde durch Weichenstellungen so dirigiert, dass dann jeweils die entsprechenden Garnituren zusammengestellt werden konnten.

Wenn die Maschine Anlauf nahm, schnaubte sie, heißer Dampf entströmte den Zylindern, und wenn die Wägen an

*Die berühmte „214er“*

die bereits bestellten Garnituren angestoßen wurden, entstand jedes Mal ein ganz typisches Geräusch.

An der Nordseite des Güterbahnhofes Penzing führten die Ferngeleise vorbei, neben zwei Geleisen der Vorortelinie. Die Vorortelinie, die heute bereits als S 45 in den Wiener Verkehrsverbund integriert ist und in 15-minutigen Abständen die Fahrgäste von Hütteldorf nach Heiligenstadt viel schneller als mit der U-Bahn transportiert, war damals noch auf Dampfbetrieb gestellt, und die Züge verkehrten nur bei guter Witterung am Sonntag in halbstündigem Abstand. Allerdings fuhren die Züge dann weiter über den Donaukai und hinunter zur Lobau, fuhren auf der anderen Seite in einem großen Ring um Wien herum nach Rot-Neusiedl, Oberlaa, Kleinschwechat, und es machte mir immer ungeheueren Spaß, wenn wir an einem Sonntag in das Lehrerbad an der Stürzellacke an der Alten Donau fuhren. Die Anfahrt mit dem Zug dauerte fast eine Stunde. Die alten Otto Wagner-Stadtbahnwagen (siehe Anhang) feierten hier fröhliche Renaissance.

Nun aber möchte ich zurückkommen auf den Güterbahnhof Penzing.

Auf der Ameisbrücke standen ebenso wie weiter stadtwärts am so genannten Rustensteg immer Leute, meistens waren es Arbeitslose, die dem Bahnbetrieb zusahen. Das war ein kostenloses Vergnügen und die Verschubvorgänge wurden von Zeit zu Zeit durch vorbeifahrende Fernzüge für den Betrachter angereichert.

Besonders eindrucksvoll war das Vorbeifahren der Schnellzüge. Wenn so eine Lokomotive, eine „214er“ (siehe Anhang), das war damals die größte Schnellzugslokomotive Europas, und eine geniale Konstruktion österreichischer Lokomotivbauer, in der Ferne etwa auf der Höhe des Technischen Museums auftauchte und der charakteristische Auspuffschlag bereits hörbar war, dann stürzte alles auf den nördlichen Teil der Brücke über den Ferngleisen und betrachtete voll Begeisterung den vorbeifahrenden Zug. Neben der gewaltigen Lokomotive war damals auch die Vielfalt der Zugzusammenstellung interessant.

Heute ist das alles viel einheitlicher. Die langen roten und grauen Wagen der ÖBB, die langen blau-weißen Liegewagen, die weißen Wagen der Deutschen Bundesbahn, die blauen Wagen der ungarischen Bahnen, in ihrer Einheitlichkeit wirken sie zwar sehr gut, aber damals war geradezu die Vielfalt das Interessante. Da gab es zunächst einmal einen Gepäckwagen in jedem Zug. Manche Züge hatten auch einen Postwagen. Da sah man durch die Fenster, wie die Postler fleißig während der Fahrt arbeiteten, stempelten und die Briefe fertig machten. Dann kamen die Personenwagen. Die belgischen Personenwagen mit ihrem typischen hellgrünen Anstrich. Die französischen Wagen, die schon damals auch in der dritten Klasse gepolstert waren, und schließlich die österreichischen Wagen in ihrem Grün und mit ihren kantigen Formen, schließlich auch noch alte Wagen, die kleinere Fenster hatten. Jedes Mal wurde eine neue Vielfalt geboten, die alle Hobbyeisenbahner, ob sie es freiwillig oder „zwangsweise" mangels einer Beschäftigung waren, ergötzte.

Und erst die Personenzüge! Diese kleinen grünen Wagen mit den offenen Übergängen, die so schön „klapperten", wenn sie herankamen, gezogen von älteren Lokomotiven. Auf der einen Seite schaute der Fahrer heraus, auf der anderen Seite der Heizer. Das war sehr streng. Der Heizer durfte die Fahrerseite nur mit Genehmigung des Lokomotivführers betreten. Damals herrschten strenge Bräuche in der Eisenbahnerhierarchie.

Und nicht zu vergessen die Güterzüge, die mit ihren schweren, klobigen Lokomotiven langsam anfuhren, wenn sie eine Nachschub-Lok hatten, wurde vorne gepfiffen, hinten gepfiffen, bis es endlich losging. Und alles war von diesem Rauchgeruch erfüllt, der so typisch für die Eisenbahn dieser Zeit war. Es roch nach Urlaub, nach Fortfahren, nach Erlebnissen, nach Abenteuer. Das alles auf der Penzinger Ameisbrücke.

Dann gab es natürlich auch auf der Brücke zur Verbindungsbahn, die über die Zehetnergasse führte, einen eingleisigen Schienenstrang, und dort fuhr immer der Orientexpress vom Westbahnhof nach Osten. Der Orientexpress mit etwa zehn blauen Wagen. Vorne befand sich ein Gepäckwagen und ein weiterer hinten. Im Schlafwagen fuhren nicht viele Leute, aber diejenigen, die blasiert herausschauten, „rochen nach Geld". Es war damals, als das Flugzeug noch nicht annähernd die Bedeutung hatte wie jetzt, doch wohl das vornehmste Reisen in den blauen Wagen der internationalen Schlafwagengesellschaft mit Goldbuchstaben-Aufschriften, und man erzitterte jedes Mal in Ehrfurcht.

Die Gelegenheit zum Eisenbahnfahren ergab sich also in den Ferien, aber auch manchmal unterm Jahr. Mein bester Schulfreund wohnte in Hadersdorf-Weidlingau. Er wohnt übrigens noch immer dort. Ursprünglich gehörte Hadersdorf-Weidlingau zu Niederösterreich, nach 1938 wurde es Wien eingemeindet, und dabei ist es auch nach der Wiederherstellung Österreichs geblieben.

Nach Hadersdorf-Weidlingau kam man von Baumgarten, das war eine Haltestelle zwischen Penzing und Hütteldorf, die es nicht mehr gibt, mit dem Zug. Zwar mit einem so genannten „Westbahner", das war also ein Zug, der nicht – wie die Pendler – nur von Hütteldorf bis Unterpurkersdorf fuhr, sondern der vom Westbahnhof bis Rekawinkel, Neulengbach, unter Umständen auch bis nach Linz und Salzburg fuhr. Allerdings haben die Fernzüge meistens weder in Baumgarten noch in Hadersdorf-Weidlingau gehalten. Aber während dieser kurzen Fahrt entsteht doch die Illusion einer Ferienreise, besonders am Abend, wenn ich nach Hause fuhr von einem Besuch bei meinem Freund. Die Wagen hatten damals noch Gasbeleuchtung. Dieses milde grünliche Glasglühlicht war unwahrscheinlich romantisch, wenn draußen die Strecke verschneit war. Man fuhr zwar von Hadersdorf bis Baumgarten nur etwa 15 Minuten, aber diese Minuten „hatten es in sich". Ich habe mir damals immer vorgestellt, ich würde später nur große Reisen machen.

Ich bin aber sesshaft geworden aus der Überlegung heraus, dass man überall ja sowieso nicht hinkommen kann und es daher eigentlich gleichgültig ist, ob man irgendwo nicht gewesen ist.

Um nun auf den Schulweg zurückzukommen. Da gab es in der Nähe der Fichtnergasse eine Mädchenschule, in der Wenzgasse, um die man damals – das war ja eine Zeit, die wesentlich prüder als die heutige war – herumschlich. Es gab als Kommunikationspunkte in Hietzing den Eissalon „Della Lucia", der durch einen Schulumweg zu erreichen war, oder, schon „im Ausland", in Penzing das Café „Wunderer".

Unsere Barschaften waren damals aber doch so gering, dass häufige Besuche in diesen Etablissements nicht möglich waren.

Schließlich darf auch die Überquerung des Wienflusses nicht unerwähnt bleiben. Der Wienfluss ist ein schwaches Gerinnsel, das von den Höhen des Wienerwaldes zur Donau, oder besser gesagt zum Donaukanal fließt und etwa bei der

*Treffen der Maturanten nach dem Krieg*

Urania mündet. Dieser unansehnliche Wienfluss diente uns Kindern dazu, in den Hochwasserreservoirs in Hütteldorf Fussball zu spielen bzw. auch manchmal mit wechselndem Erfolg zu fischen, aber man musste vorsichtig sein, wenn ein starker Regen oder ein Wolkenbruch kamen, denn dann musste man unter Umständen das Flussbett raschest verlassen. Man kann sich nicht vorstellen, welch ungeheure Wassermengen und welche Gewalt dieser kleine Wienfluss entwickelte, wenn es einmal länger oder intensiv regnete.

Es kam öfter zu Überschwemmungen außerhalb Wiens, und einmal gab es einen besonders tragischen Vorfall. Ein Schüler unserer Schule beugte sich bei der damaligen Stadtbahnstation Unter St.Veit zu weit über das Geländer, stürzte in den Fluss und wurde nie mehr gefunden.

Die Schulsituation in der Fichtnergasse war dadurch gekennzeichnet, dass es sich um eine so genannte „bessere Schule" mit „besserem Publikum" handelte. Hietzing ist ein so genannter „guter Bezirk". Schon die Väter hatten meistens die

Fichtnergasse besucht, und die Schule galt als eine, wenn schon nicht Elite-Schule, so doch als eine gute Schule, und man war entsprechend stolz darauf, dort eingeschrieben zu sein.

Im letzten Kriegsjahr war natürlich ein geordneter Unterricht insofern schwer möglich, als immer wieder Fliegeralarme den Unterricht unterbrachen. Die schweren Angriffe setzten allerdings erst im September 1944 ein und beschädigten auch Hietzing und die Schule schwer. Dann gab es aber für mich keinen Schulweg mehr, sondern wir mussten alle zum Militär. Lediglich jenen Kollegen, die nach den „Nürnberger Rassengesetzen" (siehe Anhang) als nicht wehrwürdig angesehen wurden, blieb dieses Schicksal erspart. Dafür mussten sie eine Reihe von Demütigungen in Kauf nehmen.

Einige meiner Schulfreunde sind allerdings im Krieg gefallen – zum Teil hochbegabte, gescheite junge Männer. Besonders tragisch war der Tod unseres zweitbesten Schülers, des einzigen Sohnes eines angesehenen Arztes. Was hätte der noch alles leisten können? So ist er sinnlos irgendwo in Russland gestorben.

Ich selbst habe den Krieg überstanden, auch mit Hilfe von Freunden und unter Einsetzung eines ungeheuren Risikos, an das ich oft nicht zu denken wage. Ich träume noch häufig davon. Ich wache dann schweißgebadet auf, erinnere mich, wenn ich daran denke, wie mir die Flucht aus der Deutschen Wehrmacht knapp vor Kriegsende gelang, in einer Situation, in der nicht lange gefragt wurde, warum man nicht bei seiner Truppe sei.

Die Maturanten des Jahres 1943 treffen sich noch alljährlich in einem der Gasthäuser in der Umgebung der Schule. Es sind jedes Jahr weniger, aber ein „harter Kern" ist noch vorhanden. Wir treffen uns nur einmal im Jahr, nicht öfter. Aber dieses eine Mal wird pünktlich eingehalten, und an sich selber sieht man ja nicht, wie man älter wird, aber an seinen Freunden umso mehr.

## Schulausflüge

Eine angenehme Unterbrechung der Lernzeit stellten die Schulausflüge dar.

An den ersten Schulausflug in der 1. Klasse der Volksschule, der seinen Ausgang von der Knabenvolksschule in der Linzer Straße 232 nahm, erinnere ich mich noch recht gut.

Wir wurden paarweise aufgestellt und gingen dann auf der Linzer Straße zum „Baumgartner Casino" in den „Casinopark". Das ist eine Wegstrecke von nicht einmal einem Kilometer, aber mit unseren kleinen Beinen war das immerhin ein längerer Fußmarsch.

Auf der alte Linzer Straße standen überall nur kleine Häuser, unterbrochen von Mietskasernen und weiter stadtauswärts von einem neuen Gemeindebau. Die kleinen Häuser waren alles einmal Bauernhäuser gewesen, und es gab sogar noch zwei Bauernhöfe mit Viehhaltung, einem Stadel und dementsprechendem „rustikalen" Geruch in der Umgebung. Man konnte dort auch noch Milch kaufen, Milch nicht in Flaschen, sondern in der Milchkanne, die jeder Haushalt besaß. Auch ich wurde oft um Milch geschickt, die Milch wurde in die Kanne eingefüllt und so nach Hause gebracht.

Die Linzer Straße war teilweise verengt. Das hatte zur Folge, dass die dort verkehrenden Straßenbahnlinien 52 und M auf diesem Abschnitt eingleisig fahren mussten, das heißt, es wartete jeweils an der Abzweigung ein Zug, bis der Gegenzug vorbeigefahren war.

Es war für so genannte „schlimme Buben" eine Möglichkeit, auf der nicht eingesehenen Seite der Straßenbahn am Trittbrett mitzufahren. Übrigens eine gar nicht ungefährliche Sache. Der Schaffner hatte immer aufzupassen, dass nicht Kinder bei diesem Treiben zu Schaden kamen. Wenn der Zug etwas schneller fuhr und die Kinder abspringen mussten, kam es schon vor, dass sich manche ziemlich hart anschlugen.

Der Autoverkehr war damals noch sehr schwach, und so

blieb es meistens bei Unfällen mit ein paar Schrammen und nachfolgenden Ohrfeigen durch das herbeigeeilte Straßenbahnpersonal.

Wir gingen also die Linzer Straße stadtauswärts. Dort, wo die Linzer Straße und die Hütteldorfer Straße zusammenstoßen, befand sich ein Modegeschäft, das den Eltern unseres klassenbesten Schülers gehörte. Auch er ist im Krieg geblieben. Vorbei am damals noch neuen Schulbau der Hauptschule in der Hochsatzengasse erreichten wir das „Baumgartner Casino".

Bei diesem Bau handelte es sich um ein kleines Hotel mit Veranstaltungsräumlichkeiten und einem Kaffeehaus. Nach dem Krieg zog dort die sozialistische Partei ein, die Bezirksorganisation Penzing hatte dort ihren Sitz.

Es ist in diesem Zusammenhang nachzutragen, dass sich die Linzer Straße damals nicht im 14., sondern im 13. Bezirk befand, denn erst nach der Machtübernahme durch die Nationalsozialisten im Jahr 1938 und dem Anschluss an das Deutsche Reich wurde das so genannte „Groß-Wien" geschaffen, das etwa 2 Millionen Einwohner hatte. Zu Groß-Wien gehörten damals unter anderen Purkersdorf, Mödling, Klosterneuburg, Schwechat und Großenzersdorf.

Da der 13. Bezirk offenbar zu groß geworden wäre, wurde die Teilung der Bezirke vorgenommen, der Wienfluss war die Grenze, und der 14. Bezirk erstreckte sich sodann bis Untertullnerbach unter der Bezeichnung „Penzing".

Wir saßen alle im Park und aßen unsere mitgebrachten Brote, und dann ging es vom „Casino-Park" wieder zurück in die Schule.

Für uns damals ein bedeutendes Erlebnis.

Ein weiterer Ausflug in der Volksschulzeit ist mir noch in Erinnerung. Er führte auf den Hermannskogel. Der Hermannskogel ist die höchste Erhebung in Wien mit mehr als 542 m Seehöhe. Es gab damals noch nicht die Höhenstraße. Man ging also auf Waldwegen von der Krottenbachstraße, von

Salmannsdorf oder von Neustift in mehreren Windungen den Berg hinauf. Oben befand sich eine Aussichtswarte, die so genannte Habsburgwarte. Das war ein interessanter Bau, aus großen Steinen zusammengefügt. Oben eine Aussichtsplattform mit einem steinernen Geländer, von wo man über den Wald sehen konnte, auf die darunter liegende Stadt und auf die Höhen des Wienerwaldes. Eine Aufgabe wurde uns Schülern auferlegt, nämlich eine Zeichnung von dieser Warte anzufertigen. Das war schon in einer höheren Klasse, ich glaube in der 3. oder 4. Volksschulklasse. Eine solche Zeichnung aus der Erinnerung ist gar nicht einfach, zumal Kinder ja in diesem Alter meistens nicht sehr gut zeichnen können. Ich habe also einen ziemlich missglückten Entwurf gemacht, und da wir für die Anfertigung dieser Zeichnung eine Woche Zeit hatten, gab ich meine Zeichnung nicht gleich ab, und das war gut so. Denn als ich einige Tage später meine Mutter bei einem Einkauf begleitete, kamen wir zur Straßenbahnhaltestelle Rainerspital. Dort befand sich eine Papierhandlung, und in der Auslage war eine Karte dieser Habsburgwarte. Meine Mutter erwarb diese Karte, die ich dann brav abzeichnete und dafür natürlich den ersten Preis erhielt.

Das nach dem Erzherzog Rainer benannte Krankenhaus, etwas abseits von der Hütteldorfer Straße gelegen, hatte ein wechselvolles Schicksal. In beiden Weltkriegen diente es als Lazarett, und wurde schließlich als „Allgemeines öffentliches Krankenhaus“ im Eigentum der Wiener Gebietskrankenkasse – ein Sorgenkind, weil Krankenhäuser bekanntlich keinen Gewinn abwerfen und nicht einmal kostendeckend geführt werden können. Alle Versuche der Krankenkasse, dieses Spital loszuwerden, sind bis heute gescheitert. Es ist übrigens eine sehr gute Klinik. Ich war dort nach meiner Herzoperation längere Zeit Patient und bin sehr gut betreut worden.

Das heute nach dem Sozialreformer Hanusch (siehe Anhang) benannte Krankenhaus hieß damals „Rainerspital“, und der Schaffner rief immer, wenn der Zug sich der Lützowgasse, wo sich die Haltestelle befand, näherte, laut: „Rainerspital“.

Vorbei am Rainerspital führte eine Straße, die im letzten Teil stark anstieg, und dieses Straßenstück sollte für unsere Familie Bedeutung erlangen. Als nämlich Großvater im Jahre 1935 zu uns nach Wien zog, brachte er natürlich einen Großteil seiner Möbel aus Bozen mit. Eine Speditionsfirma war damit beauftragt, diese Möbel zu unserem Haus zu bringen, das raummäßig für altdeutsche Möbel, wie sie Großvater besaß, nicht eingerichtet war. Wir hatten wunderschöne Schleiflackmöbel, aber da sich Großvater von seinen altdeutschen Möbeln nicht trennen wollte und sie auch einen gewissen Wert repräsentierten, musste also Platz geschaffen werden; letztlich durch Verkauf der Schleiflackmöbel.

Als nun die Möbel geliefert wurden, geschah das nicht wie heute mit einem Containerwagen, sondern mit einem Pferdegespann. Das Pferdegespann war also mit den Möbelstücken voll beladen, und bei der Steigung kamen die armen Pferde mit dem Gefährt nicht weiter. Es wurde nun meinem Vater erklärt, dass ein Vorspann besorgt werden müsse, den wir dann extra zu bezahlen hätten. Da kannte der Transportleiter aber meinen Vater schlecht. Wenn dieser „bezahlen“ hörte, dann hörte er am besten nichts. Es kam in der Folge zu einem längeren Disput, das Fahrzeug stand vor der Steigung, und schließlich siegte die Überlegung meines Vaters, dass ja die Spedition die Ware loswerden müsse und daher die Drohung des Transportführers, es werde nicht geliefert, wenn seitens des Kunden nicht der Vorspann bezahlt werde, wirkungslos verpuffen würde. Dazu kam noch, dass das Fahrzeug auf der schmalen, ansteigenden Straße nicht umdrehen konnte, und so wurde dann von irgendwo her ein Vorspann besorgt, zwei weitere Pferde, woraufhin der Wagen vierspännig hinaufgezogen wurde.

Nun aber fingen weitere Probleme dadurch an, dass die Möbel für die Fenster eines Siedlungshauses zu groß waren. Es hatte niemand daran gedacht vorher Abmessungen vorzunehmen. Gott sei Dank befand sich in der unmittelbaren Nachbarschaft ein Tischler, der mit seinem Werkzeug anrückte und kunstgerecht eine große Kredenz so zerlegte, dass man sie hineinschaffen und innen wieder aufbauen konnte. Diese Kredenz, die dem Großvater wertvolle Dienste geleistet hatte, war in der Monarchie mehrfach übersiedelt worden, von Krakau nach Triest, von Triest nach Feldkirch, um schließlich im Pensionsdomizil meines Großvaters in Bozen zu landen.

Auch verschiedene andere Möbelstücke kamen in unser Haus, unter anderen zwei riesige Betten, die das Schlafzimmer meiner Eltern ausfüllten. Nun, Betten lassen sich leichter transportieren, denn man kann sie entsprechend zerlegen und wieder zusammenstellen.

Nach zwei turbulenten Tagen waren dann alle Möbelstücke im Haus, und das war gut so, denn es setzte ein schrecklicher Regen ein. Nicht auszudenken, was geschehen wäre, wenn die Möbel noch im Vorgarten gestanden hätten.

Die Kredenz und der Waschtisch stehen übrigens heute in meinem Büro – der Waschtisch, seiner ursprünglichen Funktion entkleidet, als Kasten für alte Unterlagen, und die Kredenz in ihrem Mittelteil zu einer Bar umfunktioniert und ansonsten auch zur Aufnahme von Akten bestimmt.

Es handelt sich um altdeutsche Möbelstücke mit Türmchen, Drechselarbeiten und Messingbeschlägen, so etwas würde heute kein Mensch mehr herstellen, damals aber war es doch irgendwie erschwinglich. Es gab eine Zeit, da bekam man für solche Möbel keinen Schilling, aber auf einmal wurden sie ebenso wie die Bauten des Historismus interessant, und je mehr die Zeit seit ihrer Entstehung vergeht, desto wertvoller werden sie.

Meinen riesigen Schreibtisch habe ich vom Österreichischen Verkehrsbüro in den 50er-Jahren, als alles auf glatte Formen und Resopalfurnier umstellte, um sage und schreibe 500 Schilling (€ 36,33) erworben, für den man mir später 100.000

Schilling (€ 7.267,28) geboten hat. Ich habe natürlich einige Tausend Schilling hineingesteckt, doch die Wertsteigerung ist ungeheuer. Ich gebe ihn um keinen Preis der Welt wieder her.

Aber nun wieder zurück zu den Schulausflügen:

In der Bundeserziehungsanstalt gab es die Einrichtung des „Schlussausfluges". Mit Ende jeden Schuljahres fand ein Ausflug in irgendeine Gegend in Österreich statt, die man nur mit der Eisenbahn erreichen konnte. Diese Einrichtung gibt es heute allgemein unter der Bezeichnung „Schullandwochen".

Ich erinnere mich noch an die Woche, die wir in einem Schlösschen bei Radstadt mit dem französichen Namen „Tantalier" verbrachten. Von dort wurden mehrere Wanderungen unternommen. Einmal auf eine Alm, wo wir eine Nacht im Heu schliefen, was damals sehr aufregend war. Wir wurden auf der Alm auch entsprechend bewirtet. Als Gegenleistung haben wir dort zwei Wiesen von Steinen „gesäubert", in der Form, dass wir oben standen, die Steine hinunterwarfen, die weiter unten stehenden Mitschülern die Steine weiter hinunterwarfen, bis die Wiese schließlich einigermaßen von den Steinen gesäubert war.

Im Schlosshof befand sich ein Teich, in dem wir deshalb nicht schwimmen durften, weil es noch ziemlich kühl war. Aber Kinder halten sich in der Regel nicht an Verbote, und ich wurde damals von einigen anderen Schülern in den Teich hineingeworfen. Ich konnte schwimmen und krabbelte wieder heraus. Einige Wochen später bekam ich einen schrecklichen Gelenksrheumatismus, und meine Erinnerung an diesen an sich schönen Ausflug ist durch dieses Ereignis getrübt worden.

Der Schularzt war der Meinung, dass die Erkrankung in keinem Zusammenhang damit stehe; sein Bestreben dürfte wohl gewesen sein, etwaige Unannehmlichkeiten und Beschwerden zu vermeiden, dabei hatten wir sowieso nicht die Absicht, uns deswegen irgendwo zu beschweren. Aber meine streitbare Mutter war dann derart erzürnt über diesen Schularzt, dass sie nur mit Mühe von mir daran abgehalten werden konnte, überallhin Beschwerdebriefe zu schicken.

Eine sehr gute Erinnerung habe ich an den Schlussausflug des Jahres 1938, dem letzten Schuljahr in der Bundeserziehungsanstalt, die dann unter Hitler in eine nationalpolitische Erziehungsanstalt umgewandelt wurde. Dieser Schlussausflug führte durch das Salzkammergut, und zwar nicht in der üblichen Weise, indem man den Mondsee, den Wolfgangsee und den Traunsee von oben nach unten befuhr, sondern wir fuhren mit der Bahn nach Linz, dann bis Steyrling und von dort ging es zu Fuß quer durch das Salzkammergut vorbei an weniger bekannten Seen wie Offensee, Ödsee, die Langbathseen und schließlich zuletzt zum Attersee, von wo die Heimfahrt mit Schiff und Bahn erfolgte.

Es ist ein Gebiet, in das man normalerweise nicht so leicht kommt. Es war damals wunderschön und noch viel unberührter als heute. Vom Fremdenverkehr war es überhaupt noch nicht erreicht, und wir nächtigten bei Bauern im Heustadl. Wir bekamen dort jedes Mal „Stosuppe", Erdäpfel oder Sterz, und schließlich fuhren wir bei einem großen Unwetter über den Attersee zu dessen Ende in Kammer. Einigen Mitschülern wurde sogar übel, weil der See so große Wellen schlug.

Ein besonderes Ereignis war, als der Blitz in einem Bauernhof einschlug und sofort die Flammen aus dem Stadel aufstiegen. Das sahen wir vom Schiff aus. Nach dieser ereignisreichen Woche bin ich aus der BEA ausgeschieden und kam – wie bereits erzählt – in das Gymnasium im 13. Bezirk in der Fichtnergasse.

In der Fichtnergasse gab es zwar keine „Schlussausflüge", aber Schikurse. Ich konnte schon Skifahren, war mit meinem Vater öfter in den Wienerwald gegangen. Damals war es ja noch so, dass man im Wienerwald richtig Skifahren konnte. Man ist also mit den Brettern von zu Hause losgezogen und schnallte sie am Gallitzinberg an. Dann ging es weiter, entweder zur

Rieglerhütte oder zur Mostalm, quer drüber bis zur Hohen-Wand-Wiese, die ja heute durch einen Skilift und durch Schneekanonen erschlossen ist.

Damals war Tourenlaufen noch in. Man hatte Skibindungen, die nicht so starr waren wie jetzt, sondern man konnte die Füße und die Bindungen bewegen, es war zwar kein hochalpiner Skilauf, aber es waren Skiwanderungen, die jedes Mal sehr schön waren und bei denen ich mir die ersten Kenntnisse im Skifahren holte.

Bei den Skikursen ging es etwas härter zu. Ich kann mich noch an einen der Skikurse am Zirbitzkogel erinnern. Das bedeutete kurz nach 22 Uhr in Wien Südbahnhof Abfahrt mit dem Personenzug nach Judenburg.

Die Fahrt verlief mit Hindernissen. Am Semmering blieb der Zug plötzlich stehen und konnte nicht weiterbewegt werden. Als Ursache stellte sich heraus, dass ein paar Schüler – nicht aus unserer Klasse, aber von unserem Skikurs – die Handbremse im Wagen gezogen hatten und dies natürlich bei der Steigung am Semmering dazu führte, dass der Zug nicht weiterfahren konnte. Die Übeltäter wurden ausgeforscht, mussten am Semmering den Zug verlassen und mit entsprechender Strafandrohung heimfahren.

Nun fuhren wir mit einiger Verspätung weiter und kamen etwa um 2 Uhr im Bruck an der Mur an. Dort hatte der Zug eine Stunde Aufenthalt, was einige Schüler nützten, die Bahnhofsgastwirtschaft aufzusuchen. Auf einmal kamen zwei gefährlich aussehende Kellner in den Zug, rissen die Abteiltüren auf, um jene Schüler zu finden, die ihnen die „Zeche geprellt" hatten. Allerdings hatten sie mit der Suche offensichtlich keinen Erfolg, denn es wurde zuletzt noch ein Polizist – im Hitlerreich gab es keine Gendarmerie (siehe Anhang) – geholt, der bei seinen Nachforschungen auch keinen Erfolg hatte. Wir wurden alle beschimpft, und dann konnte der Zug wieder weiterfahren. Schließlich langten wir etwa um 4 Uhr Früh in Judenburg ein. Dort war es eiskalt, und der Wind blies ungeheuerlich. Wir mussten raus aus dem Zug, nahmen die Ski auf die Schulter und marschierten los. Rucksack und Ski drückten gewaltig, aber wir waren damals schon etwa 16 Jahre alt, und da hat man doch noch einige Kräfte. Nach etwa 2 Stunden Fußmarsch erreichten wir die Schneeregion, und nun hieß es Ski anschnallen und aufwärts gehen. Natürlich war das nicht so einfach, denn die Montage von Fellen auf Skiern ist keine leichte Sache. Entweder verrutschen die Felle oder sie hängen sich überhaupt ab, jedenfalls dauerte es eine Ewigkeit, bis wir endlich bei der Skihütte ankamen. Wir waren todmüde, und zu Essen gab es nicht allzu viel, auf jeden Fall fielen wir sehr bald in Schlaf.

Wir waren alle auf großen Matratzenlagern untergebracht, und es gab ziemlich viel Ärger mit der Verpflegung. Aber ich hatte damals von einem meiner Freunde (inzwischen auch schon verstorben), der mir später sehr viel geholfen hat, damit ich den Krieg überstehen konnte, den Tipp erhalten: „Man muss immer ein Brot und eine Marmelade mitnehmen, dann hat man immer genug zu essen." Eine Marmelade hatten wir zu Hause noch, und ein Brot war aufzutreiben, und auf diese Weise war ich immer ganz gut verpflegt und das Skifahren hat mir ohnedies Spaß gemacht.

Es gab damals keine Skilifte, es musste zuerst einmal ein Hang „getreten" werden, dann musste man lernen, entsprechend hinaufzugehen mit Kreuzschritt, und dann konnte man ein Stückchen hinunterfahren. So verbrachten wir diese Skiwoche, die für mich insofern interessant war, als am Schluss ein Abfahrtslauf stattfand. Ich war ein mittelmäßiger Skifahrer, ganz gut, weil ja viele überhaupt nicht Skifahren konnten, aber keineswegs in die Spitzengruppe einzureihen. Einige Schüler fuhren damals weit besser als ich.

Dieser Abfahrtslauf fand also an einem Tag statt, dem ein „Ruhetag" voranging. An diesem Ruhetag haben die meisten Schüler Karten gespielt, sich auf die Betten gelegt und sich ausgeruht, Dummheiten gemacht oder sich Witze erzählt. Ich schnallte die Ski an, ging die gesamte Strecke hinauf, die für den Abfahrtslauf vorgesehen war, und fuhr langsam hinunter, um mir alles genau anzusehen. Das letzte Stück fuhr ich dann noch einmal und kam erst am Abend zu meinen Mitschülern zum Essen.

Als am nächsten Tag der Abfahrtslauf stattfand, wurden wir im Abstand von zwei Minuten losgeschickt, und ich hatte auf der Strecke keine Schwierigkeiten, da ich sie ja schon kannte, und fuhr diese Strecke vielfach in der Hocke.

Am Abend wurde dann das Ergebnis verkündet, und zur allgemeinen Überraschung hatte ich den Abfahrtslauf gewonnen. Das glaubte kein Mensch, es wurde die Zeit mehrfach überprüft, die Professorenschaft staunte, aber es gab nichts daran zu rütteln, ich war der Sieger und bekam dafür einen Sack Würfelzucker als Preis!

Ich weiß nicht, worüber sich meine Eltern mehr gefreut haben, über den Sieg oder über die unerwartete Aufbesserung der kriegsbedingt kargen Ernährung.

An die Rückfahrt kann ich mich auch noch gut erinnern, denn es gab damals eine heiße politische Diskussion. Man muss sich vorstellen, dass in der Nazi-Zeit jede Diskussion gefährlich war und natürlich von dem, was die Kinder diskutierten, auf das geschlossen werden konnte, was im Elternhaus gesprochen wurde. Die Diskussion war sehr „frei“ daher sehr „staatsgefährlich“ und wurde zwischen den Schülern der einen oder der anderen Richtung geführt. Ein vernünftiger Professor, der im Nebenabteil saß, kam herein und unterband die Diskussion. Wer weiß, welche Unannehmlichkeiten daraus hätten entstehen können. Die Nazis haben bekanntlich auch vor halben Kindern keinen Halt gemacht, wenn diese eine andere Meinung vertraten als die offiziell gewünschte.

Nach Abschluss der Schulzeit findet ja heute in der Regel eine „Maturareise“ statt. Da fliegen die Maturanten nach Amerika, nach Griechenland oder weiß Gott wohin, und es wird daran überhaupt nichts mehr Sensationelles gefunden.

Bei uns gab es keine Maturareise. Ein Teil unserer Kollegen war ja bereits zum Militär einberufen, aber zu viert haben wir doch noch eine „private Maturareise" gestartet.

Meine Mutter war seinerzeit Lehrerin in Bozen gewesen, die Tochter eines dortigen Kollegen war Hausdame im Hotel „Schwarzer Adler" in St. Anton am Arlberg. Mutter schrieb dorthin und vermittelte uns einen einwöchigen Aufenthalt in St. Anton. Dorthin fuhren wir nun zu viert, der spätere Präsident des Verwaltungsgerichtshofes, Dr. Viktor Heller (der auf tragische Weise während eines Vortrages plötzlich tot umfiel), der spätere Ministerialrat im Bundesministerium für soziale Verwaltung, Dr. Helmut Teschner (dessen Kommentare zu allen Sozialversicherungsgesetzen von größter Bedeutung sind), dann natürlich ich und außerdem noch ein Schüler aus der Parallelklasse, Otto Schlesinger, ein so genannter Vierteljude, was ihn nicht vor der Einberufung zum deutschen Militär und ebensowenig vor dem Heldentod bei Rzew bewahrte. Er war ein Eisenbahnfreund wie ich.

Wir fuhren am Abend mit dem Schnellzug nach München, weil wir München auch noch besuchen wollten. Es gab damals noch keine sehr schweren Luftangriffe, wir kamen zwar mit einiger Verspätung in den Morgenstunden nach München, fuhren dann nach Besichtigung der Stadt über Garmisch-Partenkirchen nach Innsbruck und von dort dann weiter auf den Arlberg. Es war eine sehr schöne Woche, es gab dort noch gut zu essen, die Bergbahnen waren in Betrieb, Skilifte gab es zwar damals nur in Zürs, aber auf der Arlbergstraße konnte man mit den Skiern fahren, weil die Passstraße damals nicht benützt wurde.

Ich erinnere mich noch daran wie mein Schulkollege Viktor Heller seine ersten Skiversuche machte. Er zog es vor, vom Galzig wieder mit der Bergbahn hinunterzufahren, während Helmut und ich tapfer die berühmte Fis-Abfahrt wagten.

Während der Hochschulzeit gab es zwar keine Ausflüge, sondern so genannte „Exkursionen", die uns einmal auf die

Rax führten, ein andermal auf die Schneealpe. Die Rax habe ich auch sonst öfter besucht; ein Südtiroler, der ausgewandert war, ein entfernter Verwandter von mir, war dann Pächter des Habsburghauses auf der Rax. Ich habe dort sogar als Hilfskellner gegen gute Ernährung gearbeitet. Ich kann mich noch erinnern, dass ich im Service anfangs Schwierigkeiten hatte. Man schenkte die Suppe aus einer Metallschüssel ein. Ich schenkte zu „stark" ein, die Suppe fuhr auf der anderen Seite des Tellers wieder heraus und dem Gast auf den Schoß. Der hat nicht schlecht geschimpft, aber er hat irgendwie gesehen, dass ich kein Profi war, und sich dann, als er eine neue Suppe bekam, wieder beruhigt. Der Verwandte, ich nannte ihn Onkel, firmierte dort unter der Bezeichnung „Chef", war ein anerkannter Bergführer in Südtirol gewesen, und man glaubt es nicht, aber auch auf der Rax sind viel Menschen in Bergnot gekommen.

Wir rückten einmal in der Nacht aus, um zwei Bergsteiger, die sich in der Preiner Wand verstiegen hatten, zu bergen. Das war natürlich ein aufregendes Erlebnis, und ich bin dann in der Folge, nachdem ich beim Militär kurze Zeit in Edlach an der Rax untergebracht war, und später als Student auch allein, auf die Rax und über die Rax und einmal von der Bergstation bis Kapellen in einem Tag gegangen. Aber das waren Zeiten, wo man auch bei schlechter Ernährung noch entsprechende Leistungen erbringen konnte. Mit zunehmenden Alter, den Vorteilen des Wirtschaftsaufschwunges und dem Aufkommen der Vollmotorisierung ist die Bedeutung des Bergsteigens allgemein zurückgegangen. Erst in letzter Zeit wird sie wieder belebt.

Das Wandern wurde auch in unserer Familie für wichtig gehalten. Es gab keine Sommerfrische ohne entsprechende Wanderungen, und darüber möchte ich in einer der nächsten Geschichten erzählen.

## Schulstreiche

Jede Erinnerung an die Schulzeit ist mit dem Gedenken an jene Begebenheiten verbunden, die gemeiniglich als „Schulstreiche“ bezeichnet werden. Da geht es um den Unfug, den Kinder und Jugendliche, statt sich dem Lernen und der Vergrößerung ihres Wissens zu widmen, zur eigenen und ihrer Mitschüler Erheiterung den Lehrern „angetan“ haben. Es handelt sich häufig um harmlose Lausbübereien, manchmal um wirklich komische Situationen. Es wurde dafür mitunter, vor allem im Gymnasium, ein ungeheurer, auch intellektueller Aufwand betrieben, der einer besseren Sache würdig gewesen wäre.

Ich habe mir nachträglich gesagt, dass es nicht gescheit war, die Möglichkeiten, die den Kindern und Jugendlichen zur Verfügung standen, ihr Wissen und ihre Kenntnisse zu erweitern, nicht besser genützt zu haben, aber trotzdem sind alle diese heiteren Unterbrechungen der Lehr- und Lerntätigkeiten eben Bestandteil der Schulzeit, und ein erfolgreicher Schulstreich bedeutete eine angenehme Unterbrechung des schulischen Alltages.

Die Erinnerung geht also wieder zurück zur Volksschule. Bei Herrn Winterle war es nicht leicht, die Disziplin zu stören. Er war ein ausgezeichneter Pädagoge, in seinem Unterricht herrschte Ordnung, und jede Störung wurde dementsprechend geahndet. Trotzdem kam es auch hier zu „heiteren Unterbrechungen“.

Einmal legte ein Schüler Kastanien in den Eisenofen, der das Klassenzimmer erwärmte, es knallte furchtbar, und sogar der Oberlehrer kam in die Klasse geeilt, um nachzusehen, ob irgend jemand Amok gelaufen sei. Der Übeltäter bekam einige Ohrfeigen, das war damals gang und gäbe, musste eine Strafarbeit, versehen mit der Unterschrift des Vaters, abliefern, und das väterliche Strafgericht wird sicherlich auch nicht ohne gewesen sein, aber irgendwelche weitere Konsequenzen hat die Sache nicht nach sich gezogen.

Eine andere Episode, die mich persönlich betroffen hat, möchte ich noch erzählen. In der Volksschule unterrichtete der Klassenlehrer natürlich alle Gegenstände, auch Gesang. Dazu begleitete er die Schüler mit einer Violine. Diese Violine wurde im Klassenzimmer vor der Gesangsstunde mit dem dazugehörigen Bogen an einem Haken aufgehängt. Inzwischen war Pause, und beim Herumstoßen, wie es halt bei noch nicht zehnjährigen Buben der Fall ist, fiel die Geige vom Haken auf den Boden, der Steg kippte um, und die Saiten lagen auf dem Griffbrett auf. So eine Geige sieht in diesem Zustand schrecklich aus, obwohl die Behebung des Schadens relativ einfach ist.

Da ich an dieser Ranglerei beteiligt gewesen war, kehrte sich der Grimm des Herrn Lehrers Winterle gegen mich, und ich musste auftragsgemäß zu Hause von meiner Übeltat berichten. Als ich heimkam, tat ich dies, Mutter war gerade mit dem Kochen beschäftigt, und da soeben aufkochende Nudeln überzugehen drohten, wollte sie nicht gestört werden, hörte nur Geige und Kleiderhaken und erwiderte: „Eine Geige gehört nicht auf den Kleiderhaken", und kümmerte sich nicht weiter um die Sache. Am nächsten Tag fragte der Herr Lehrer, was meine Eltern zu dieser Freveltat gesagt hätten, und ich sagte in aller Unschuld: „Die Mutter sagte, die Geige gehört nicht auf den Kleiderhaken." Diese frivole Äußerung führte dazu, dass Herr Winterle, der ja mit meinem Vater als Kollege befreundet war, uns aufsuchte, und meine Mutter gestand freimütig ihre Äußerung, der Vorfall war somit schulisch abgeschlossen.

Bei Erzählungen im Familien- und Freundeskreis sorgte diese Geschichte noch oft für Heiterkeit.

Auch meine erste „politische" Tätigkeit fällt in die Zeit der zweiten Volksschulklasse. Die Schule, es war eine reine Bubenschule, hatte in jedem Stockwert einen Abort. Dorthin wurden die Buben zu Mittag gemeinschaftlich geführt, damit während der Stunde niemand den Unterricht mit den Worten „Herr Lehrer, bitte ich muss hinaus" stören konnte. Da auch unser

Klassenlehrer zu Mittag während der Pause etwas Ruhe haben wollte, beauftragte er einen Schüler, am Abort Aufsicht zu halten. Dieser Schüler war sehr angetan von seiner verantwortungsvollen Tätigkeit (er ist übrigens im reifen Alter zu einem der eifrigsten Leserbriefschreiber von Wien geworden). Er ordnete Kraft seiner Autorität an, in welcher Reihenfolge die Kinder auf das WC zu gehen hatten, verlangte, dass das „Geschäft" rasch absolviert werde, kommandierte herum und zog sich so die allgemeine Abneigung zu.

Ich verfaßte damals am Ende des Schuljahres einen Beschwerdebrief und ließ ihn von der Mehrzahl der Mitschüler unterschreiben. Dann wurde er dem Herrn Lehrer überreicht. Herr Winterle war nicht nur ein guter Pädagoge, sondern ein sehr geschickter Taktiker. Er enthob sofort den bisherigen „Aufseher" seines Amtes und betraute mich mit der Aufgabe. Stolz auf diesen „politischen Erfolg", berichtete ich dies zu Hause, worauf meine Mutter in ihrem Tiroler Umgangsdeutsch erklärte: „Jetzt bist du ein Kloweiberle geworden", auf wienerisch „Häuslfrau". Diese Herabsetzung meiner Würde kränkte mich tief und ich legte den Posten zurück. Es wurde kein neuer „Aufsichtshabender" betraut, sondern der Herr Lehrer führte die Aufsicht in der Folge selbst.

Am Beginn meiner politischen Laufbahn stand also letztlich ein Misserfolg, und vielleicht habe ich auch deshalb, als sich mir die Möglichkeit zu einer wirklichen politischen Laufbahn bot, im Hinblick auf diese erste Erfahrung einen anderen beruflichen Weg eingeschlagen.

Lustiger wurde es im Hinblick auf die Möglichkeiten, den grauen Schulalltag durch Lausbübereien aufzuheitern, im Gymnasium. In der Bundeserziehungsanstalt fand in den warmen Monaten der Unterricht, wenn es der jeweilige Professor erlaubte, im Garten statt. Da waren eigene Sitzreihen aus Holz aufgestellt. Man saß dann unter Bäumen und genoss die gute Luft des großen Schulparks.

Wir hatten damals einen Professor, der nicht Disziplin halten konnte, so etwas wird von den meisten Schülern natürlich sehr schnell erkannt. Die Bänke, die im Garten aufgestellt waren, waren im Boden nicht sehr gut fixiert, und wenn einige Schüler sich hutschten, dann fiel die ganze Bank und, wenn man Glück hatte, auch die zweite und dritte der davor befindlichen Bankreihen um. Es entstand ein furchtbarer „Wirrwarr", und da dies während jeder Schulstunde zwei- bis dreimal geschah, führte es zu großer Heiterkeit. Gelernt haben wir dabei wenig, und als dann ein sehr strenger Professor seinen milden Vorgänger ersetzte, bekamen wir die Folgen durch entsprechend schlechte Noten zu spüren.

Damals waren die Möglichkeiten der Disziplinierung von Schülern wesentlich größer als heute. Heute ist es so, dass Prüfungen vorher angekündigt werden müssen; damals wurde einfach überfallsartig, wenn die Disziplin zu wünschen übrig ließ, eine Prüfung angesetzt, die natürlich mit entsprechenden Noten schnell zur Herstellung von Ruhe und Ordnung sorgte.

Eine für die damalige Zeit typische Episode möchte ich noch erzählen.

Ich fand einmal am Nachmittag im Schulgarten der Bundeserziehungsanstalt Breitensee eine Porzellanpuppe, einen Schweinskopf darstellend, und legte diesen Schweinskopf zum Spaß auf den Sitz des Beiwagenmotorrades eines Professors. Dieser Professor war der Bruder eines Sozialwissenschaftlers, der durch ein Buch über die christliche Soziallehre damals im christlichen Ständestaat zu großem Ansehen gekommen war. Die politische Einstellung seines Bruders, Professor für Griechisch und Latein an der BEA Wien Breitensee, war natürlich auch dementsprechend. Das hatte insofern eine Bedeutung, als am nächsten Tag der Anstaltsgeistliche, der Professor, der Interimsdirektor und der Erziehungsleiter in unserer Klasse erschienen und sofort von einem ungeheuren Vorfall redeten: Ein unsittliches und schamloses Bild sei in das Motorrad des Herrn Professor V. gelegt worden und es müsse sich der Täter sofort melden, andernfalls die Klasse aus dem so genannten

„Torgebäude“ (das war eine Bevorzugung, dass wir dort und nicht im Hauptgebäude untergebracht waren) ausziehen müsse und wahrscheinlich sogar von der Anstalt verwiesen werde.

Da ich keine Ahnung hatte, was eigentlich los war, meldete ich mich auf die Frage, wer diese Untat begangen habe, und wurde sofort in ein abgesondertes Zimmer geführt und einem scharfen Verhör unterzogen.

Ich konnte mir den ganzen Vorgang nicht erklären, und unser Klassenvorstand, der als einziger einen klaren Kopf behielt, fragte zunächst einmal, wie dieser Schweinskopf denn eigentlich beschaffen gewesen sei. Nun stellte sich heraus, dass ich nur dessen Vorderseite gesehen hatte, das so genannte „unsittliche Bild“, das offensichtlich ein nacktes Paar zeigte, war von mir gar nicht wahrgenommen worden. Allmählich setzte sich auch bei der gesamten Kommission die Meinung durch, dass ich, abgesehen davon, dass es sich natürlich überhaupt nicht gehörte, so etwas in das Beiwagenmotorrad eines Professors zu legen, in der Sache selbst unschuldig war.

Ich wurde streng verwarnt und weiß bis heute nicht genau, welcher Unsittlichkeit ich hier in Unkenntnis Vorschub geleistet hatte. Das unsittliche Bild bekam ich natürlich nicht zu Gesicht.

Im Gymnasium in der Fichtnergasse ging es dann schon etwas lustiger zu. Unsere Schulstreiche grenzten geradezu an Verwegenheit.

Einer unserer Mitschüler, den ich aus den Augen verloren habe – er war dann ein erfolgreicher Buchhändler, aber Näheres wissen wir heute von ihm nicht – drehte kurz vor dem Ende der großen Pause den außen am Konferenzzimmer steckenden Schlüssel um, so dass der gesamte Lehrkörper im Konferenzzimmer gefangen war. Da unmittelbar darauf die Pause ausgeläutet wurde, waren die Schüler alle in ihren Klassen und konnten daher nicht hören, wie die Lehrer an die Tür des Konferenzzimmers trommelten, aus den Fenstern riefen und vergeblich auf Befreiung warteten.

Erst der Schulwart – er war ein Unterschulwart, dessen Tätigkeit vornehmlich im Aufwaschen der Gänge bestand – nahm nach etwa 20 Minuten den Tumult wahr und befreite die Lehrkräfte. Anschließend fand eine Konferenz statt, die an jene, die Spörl in seinem Schulstandardwerk „Die Feuerzangenbowle“ schildert, erinnert, nachdem die Schüler am Schultor ein Schild „Wegen baulicher Veränderung finde an diesem Tage kein Unterricht statt“ angebracht hatten und sogar die Professoren dieser Mystifikation aufgesessen waren. Man kam im Hietzinger Gymnasium offenbar zu demselben Ergebnis, es wäre am besten, überhaupt nichts zu machen und den Vorfall auf sich beruhen zu lassen, um das Gespött nicht zu vergrößern.

Einen weiteren Streich will ich auch noch erzählen, weil er in seiner intelligenten Planung und Einschätzung der „gegnerischen Reaktion“ die Talente künftiger Führungskräfte verriet.

Griechisch unterrichtete bei uns Professor Swoboda, der wegen seiner Strenge gefürchtet, aber wegen seines Wissens und seiner Tüchtigkeit allgemein anerkannt war. Er konnte die Ilias und die Odyssee auswendig deklamieren und verlangte von den Schülern eine ausführliche Vorbereitung und Wiederholung des Lehrstoffes der vergangenen Stunde, die immer in der nachfolgenden Stunde am Anfang erfolgte. Diese Wiederholung konnten wir deshalb meistens erfolgreich bestehen, weil unser Klassenprimus, der spätere Dorotheumsdirektor Herbert Klötzl, immer in der vorausgehenden Pause die zur Prüfung gelangenden Textstellen nochmals mit allen Schülern rezitierte.

An einem Sommertag war um 10 Uhr die griechische Unterrichtsstunde, und die Nachbarklasse war aus irgendeinem Grunde leer. Vor dieser Griechischstunde, unmittelbar nach Pausenende übersiedelte die ganze Klasse in den Nachbarraum und verhielt sich dort vollkommen still, der Schlüssel wurde innen umgedreht.

Pünktlich nach dem Läuten erschien Professor Swoboda in

unserer Klasse, traf niemanden an, rüttelte an der Tür der Nachbarklasse und ging in das Lehrerzimmer zurück. Wir warteten etwa eine halbe Stunde, dann wurde unser Klassenprimus in das Konferenzzimmer geschickt, um anzufragen, ob der Herr Professor vielleicht krank sei, weil er nicht komme. Natürlich war er nicht krank und ist auch gleich gekommen und hat an seinem Verstand gezweifelt, denn bevor der Lehrer geholt wurde, waren wir natürlich still und leise in unser Klassenzimmer zurückgekehrt und hatten das danebenliegende versperrt. Diese „strategische Planung“ wurde jedenfalls nicht durchschaut. Gebracht hat es uns natürlich nichts, aber das ist ja bei den meisten Schulstreichen der Fall.

Ein besonders dankbares Objekt für Späße war Professor Rieger, der den legendären Spitznamen „Pamperl“ trug. Warum er so genannt wurde, ist nicht klar. Generationen von Schülern haben ihn unter diesem Namen gekannt. Er besaß sehr viel Selbsthumor, konnte aber überhaupt nicht Disziplin halten.

Schon der Ablauf seiner Stunden war durch gewisse Absurditäten gekennzeichnet. Die Geografiestunde begann zum Beispiel in der Form, dass er nur den Namen eines Schülers rief, in der Regel den des späteren Verwaltungsgerichtshofpräsidenten Heller. Mit heiserer Stimme rief er: „Heller!“ Viktor Heller erhob sich und sagte: „Wir haben in der letzten Stunde über die Tschechoslowakei gesprochen. Die Tschechoslowakei besteht aus zwei Teilen, einerseits aus Böhmen und Mähren und dann aus der Slowakei.“ In diesem Augenblick winkte Professor Pamperl ab und setzte seinen Vortrag fort, so wie ein Auto, das zum Start einen Anlasser benötigt hat.

Während der Stunde geschah allerlei Unfug. Es wurde mit einem nassen Schwamm herumgeworfen, es wurde hinten Radio gehört, es ist ganz eigenartig, dass ein so interessanter Gegenstand wie Geografie nicht mehr Aufmerksamkeit fand, aber in diesem Alter – den ausgehenden Flegeljahren – ist halt die Intelligenz von jungen Burschen noch nicht sehr ausgeprägt.

Eine Episode, die es auch wert ist, nicht in Vergessenheit zu geraten, war die Manipulation unserer Dampfheizung. In dieser Dampfheizung, die in gewissen Stößen immer wieder heißen Dampf vom Heizhaus im Keller in die Klassenzimmer pumpte, schraubte ein Schüler, ich weiß nicht mehr, wer es war, das Ventil ab und baute ein Pfeiferl ein. Das hatte zur Folge, dass man bei jedem Dampfstoß den Eindruck hatte, sich auf einem Rangierbahnhof zu befinden, und schließlich veranlasste die Direktion die Nachschau durch eine Heizungsfirma. Das Pfeiferl haben wir natürlich vorher wieder ausgebaut, und auch diese Tat wurde nicht „gesühnt".

Man muss sich in die damalige Zeit zurückversetzen. Es gab bereits häufig Fliegeralarm, wir standen alle vor der Einberufung zum Militär, sehr ernst wurde natürlich der Schulbetrieb nicht mehr genommen, und als sich bereits das Ende des Krieges abzeichnete, hatte man andere Sorgen, als seine Bildung zu verbessern. Die auf einem gewissen Intelligenzniveau stehenden Schulstreiche haben Licht in das Dunkel dieser Zeit gebracht. Sie sollen daher nicht der Vergessenheit anheim fallen.

Die herrschende Unvernunft in jenen Tagen manifestierte sich nicht zuletzt auch in der Auswahl englischer Literatur. Wir hatten bei einem Professor, der dann später zur Deutschen Wehrmacht einberufen wurde, ein Buch in Englisch über den Kreuzer „Emden" im 1. Weltkrieg gelesen. Das war ein Kriegsschiff, das einen Kaperkrieg in der Südsee sehr erfolgreich und lange Zeit führte und so zum Schrecken der alliierten Handelsschifffahrt im 1. Weltkrieg wurde.

Dieses Buch war von einem Engländer geschrieben worden, und da darin die bewunderungswürdigen Taten deutscher Seeleute von einem Kriegsgegner dargelegt wurden, war das Buch natürlich in der damaligen politischen Situation von diesem Professor, der der NS-Lehre anhing, ins Spiel gebracht worden und wir haben also dieses Buch genau gelesen, und es musste entsprechend durchgearbeitet werden.

Im nächsten Jahr war ein anderer Professor tätig, und als erörtert wurde, was man an Literatur lesen könnte, wurde von einem unserer Mitschüler mit abgefeimten Lächeln vorgebracht, dass sich ein sehr interessantes Buch auf dem Markt befinde mit dem Titel „Emden“ und man doch dieses lesen sollte.

Der neue Professor griff diesen Vorschlag auf, und wir haben ein ganzes Jahr die „Emden“ gelesen, das heißt, wir hatten praktisch damit überhaupt keine Arbeit, gescheiter wäre gewesen, wir hätten ein anderes Buch vorgeschlagen und unseren Wissensstand erweitert, denn wir sollten ja Englisch dann sehr bald brauchen. Einige von uns gerieten in englische und amerikanische Kriegsgefangenschaft, und dort haben sie dann die Sprache entsprechend gelernt, aber es wäre manches leichter gewesen, wenn man den Englischunterricht nicht mit solchen Dummheiten blockiert hätte.

Aber das ist jungen Leuten oft schwer beizubringen. Wir sind uns jedenfalls sehr gut vorgekommen, weil wir das Buch „Emden“ diesem neuen Professor unterjubeln konnten. Nachdem wir dann alle akademische Bürger geworden waren, hörten sich natürlich die so genannten Schulstreiche auf.

Nach dem Krieg war von der damaligen Bürokratie im Unterrichtswesen eine sehr gute Regelung getroffen worden. Alle Schüler, die die 6. Klasse erfolgreich absolviert hatten, bekamen einen Reifevermerk. Man verlangte nicht, dass sie nach Jahren des Frontdienstes und als erwachsene Männer noch einmal die Schulbank drücken müssten, und alle, die diesen Vermerk bekommen hatten, sind im Berufsleben nicht schlechter gewesen als jene, die das Glück hatten, noch maturieren zu können.

Die Problematik der Mittelschule (heute AHS) besteht darin, dass so manche Sachen gelehrt werden, die man nie mehr im Leben braucht, und andererseits Wissensgebiete, die man wirklich brauchen würde, nicht oder zu wenig gepflegt werden. Trotzdem haben wir später in unserem Kollegenkreis als Väter studierender Kinder festgestellt, dass unser Bildungsniveau damals eigentlich doch erheblich höher war, trotz der vielen Hilfsmittel, die heute im Computerzeitalter den jungen Leuten zur Verfügung stehen.

Ich glaube aber, dass unsere Väter wahrscheinlich dasselbe von uns gesagt haben. Letztlich ist jene Welt, die unsere Väter und Vorväter aufgebaut haben, nicht sehr erfolgreich gewesen.

## Was hat der Schulweg mit dem Hause Habsburg zu tun?

So wie an vielen anderen öffentlichen Gebäuden befand sich auch auf meinen jeweiligen Schulen eine Tafel an der Fassade, die auf das 50. Regierungsjubiläum seiner Majestät des Kaisers hinwies. Daran möchte ich anknüpfen.

Zur Monarchie hat jeder Österreicher irgendwie eine Beziehung, schon allein durch die Tatsache, dass das zweite Jahrtausend unserer Zeitrechnung in Österreich weitgehend durch das „Haus Habsburg" geprägt wurde.

Meine eigenen Erfahrungen bezüglich Monarchie sind nicht spektakulär, aber irgendwie interessant und letztlich für manche Vorgänge in diesem Lande typisch und wert, erzählt zu werden. Die Sache fängt mit meinem Großvater, geboren im Jahre 1857, an. Er war der Sohn eines einfachen Eisenbahners der „Donau-Save-Adria-Bahn" (siehe Anhang), später Südbahn, der verschiedene Dienstorte hatte und zuletzt Vorstand des Bahnhofes Theresienfeld bei Wiener Neustadt war.

Ich habe mir diesen Bahnhof einmal angeschaut, und der alte Bahnhof stand damals noch genauso da wie zu Großvaters Kindheit. Es gab eine kleine Kanzlei, ein Raum, in dem sich einmal die Schalthebel für die Schrankenbedienung und für zwei Signale befunden hatten, und schließlich zwei nicht große Wohnräume und eine Küche – die Dienstwohnung des Stationsvorstandes – und ein Verschlag, in welchem, wie mir mein Großvater einmal erzählte, Hasen und Hühner und die berühmte „Eisenbahnerkuh“, eine Ziege, untergebracht waren. In dieser kleinen Behausung wohnte mein Urgroßvater mit Frau und vier Kindern. Heute einfach unvorstellbar, aber damals ein bescheidener Wohlstand und eine fixe Anstellung.

Die Geschwister meines Großvaters landeten schließlich auch bei der Südbahn: Die Tante Sidonie, die ich deswegen in angenehmer Erinnerung habe, weil sie mir bei ihren Besuchen immer zwei Schilling – heute ungefähr 100 Schilling oder € 8 schenkte, die dann bei einem Theaterbesuch im Raimundtheater, wo Märchenspiele veranstaltet wurden, Verwendung fanden. Dann Großonkel Viktor, den ich gar nicht kannte, der aber auch Eisenbahner wurde, ebenso dessen Sohn, der anlässlich der Ahnenforschung (siehe Anhang) unter Hitler zwecks Feststellung des Ariertums Kontakt zu meinem Großvater durch einen sehr ehrfurchtsvollen Brief mit der Anrede „Sehr geehrter Herr Onkel“ herstellte und der mir auch in Erinnerung geblieben ist, weil er mir jedes Mal 5 Mark schenkte. Und schließlich Großonkel Ludwig, der vermögend wurde, weil er am Frachtenbahnhof Matzleinsdorf die Gastwirtschaft gepachtet hatte und sich ein Hotel auf der Wiedner Hauptstraße, nämlich das Hotel „Jägerhorn“, erwirtschaften konnte. Dieses Hotel wurde dann von seinem Sohn Karl übernommen, der in der NS-Zeit große Karriere als „Gauredner“ machte. Da er illegal, also Mitglied der vor 1938 verbotenen Nazipartei war, hat dann die Republik nach 1945 das Hotel eingezogen. Wie die Sache dann weitergegangen ist, weiß ich nicht. Dieser Onkel Karl schenkte mir eine Reihe von Nazi-Büchern und Bilderbänden des Nazi-Fotografen Hoffmann, die, bevor die Russen die Wohnung durchsuchten, eiligst in den Ofen geworfen wurden.

Ich wollte aber eigentlich vom Hause Habsburg und meinen diesbezüglichen Erfahrungen erzählen:

Ich muss also wieder zum Großvater zurückkehren. Großvater ging nicht zur Eisenbahn, sondern zum Militär. Er wurde

Offizier, und anders als in Preußen konnte der Sohn eines einfachen Eisenbahners in Österreich auch beim Militär Karriere machen. Großvater war in vielen Garnisonsorten der Monarchie als Offizier tätig. Im Vintschgau hatte er einen Offiziersburschen, genannt „Pfeifendeckel", einen Bauernsohn aus dem Schnalstal, und durch ihn lernte er dessen Schwester, seine spätere Frau, kennen. Er wurde kurz darauf nach Polen versetzt, Garnisonsort war Rsezwow, und dort ist die aus den schönen Südtiroler Bergen in die ihr schrecklich erscheinende „Polackei" verbrachte Tirolerin, wie so viele Menschen in dieser Zeit, an Tuberkulose gestorben. Meine damals dreijährige Mutter blieb ohne jede Erinnerung an sie zurück.

Meine Tiroler Großmutter hatte mit dem Großvater schon zwei Jahre zusammengelebt, ohne dass sie verheiratet waren, und es gehörte daher zur selbstverständlichen Pflicht, dass Großvater sie heiratete. Das scheiterte vorerst aber daran, dass die Heiratserlaubnis noch nicht erteilt war.

In der alten Armee musste ein Offizier, um seine Frau standesgemäß zu erhalten, hierfür eine Kaution erlegen. Davon konnte einen nur der Kaiser dispensieren, das geschah nach entsprechend sorgfältiger Prüfung, und zu diesem Zweck musste der Dispenswerber persönlich beim Kaiser in Audienz erscheinen. Damals residierte Franz Josef I. gerade in Budapest. Mein Großvater machte sich also auf nach Budapest und erschien in Galauniform, trug sein Ansuchen submissest vor – er war damals, wie ich glaube, Hauptmann oder schon Major – und der Kaiser erteilte huldreichst die Genehmigung, stellte einige persönliche Fragen, und die Audienz war beendet.

Die persönliche Begegnung mit dem Kaiser war das große Ereignis im Leben eines jeden Offiziers, und mehr als zehn Jahre später, als mein Großvater bereits Regimentskommandeur in irgend einer Garnisonsstadt im Osten war und der Kaiser zum Manöver kam, hatte das von meinem Großvater geführte Regiment so gut bestanden, dass der Kaiser an meinen Großvater einige persönliche Worte richtete und dabei sogar

*Oberst Keller, mein Großvater, als Pensionist*

die Heiratserlaubnis erwähnte und meinem Großvater, als er ihm sagte, dass seine Frau bereits verstorben sei, sogar sein Beileid ausdrückte. Es ist nicht anzunehmen, dass der Kaiser sich tatsächlich erinnerte, er wurde ja immer vorher über alles informiert von seinem Adjutanten, obwohl man sagt, dass Kaiser Franz Josef die Namen aller Regimentskommandeure in der Monarchie kannte.

Mein Großvater war auch ein profunder Kenner der alten Armee, wusste deshalb vom ersten Tag an, dass der Erste Weltkrieg nicht zu gewinnen war, und verzichtete deshalb auf die Beförderung zum General und nahm seinen Abschied.

Eine Ironie der Geschichte bestand aber in der Folge darin,

dass mein Großvater nach der Okkupation Südtirols durch Italien in Bozen mit meiner Mutter, die damals dort als junge Lehrerin tätig war, von derem kargen Lehrergehalt leben musste. Er verstand es aber, seine Situation dadurch zu verbessern, dass er behauptete, auf einem italienischen Schiff auf der Fahrt von Ancona nach Triest geboren worden zu sein, wodurch er sofort die entsprechende Anerkennung als italienischer Staatsbürger erhielt und demgemäß auch eine seinem militärischen Rang entsprechende Pension.

Aufgrund des Sieges der Italiener im ersten Weltkrieg wurden Stabsoffiziere um einen Rang befördert. Mein Großvater kam nun mit einem Mal in den Genuss einer Generalspension, ohne dass er ein Wort Italienisch sprach. Die Lira war damals eine Edelwährung, und als mein Großvater 1935 zu uns nach Wien zog, haben wir den Zuschuss zum nicht allzu hohen Lehrergehalt meines Vaters gut brauchen können.

Die Schilderung der Audienz beim Kaiser anlässlich der Heiratsbewilligung und der Visitation irgendwo in Polen wurde vom Großvater dutzende Male erzählt und von mir mit großen staunenden Augen immer wieder aufgenommen. Aber meine Mutter, die, da sie mutterlos aufwachsen musste, im „K. u. K. Offizierstöchterinstitut" in Ödenburg und später in Wien eine geradezu spartanisch harte Erziehung genoss, hatte daher einen derartigen Widerwillen gegen alles, was mit K. u. K. zusammenhing, dass sie jedes Mal böse war, wenn ihr Vater mir die Geschichte seines Besuches beim Kaiser erzählte.

Die Tradition des „K. u. K. Offizierstöchterinstituts" in Wien spielte jedoch später, wie ich dann am Ende dieser Geschichte erzählen werde, eigentlich noch eine sehr wesentliche Rolle in Bezug auf das Haus Habsburg.

Vorerst aber muss ich noch auf einen anderen Kontakt väterlicherseits zum Hause Habsburg zurückkommen.

Eines Tages erhielt mein Vater einen Brief, in dem er als „Herr von" angeredet wurde, von einem Wiener Industriellen, der darin mitteilte, er habe ein Palais in Wien gekauft und dieses Palais habe einem „Herrn von“ gehört, der unseren Namen trage. Dieser Herr sei ein Nachkomme des Burggrafen von Wiener Neustadt, dessen Grab in Wiener Neustadt er aufgesucht habe, und er ersuche meinen Vater, Näheres über seine Familie mitzuteilen, weil er gerade eine Chronik des Palais in Wien, welches er eben, wie gesagt, gekauft habe, verfassen bzw. verfassen lassen wolle.

Mein Vater begab sich also über Einladung zu diesem Industriellen, teilte mit, dass er überhaupt nichts von dieser hohen Abstammung wisse, er sei der Sohn eines Südtiroler Bergbauern, zwar Bürgermeister – oder, wie man damals sagte, Vorsteher – in einer Gemeinde unter dem Rosengarten, aber er könne sich nicht erklären, wie diese angebliche Verwandtschaft zustande gekommen sei.

Der Industrielle ließ aber nicht locker und legte meinem Vater Urkunden vor, aus denen hervorging, dass einer aus dieser gräflichen Familie nach Südtirol ausgewandert und dort Bauer geworden sei. Einer der angeblichen Vorfahren habe aber ein sehr wichtiges Amt als eine Art Steuerpächter in der Monarchie gehabt, und durch sein dabei erworbenes großes Vermögen habe er der Kaiserin Maria Theresia, die durch ihre Spielleidenschaft große Spielschulden hatte, mehrmals aus der Klemme geholfen.

Da meine Eltern politisch sehr engagierte Sozialdemokraten waren, ist diese angebliche Abstammung aber als Belastung angesehen und daher standhaft verschwiegen worden.

Meine persönliche Beziehung zum Hause Habsburg fand im Speisewagen auf der Fahrt von Salzburg nach Wien statt. Ich hatte damals eine Verhandlung für eine von mir als deren Rechtsanwalt vertretene Bank beim Landesgericht Salzburg und fuhr mit dem zuständigen Bankdirektor, der dort als Zeuge vernommen worden war, von Salzburg nach Wien und hatte vorsorglich Platzkarten für das Mittagessen im Speisewagen bestellt.

Wir nahmen in Linz, nachdem, wie es damals üblich war,

der Speisewagenkellner mit der Glocke durch die Wagen gegangen war, im Speisewagen Platz, und nach kurzer Zeit kamen zwei andere Herren, um uns gegenüber Platz zu nehmen, der eine war Otto von Habsburg, der andere dessen Anwalt. Man grüßte kurz, und es wurde gegessen.

Natürlich kam es auch zu einem Gespräch, und es entsteht dann natürlich immer irgendwie die Frage, wie redet man den Sohn des letzten Kaisers an. Auch als strammer Republikaner ist man doch irgendwie beeindruckt. Es ergab sich eine angeregte Unterhaltung, der Sohn des letzten Kaisers erwies sich als politisch reger und hochgebildeter Mann und ich habe ihn als „Herr Doktor" angesprochen. Aber nicht deshalb, weil ich meine republikanische Gesinnung nicht verraten wollte, sondern weil ich der Meinung bin, dass Dr. Otto Habsburg diese Anrede nicht nur aufgrund seines akademischen Grades gebührte, sondern deshalb, weil es die beste Legitimation seiner Person darstellte, sich diesen Grad durch ein erfolgreiches Studium erarbeitet und mit Recht erworben zu haben.

Die „kaiserliche Hoheit" ist etwas, das ihm, wenn die Monarchie noch bestanden hätte, ohne Arbeit und ohne Leistung zugefallen wäre.

Und nun komme ich zurück zur letzten Episode, die ich vorher angekündigt habe:

Meine Mutter traf ihre Kolleginnen aus dem „Offizierstöchterinstitut" etwa alle drei Monate zu einer Zusammenkunft. Diese fand im „Café Haag" in Wien statt. Ich habe oft die Mutter dort am Abend mit dem Auto abgeholt. Man konnte damals sogar meistens noch in der Nähe parken, und ich setzte mich dann immer noch zu den verbliebenen fünf bis sechs alten Damen. Sie waren fast alle verwitwet, die Männer sterben eben immer früher als die Frauen. Sie hatten alle gute Partien gemacht und waren mit Ärzten oder Anwälten verheiratet gewesen. Mein Vater war inzwischen immerhin auch schon Schuldirektor. Ich wurde aufgrund meiner rechtsanwaltlichen Würde entsprechend respektiert.

Als ich einmal abends meine Mutter von einer solchen Zusammenkunft abholte, wurde gerade das Thema erörtert, dass „Ihre Majestät“, damit war Ex-Kaiserin Zita gemeint, nicht nach Österreich kommen dürfe und dass die bösen „Roten“, die jetzt in der Regierung seien, dies verhinderten.

Ich hatte aufgrund meiner Südtiroler Abstammung und im Zusammenhang mit der damals aktuellen Südtirolfrage relativ viel mit Dr. Kreisky zu tun gehabt, und bei einem meiner Arbeitsgespräche sprach ich ihn darauf an, ob das nicht einerseits ein Unsinn sei, dass man die neunzigjährige Kaiserinwitwe nicht nach Österreich lasse, und ob es nicht andererseits politisch einen recht guten Eindruck machen würde, wenn man dieses Problem einer Lösung zuführen könnte.

Dr. Kreisky war dafür bekannt, dass er eigentlich immer, wenn man ein Problem anriss, aufmerksam zuhörte und sofort entsprechende Überlegungen anstellte. Seine Antwort war: „Ja, das sollte man eigentlich überlegen, und ich werde mir da etwas einfallen lassen.“

Einige Tage später rief mich Dr. Kreisky an und sagte, er habe darüber nachgedacht und einen Weg gefunden, um Zita die Einreise nach Österreich und den Aufenthalt zu ermöglichen.

Es gibt eine Menge Geschichten von allen möglichen hochgestellten Persönlichkeiten, die behaupten, sie hätten dieses Problem Dr. Kreisky nähergebracht. Es mag schon sein, dass auch andere Initiativen vorlagen, aber meine war sicherlich eine entscheidende, und die „hohe Frau“ hat dann Dr. Kreisky entsprechend gewürdigt.

Die Habsburg-Geschichte endet aber auch wieder an einem Schulweg.

Als ich von 1935 bis 1938 als so genannter Tagzögling in der Bundeserziehungsanstalt Wien-Breitensee war, führte mein Schulweg hinter der Großwäscherei „Habsburg“ vorbei. Diesen Namen durfte die Firma durch Einbeziehung eines ehemaligen Erzherzogs in die Gesellschafterliste führen. Erst die Nationalsozialisten beendeten die postmonarchistische Namensvariante durch die neue Firmenbezeichnung „Vereinigte Wäschereien".

Mit der Verbreitung der Waschmaschinen in den privaten Haushalten verlor dann diese Firma die Existenzgrundlage, und die zahlreichen Fahrzeuge mit der Aufschrift „Vereinigte Wäschereien, vormals Habsburg" sind heute aus dem Straßenbild verschwunden.

## „Man müsste Klavier spielen können"

So heißt ein Schlager der 20er-Jahre des vergangenen Jahrhunderts, der Refrain lautet: „Man müsste Klavier spielen können, wer Klavier spielt, hat Glück bei den Frauen", das alles bei einer schwungvollen Melodie im Tangorhythmus. Leider lernte ich aber nicht Klavier spielen, und das Glück bei den Frauen stellte sich offensichtlich deshalb bei mir relativ spät ein.

Ein Instrument muss jeder Mensch spielen können, entschied mein Vater, und zur „Schärfung des Gehörs" wurde verfügt, dass ich Violine spielen lerne. Die Violine ist ein herrliches Instrument, aber ist nicht dafür geeignet, solo gespielt zu werden. Es muss zumindest ein zweiter, ein dritter bzw. vierter oder ein Orchester vorhanden sein, um die Violine voll zur Geltung zu bringen.

Anders liegen die Dinge beim Klavier. Das Klavier ist ein Soloinstrument, und ich habe bei einigen meiner Freunde erlebt, wie die Mädchen mit schmachtenden Blick neben dem Klavier oder auf dieses angelehnt standen, wenn der Pianist, sei es ernste oder rhythmische, Musik spielte.

Beim Klavierspiel muss man die Tasten richtig wählen, und jeder Taste entspricht ein Ton. Beim Violinspiel muss man die Töne durch die Fingerstellung auf den Saiten mit dem Bogen zum Klingen bringen, und nur die Saiten sind vorgegeben, nicht aber die Fingerstellung, die muss man richtig wählen, um nicht falsch zu spielen. Das erscheint also fürs Erste wesentlich schwieriger.

Nun hatte ich aber ein gutes Gehör, und deshalb fiel mir die Auswahl der Töne nicht schwer; aber die Fingerfertigkeit und die Verschiebungen der linken Hand in die einzelnen Lagen, das war natürlich schon etwas, was man nur durch ausdauerndes Üben richtig machen konnte, und das war nicht meine Sache. Trotzdem habe ich es beim Violinspiel so weit gebracht, dass ich bescheiden in einem Laienquartett mitwirken konnte und an der zweiten Geige schließlich auch im Schulorchester in der Fichtnergasse.

Bevor ich aber dazu komme, muss ich die Anfänge des Violinspielens noch streifen. In der Bundeserziehungsanstalt waren einige private Musiklehrer tätig, die natürlich auch gesondert honoriert werden mussten, aber das war es meinem Vater wert. Die Gefürchteste war die Frau Krausl. Sie achtete genau darauf, dass pünktlich geübt und ordentlich gearbeitet wurde; mein Vater hat deshalb, nachdem er ihren „gefährlichen" Ruf erfuhr, verlangt, dass ich ihr „in die Hände gegeben werde".

Ich habe bei ihr die Grundbegriffe gelernt, und als ich im Jahre 1938 nach der Umwandlung der Bundeserziehungsanstalt in eine nationalpolitische Erziehungsanstalt dort ausschied, wurde der Violinenunterricht zu Hause fortgesetzt. Es gab also hier keinen Schulweg, sondern der Violinlehrer kam zu uns.

Mein Vater trieb einen jungen Musikstudenten auf, der sehr bemüht war, aber als er in einem unserem Zimmer ein Pianino entdeckte, fragte er meinen Vater, ob er nicht jedes Mal eine halbe Stunde früher kommen könne, um etwas Klavier zu üben, da er ein solches Instrument nicht besitze. Mein Vater fand nichts daran und gab die Erlaubnis, wusste aber nicht, welche Folgen dies haben würde.

Kaum hatte Herr Malina am Klavierstockerl Platz genommen, dröhnte es im Hause. Er spielte vorzugsweise die Ouvertüre zu Wagners „Tannhäuser“, und zwar nicht ein Mal, sondern in dieser halben Stunde die ersten 50 Takte etwa fünfzig Mal. Das Ganze eine Woche später, zwei Wochen später und immer wieder und wieder. Ich kann mich nicht erinnern, dass er jemals etwas anderes gespielt hätte. Wenn er variabel in seinen Darbietungen gewesen wäre, hätte das nicht so viel Anstoß erregt. So aber kamen natürlich dann bald Beschwerden von den Nachbarn, die den Höhenflug der Wagnerischen Musik nicht mitzumachen bereit waren.

Es musste also dieses Privileg eingestellt werden, und da meine Erfolge und Fortschritte im Violinspiel nicht sehr eklatant waren, trennten wir uns wieder von Herrn Malina.

Sein Nachfolger war Herr Hoppel, eine Achtung gebietende Persönlichkeit. Bevor diverse unter dem Schutz der Sozialdemokratie in den 30er-Jahren entstandene Arbeiter-Chorvereinigungen und -Orchester von der „schwarzen“ bzw. „braunen“ Diktatur abgeschafft wurden, war Herr Hoppel bei dieser Organisation in leitender Position tätig gewesen. Er trug den Titel „Chormeister“ und hatte wesentliche Verdienste bei der musikalischen Arbeiterbildung aufzuweisen.

Bevor die Unterrichtsstunden begannen, saß er mit meinen Eltern bei einem Kaffee, und man schimpfte auf die Nazi-Regierung, den Krieg und auf alles, was damit zusammenhing. Dann begann die Unterrichtsstunde: Ich konnte nun schon kleinere Stücke spielen, meistens mit Klavierbegleitung. Es gab zwei Mal im Jahr eine Soiree in den Räumen des Herrn Chormeisters, und die Eltern der Schüler konnten mit Vergnügen sehen, wie sich ihre Kinder an diversen Instrumenten produzierten.

Diese Zusammentreffen waren insofern interessant, als die dort zusammen kommenden Personen meistens der gleichen Gesinnungsgemeinschaft angehörten, und es ist gut, dass kein Außenstehender diese dort geführten Gespräche gehört hat, denn wir wären sonst sicherlich als eine „ganz gefährliche Verschwörung“ bezeichnet worden und eine Reihe solcher Zirkel, die sich ähnlich verhielten, endeten im Konzentrationslager oder vor den Volksgerichten mit entsprechenden Urteilen. Es wurde aber dort natürlich auch Musik gemacht. Wir spielten einmal sogar Quartett, aber einen entscheidenden Durchbruch zur ausübenden Musik habe ich nicht erreicht.

Im Bundesgymnasium in der Fichtnergasse war unser Englischprofessor auch Musikprofessor. Er war sehr ambitioniert, es wurde auch ein Schulorchester gegründet, und schließlich gelang es ihm, irgendwo eine alte Orgel aufzutreiben, die in der Schule dann aufgebaut wurde. Diese Orgel fand auch bei Schulaufführungen Verwendung; es gab einmal ein Konzert für Orgel und Orchester. Diese Musik begeisterte mich nicht sehr: Ich war damals an der zweiten Geige mitbeschäftigt, meine Funktion war aber eher bescheiden, und ich habe, glaube ich, nie richtig mitgespielt, aber das fiel nicht sehr auf, denn die Orgel übertönt alles.

Schließlich, nachdem auch dieser Professor zum Militär eingezogen worden war, übernahm mein Klassenkamerad Peter Schwarz die Führung des Orchesters. Er wurde ein sehr bedeutender Musiker. Er war Solocellist bei den Bamberger Symphonikern und zuletzt Chef des philharmonischen Orchesters in Sapporo in Japan. Er blieb dort lange Jahre; seine Familie sprach Japanisch, und nach seiner Rückkehr nach Wien war er Professor an der Musikhochschule und ist leider vor einigen Jahren gestorben.

Dieses Schulorchester, das nun von einem Schüler geleitet wurde, war eigentlich eine sehr schöne Sache. Wir haben einmal mit einem Kollegen aus unserem Kreise, der Blockflöte spielte, ein Konzert von Friedrich dem Großen aufgeführt; schließlich „verstiegen" wir uns sogar einmal zur „Symphonie mit dem Paukenschlag" von Haydn; das hat eigentlich auch ganz gut geklappt. Wir hatten genügend Musiker, und die Aufführung dieses Flötenkonzertes fand in Gegenwart der ganzen Schule statt. Der Direktor saß in NS-Parteiuniform in der 1. Reihe, alles war sehr feierlich, und zu diesem Anlass hatte

Herr Professor Feix, der literarisch tätig war – eines seiner Theaterstücke war sogar im Burgtheater aufgeführt worden – einen Prolog geschrieben. Ich weiß noch einen Satz, der lautete: „Lächelnd greift der alte Fritz zur Flöte." Es hatte sich natürlich herumgesprochen, dass dieser Prolog von Professor Feix verfasst worden sei, und als der Prolog gesprochen wurde, entfesselten daraufhin die Schüler der höheren Klassen einen Beifallssturm, der nicht enden wollte.

Schließlich wurde es dem Direktor zu dumm, er stand auf und brüllte in das Auditorium „Ruhe!", woraufhin sofort alles verstummte. Herrn Professor Feix war das natürlich alles unangenehm, obwohl es ihn sicherlich sehr ehrte, und als das Orchester geendet hatte, fühlte er sich verpflichtet, auch besonders anhaltend zu applaudieren. Der Direktor, der nicht sah, wer den Applaus spendete, stand wieder auf und brüllte „Ruhe!" ins Parkett, was eine entsprechende Heiterkeit zur Folge hatte. Auch bei einer noch so strengen Diktatur und Schulordnung wie sie in der Zeit üblich war, kann man gegen eine entfesselte Horde von mehreren Dutzend Schülern eben nicht viel machen. Jedenfalls blieb dem Direktor nichts anderes übrig, als die Heiterkeit abebben zu lassen und dann die Veranstaltung zu beenden.

Meine letzte musikalische Tätigkeit fand dann nach Kriegsende in Türnitz statt, wohin wir vor den Kriegsereignissen geflüchtet waren (ich bin „als die Wehrmacht unbefugt Verlassender!" auch zu meinen Eltern gestoßen), und wir haben dann oben am Bauernhof auf der Schaflucke musiziert. Der Altbauer hatte nur mehr drei Zähne, klemmte die Klarinette aber so geschickt dazwischen ein, dass er dem Instrument prächtige Töne entlocken konnte; mein Vater spielte Gitarre, ich Violine, und schließlich war noch der alte Hörndlbauer mit seiner Zieharmonika dabei, und wir spielten „Landler" und „Polka", und es war sehr lustig. Die Mädchen am Hof tanzten dazu, und die Stimmung war fröhlich, denn der Krieg war zu Ende gegangen.

Mein musikalisches Interesse konzentrierte sich in der Folge auf Schallplatten, Tonbänder und CDs. Am Weihnachtsabend habe ich ein paarmal noch „Stille Nacht“ gespielt, aber wenn ich Klavier spielen gelernt hätte, wäre wahrscheinlich die Musikpflege erhalten geblieben.

Das Klavier wurde übrigens in der Nachkriegszeit gegen eine große Lebensmittellieferung eingetauscht.

## Vergebliche Fächer

Die Vielfalt der Lehrgegenstände, die von den Schülern konsumiert wurde, bezeichnete man damals als „notwendige Geistesschulung“. Ich bestreite, dass das eine „notwendige Geistesschulung“ war und ich glaube, dass ich mit dieser Beurteilung Recht habe, weil ein Großteil dessen, was man lernte, heute völlig überholt ist.

Aus der damaligen Sicht war nicht alles überflüssig, und im Nachhinein kann man leicht klug sein; aber was wir damals alles in Mathematik gelernt haben, ob das notwendig war, auch aus damaliger Sicht, wage ich zu bezweifeln.

Von der NS-gefärbten Geschichte gar nicht erst zu reden. Latein war lange Zeit eine Bildungsschranke, ob zu Recht oder zu Unrecht, sei dahingestellt. Griechisch, das ich im humanistischen Gymnasium studierte, hatte zumindest den Vorteil, dass die Berührung mit der hellenischen Kultur etwas war, was sicherlich das Welt- und Geschichtsbild zu prägen imstande war. Homer im Original zu lesen ist natürlich schon eine besondere Sache gewesen.

Etwas, was allerdings einmal sehr bedeutend war und es zumindest bis zum Ende des Jahrhunderts geblieben ist, das waren Kurzschrift und Maschine schreiben. Stenografie wurde in einem Zusatzunterricht am Nachmittag im Gymnasium angeboten und natürlich diese Möglichkeit von mir ergriffen.

Mein Vater lehrte übrigens auch Stenografie, und ich kann es sogar heute noch ganz gut, obwohl ich durch meine berufliche Tätigkeit fast überhaupt nichts mehr schreibe, sondern das meiste auf Tonband diktiere bzw. heute alles mit dem Computer gemacht wird.

Kurzschrift wurde am Nachmittag den Schülern von einem auswärtigen Lehrer dargeboten, und wir waren natürlich vor Beginn der Unterrichtsstunde zu allerlei Unfug bereit. Als sich der Lehrer einmal verspätet hatte, geschah eine schreckliche Untat. Auf Podesten waren altgriechische Helden und Persönlichkeiten des Humanismus aufgestellt, und einer unserer Mitschüler hatte einer dieser Skulpturen – ich glaube, es war Perikles, der große Athener Staatsmann – einen Hut aufgesetzt, dabei ist diese Skulptur vom Sockel gefallen und in tausend Stücke zerschellt. Wir ergriffen alle die Flucht, wurden aber entdeckt und mussten dann für diese Figur eine Entschädigung zahlen, was uns natürlich bei unserem geringen Taschengeld enorm wehgetan hat. Aber eine neue Skulptur wurde nicht angeschafft. Das Geld ist irgendwo „versandet".

Wir haben Stenografie gelernt, und ich habe, als ich Jahre später als Rechtspraktikant tätig war, aus diesem Lehrstoff sogar Nutzen ziehen können. Allerdings musste ich die Protokolle, die ich als Hilfskraft des Untersuchungsrichters im Straflandesgericht Wien aufnahm, dann mit Maschine übertragen. Nun hatte ich zwar auch Maschine schreiben gelernt, ich kann noch immer „asdfjklö" mit zehn Fingern schreiben, habe es aber nie richtig beherrscht, und deshalb brauchte ich immer sehr lange, bis die Protokolle übertragen waren. Ich fand dann einen Ausweg, indem ich sie einfach in Langschrift handschriftlich ablieferte. Meine Langschrift war aber so schlecht lesbar, dass sicherlich ein Großteil der von mir vernommenen Personen deswegen freigesprochen werden musste. Ich habe also damit schon damals meine Position auf der Verteidigerseite zum Ausdruck gebracht.

Die Tätigkeit als Rechtspraktikant beim Untersuchungsrichter war übrigens auch deshalb recht abwechslungsreich, weil mein Ausbildungsrichter jemand war, der furchtbar gerne aß. Dagegen wäre nichts einzuwenden gewesen, die Mittagspause ist entsprechend ausgedehnt worden, das war ja kein Nachteil. Aber ich erschien also um 8 Uhr oder 8.30 Uhr zum Dienstantritt, und wenn nicht gerade eine Vernehmung stattfand, dann sprach er über das Essen. Ich hatte um 11 Uhr schon einen solchen Hunger, dass ich fast nicht mehr atmen konnte, wenn er schilderte, was er alles Gutes gegessen hatte.

Es war so ähnlich wie das berühmte Gedicht von Weinheber, „Der Phäake", wo alle guten Speisen aufgezählt werden und man dann einen solchen Appetit bekommt, dass man schnell etwas essen muss, um nicht krank zu werden.

Was dann das Essen im Straflandesgericht („Graues Haus") in Wien betrifft, erinnere ich mich an eine Episode, die auch wert ist, erzählt zu werden.

Ich erfuhr eines Tages während meiner Diensttätigkeit, dass es auch meine Aufgabe sei, den diensthabenden Richter zur Häftlingsvisite und in die Küche zu begleiten. Ich wusste nicht, was ich zu tun hatte. Bei diesem Richter handelte es sich um einen sehr arroganten, hochfahrenden Mann, für den ein Rechtspraktikant jedenfalls eine Person war, die meilenweit unter ihm stand.

Zunächst einmal machte ich den Fehler, mich nicht im „Gesperre" aufzuhalten. Nach etwa einer halben Stunde erschien der Gewaltige und brüllte mich an. Meine Erwiderung, das hätte mir kein Mensch gesagt, ließ er nicht gelten. Jedenfalls gelangte ich mit Verspätung ins Gesperre, und die Visite spielte sich folgendermaßen ab. Ein Justizwachebeamter rasselte mit den Schlüsseln, sperrte die Zelle auf und rief hinein: „Bitten, Beschwerden!" Wenn sich niemand meldete, rums, wurde die Tür zugeworfen, der Schlüssel umgedreht und es folgte die nächste Zelle. „Bitten, Beschwerden!" Wurden dann irgendwelche Wünsche geäußert, musste ich aufschreiben, um was es sich handle, und so ging es weiter.

Bei dieser Visite habe ich auch zwei Bekannte aus meiner Jugendzeit in den Zellen getroffen. Es waren die Söhne eines Nachbarn, der wegen seiner tollen Erziehungserfolge allgemein geachtet wurde. Die Söhne parierten aufs Wort, und es wurde beiden aufgrund ihrer guten Erziehung eine glänzende Karriere vorausgesagt. Ich konnte jedenfalls diese Feststellung nicht machen, als ich die beiden „im Häfen" sah. Sie zu begrüßen, traute ich mich wirklich nicht, denn ich glaube, der Richter hätte mich womöglich auch einsperren lassen.

Schließlich gelangten wir in die Küche. In dieser war für den Herrn Rat gedeckt, es gab ein wunderschönes Essen, nämlich ein Schnitzel, dazu Reis, einen guten Salat, davor eine gute Suppe. Alles stand da, und der Richter setzte sich nieder, nahm ein paar Löffel Suppe, aß das halbe Schnitzel, stocherte ein bißchen im Reis herum, während mir das Wasser im Mund zusammenlief. Dann erklärte er: „Machen Sie die Eintragungen im Buch", und entfernte sich.

„Welche Eintragung im Buch?" fragte ich den diensthabenden Justizwachebeamten.

Er sagte: „Ganz afach, Herr Doktor, da schreiben S' hin, wo steht Essen, gut und reichlich, dann unterschreiben S' und die Sach' ist erledigt."

Mein Widerstand regte sich bereits, ich hoffte, auch eine solche Essensprobe wie der Herr Rat zu erhalten, und sagte: „Ich kann das nur schreiben, wenn ich das Essen auch kosten kann."

„Selbstverständlich", sagte der Beamte. Das Essen für den Herrn Rat war bereits weggeräumt, er ging nach hinten, da war eine Schüssel mit einem gräulichen Gemüse, das schon widerlich dampfte, dazu gab es gefrorene Erdäpfel, und das warf er mir auf einen Teller und sagte zu mir: „Bitte, kosten Sie."

Meine Wut war geweckt. Ich kostete das Essen, dann nahm ich das Buch und schrieb hinein: „Ungenießbar und viel zu wenig."

Der Justizbeamte bemerkte das gar nicht einmal und nahm

an, ich hätte gut und reichlich hingeschrieben und unterschrieben, und sagte: „Auf Wiedersehen, Herr Doktor."

Ich ging hinauf in mein Zimmer, keine zehn Minuten später hieß es: „Melden Sie sich sofort beim Herrn Rat B." Mir schwante Böses, ich ging hin und wurde gleich angebrüllt. Ich erinnerte mich an die Zeiten beim Militär und auf einmal fiel mir ein, dass ich ja gar nicht mehr beim Militär war, dass ich ein freier Bürger eines demokratischen Landes war, ja gar nicht den Richterberuf anstrebte, sondern nur Rechtsanwaltsanwärter war, und dachte: Was glaubt der Justizmogul eigentlich, was erlaubt der sich?

Mein Widerstand erwachte also wieder, und als er von mir verlangte, sofort in die Küche zu gehen und die Beurteilung hinsichtlich des Essens entsprechend zu korrigieren, lehnte ich ab. Ich sagte dem Herrn Rat, nach meiner Überzeugung müsse ich eine Meinung abgeben können und es stehe ihm frei, selbst zu korrigieren, und er solle mich mit diesem Problem in Ruhe lassen.

Wutschnaubend entließ er mich. Und nun trat folgendes Problem auf: Ich hatte so dick geschrieben, dass man diesen Vermerk nicht ausbessern und nicht beseitigen konnte. Der Herr Rat riss einfach die Seite heraus (so wurde mir berichtet), und nun stürzte der protokollführende Beamte herbei und sagte: „Herr Rat, das können S' doch net mach'n, die Seiten san ja durchnummeriert und die föhlt ja." Nun war guter Rat teuer. Was musste geschehen? Das ganze Buch (der Fall ereignete sich bereits gegen Jahresende) musste neu (ca. 300 Seiten) geschrieben werden, um meine Beurteilung über das Essen auszumerzen!

Meine Beurteilung im Straflandesgericht, die „ausgezeichnet" gelautet hätte, wurde auf allerhöchsten Auftrag in „gut" umgeändert. „Gut", das war bei Rechtspraktikanten das Letzte, was man als Qualifikation erhalten konnte, aber mir war es gleichgültig, es hat mir auch nicht geschadet, und ich habe eine lustige Erinnerung mehr zu bieten.

## Der Weg zu den „Hohen Schulen“

Nach der Reifeprüfung, die angesichts der Notwendigkeit, die Maturanten möglichst schnell zur Deutschen Wehrmacht zu bringen, bereits im Februar stattfand und von mir zwar nicht „mit Glanz“, aber relativ sicher bestanden wurde, erhielt ich die Aufforderung, zu einer Berufsberatung zu kommen, denn im nationalsozialistischen Staat war alles irgendwie geregelt und reglementiert, das auch noch im vierten Kriegsjahr 1943.

Ich begab mich also dorthin, und auch schon zu dieser Zeit gab es gewisse Tests und Fragebögen, die ich alle brav ausfüllte, und man befand nachher, dass ich für eine Tätigkeit im Wirtschaftsleben, mit dem Ziel, wie es damals hieß, ein so genannter „Wirtschaftsführer“ zu werden, geeignet wäre. Dazu war als Hochschulausbildung in Wien die so genannte „Hochschule für Welthandel“, heute die „Wirtschaftsuniversität“, vorgesehen.

Die Hochschule befand sich im 19. Bezirk gegenüber einem ausgedehnten Park in einem im späten Jugendstil errichteten Haus, und ich inskribierte die entsprechenden Fächer, nämlich Wirtschaftsgeographie, Buchhaltung, natürlich Volkswirtschaftslehre, Betriebswirtschaft und Englisch sowie etliche Nebenfächer.

Zur „WH“, wie diese Schule damals abgekürzt genannt wurde, fuhr ich mit der Stadtbahn bis zur Nussdorferstrasse, und von dort musste man etwa fünf Minuten gehen. Immer zur gleichen Zeit kam ein Zug aus Richtung Hütteldorf und ein Zug aus Richtung Donaukanal an, und in diesem Gegenzug fuhr ein damals sehr hübsch erscheinendes Mädchen, und nachdem ich sie immer zur selben Zeit gesehen hatte, wagte ich, sie anzusprechen.

Das kann sich heute niemand mehr vorstellen, wie sich so etwas damals „abgespielte“. Es war nicht so wie heute, wo man sich trifft, alle sind per Du, und man kommt sehr schnell zur

Sache. In jener Zeit herrschten eben noch, zumindest unter den Hochschülern und Studenten, etwas verfeinerte Bräuche.

Wir trafen uns also in der Folge immer wieder. Die Bekanntschaft mit Maria war auch aus einem anderen Grunde eher positiv, weil sie die Tochter eines Feinkosthändlers aus dem 2. Bezirk war, und im 3. Kriegsjahr gab es zwar so viel zu essen, dass man nicht verhungerte, denn der nationalsozialistische Staat konnte, wenngleich auf Kosten der besetzten Gebiete, die deutsche Bevölkerung einigermaßen ordentlich ernähren, aber „Zubußen", speziell aus einem Feinkostgeschäft, waren natürlich sehr gefragt.

Wenn wir also ein Rendezvous hatten, brachte Maria immer ein „Fresskörbchen" mit, wir gingen in Konzerte und Theater, und das wars auch schon. Zu weiteren Annäherungen wagte ich mich damals noch nicht vor, ich kam dann zum Militär und traf Maria erst wieder nach dem Krieg.

Sie hatte im 2. Bezirk den „Russensturm" (siehe Anhang) erlebt, mit den entsprechenden Folgen, und es ist begreiflich, dass sie nachher von Männern nichts mehr wissen wollte.

So habe ich also ein Semester Welthandel studiert. Das war deshalb möglich, weil ich beim Militär bis zum Herbst zurückgestellt war. Ein Vorteil bestand in der Folge darin, dass mir beim Jusstudium dieses eine Semester im dritten Studienabschnitt angerechnet wurde, aber der Einblick in das Wirtschaftsleben war für mich damals neu, interessant und irgendwie auch überwältigend.

Es gab dort in der Volkswirtschaftslehre zwei Professoren. Einer war der spätere, nach Ansicht vieler sehr erfolgreiche Finanzminister Dr. Kamitz, der andere ein Deutscher, ein ehemals erfolgreicher Mann in der Wirtschaft mit dem klingenden Namen Nöll von der Nahmer. Ich erinnere mich noch an dessen Vorlesung über die Konjunkturzyklen. Diese zyklische Wirtschaftsentwicklung habe bereits der, wie er sagte, jüdische Finanzminister im alten Ägypten (der biblische Josef mit seinem „Sieben fette Jahre, sieben magere Jahre") erkannt, und sie habe sich bis in die Gegenwart immer wieder ereignet. Das alles erfuhren wir in einem deutschen Industriellen eigenen bestimmenden, leicht überheblich klingenden Vortrag, der die Studenten und auch mich faszinierte.

Von Professor Kamitz ist mir nur in Erinnerung geblieben, dass er bei der Geschichte der Lehrmeinungen der Volkswirtschaft erklärte, man könne den Briten Riccardo deshalb „übergehen", weil er ja Jude gewesen sei.

Die Zeit in der Hochschule für Welthandel war für mich dann in der Nachkriegszeit nicht nur wegen des angerechneten Semesters bedeutsam, sondern ich war dort, ohne dass ich etwas dazu tat, in die „NS-Studentschaft" aufgenommen worden, und nach dem Krieg richtete das Personalreferat der österreichischen Hochschülerschaft eine vertrauliche Anfrage an die damals zuständige „Sektion Flötzersteig" der sozialistischen Partei, ob was Näheres über die Nazitätigkeit meiner Person bekannt sei. Meine Eltern sind damals aus allen Wolken gefallen, und es hat einiger Mühe bedurft, das alles aufzuklären.

Der NS-Studentenführer an der Hochschule für Welthandel fiel übrigens bei Professer Nöll von der Nahmer, der keinerlei Rücksichten kannte, bei der Diplomprüfung durch. Natürlich wurde eine weitere Prüfung bei einem anderen Professor angeordnet, die der Studentenführer dann bestand. Was weiter geschah, weiß ich nicht mehr, aber jedenfalls war es damals Gesprächsstoff unter den Studenten.

Ab Oktober 1943 folgte der Dienst in der deutschen Wehrmacht. Da ich eine schwere Lungenrippenfellentzündung bekam, gelang es mir, nach der Ausbildung im damaligen Wehrmachterholungsheim Semmering im „Hotel Panhans" in der Dependance zwei Monate zu verbringen, und eines Tages kam der zuständige Hauptfeldwebel (genannt „Spieß") und verlas, dass für Studenten der juridischen Fakultät in Wien, sofern sie in Lazaretten in Wien und Umgebung befindlich seien, ein so genannter „Hochschulzwischenkurs" abgehalten werde und man könne sich zur Teilnahme melden.

Ich meldete mich natürlich sofort, erklärte dem „Spieß", dass Welthandel und Jus dasselbe seien, was er freundlicherweise oder auch aus absoluter Unkenntnis akzeptierte, und am nächsten Tag fuhr ich, bereits ausgestattet mit allen erforderlichen Dienstausweisen, nach Wien. Ich meldete mich bei der Universität Wien zur Antestur, das nächste Mal war ich dort bei der Abtestur, bekam ein schönes Zeugnis darüber, an den Übungen und Vorträgen teilgenommen zu haben, und das ermöglichte es mir, infolge Anrechnung das spätere Jusstudium an der Universität Wien in der unglaublich kurzen Zeit von zweieinhalb Jahren zu absolvieren, was heute natürlich absolut unmöglich ist. Aber ich glaube doch, stolz sein zu können, dass ich in dieser kurzen Zeit das Studium schaffte und so rasch, mit 23 Jahren, trotz zweijähriger Militärdienstzeit, ins Berufsleben eintreten konnte.

Der Schulweg zur „hohen Schule" führte also zur Universität Wien und nicht mehr zur Hochschule für Welthandel. Das aus folgendem Grund: Mein Schulkollege, der spätere Präsident des Verwaltungsgerichtshofes, Dr. Viktor Heller, der mit knapp 60 Jahren bei einem Vortrag vom Schlag getroffen wurde, – er war einer der gescheitesten und besten Juristen, die unser Land jemals hervorgebracht hat – meinte, als wir uns nach dem Krieg trafen, dass angesichts der Situation Österreichs und des Abtransportes aller Maschinen und Fahrzeuge durch die russische Besatzungsmacht das Studium der Wirtschaftswissenschaften keine Zukunft habe und ich doch Jus studieren solle. Da stünden mir der gesamte Staat offen, die Richterschaft und unter Umständen auch die Advokatur und das Notariat.

Diese Argumentation überzeugte mich, ganz abgesehen davon, dass mein Schulfreund Viktor und ich uns immer auf den jeweiligen damals möglichen Verkehrsmitteln, nach den beträchtlichen Kriegsschäden, trafen und gemeinsam zur Universität fuhren und die Vorlesungen dann gemeinsam besuchen konnten.

Der damalige „hohe Schulweg“ war gar nicht einfach. Durch die Stadt zogen Kolonnen von Kriegsgefangenen, die von den Russen nach Osten gebracht wurden, jeweils auf einen Bahnhof zum Abtransport, zum Teil zum Abtransport mit Fahrzeugen, zum Teil zu Fuß. Und natürlich waren in diesen Kolonnen so und so viele Österreicher, die sich bei jeder Gelegenheit, die sich bot, „entfernten“. Wenn dann die Zahl nicht stimmte, dann löste die russische Begleitmannschaft das Problem einfach in der Form, dass sie irgendjemanden, ob Passant oder Zuschauer, „einreihte“. Ein Bekannter, der als Richter tätig und bisher aufgrund seiner Position und seines Alters dem Militär entgangen war, wurde auf diese Weise „eingefangen“ und musste den Kriegsgefangenenzug bis nach Rumänien „begleiten“ bzw. wurde dort hintransportiert. Erst nach beträchtlichen Mühen gelang es ihm, nach etwa drei Monaten wieder nach Wien zurückzukommen.

Mein Schulfreund und ich gingen also mit großer Vorsicht durch die Stadt. Einmal kamen in der Alserstraße drei russische Soldaten und hielten uns auf, um uns zu irgendeiner Arbeit einzuteilen. Ich ergriff sofort die Flucht, konnte sehr schnell laufen, dies in Zick-Zack-Bewegung, damit man mir nicht nachschießen konnte, und ich bin „davongekommen“. Mein Schulfreund, der eine rot-weiß-rote Armbinde trug und meinte, dass er aufgrund seiner Position als „Verfolgter“ mit den Russen keine Schwierigkeiten haben werde, musste zwei Tage lang in einer Küche arbeiten, bis er wieder in Freiheit gesetzt wurde!

Ich begann also das Jusstudium an der Universität Wien und legte den Schulweg anfangs zu Fuß, dann, als die Straßenbahn bis zum Gürtel verkehrte, ab dem Gürtel und dann mit der Straßenbahnlinie 49 zurück.

In diese Zeit fällt der Beginn meiner politischen Tätigkeit, die aber in diesem Zusammenhang keine Erörterung finden soll. Ich unternahm damals auch meine ersten journalistischen Versuche, aber der damalige Chefredakteur der „Arbeiterzeitung“, der berühmte Dr. Pollak, hat mir unmissverständlich gesagt: „Junger Freund, zuerst machen sie Ihr Studium fertig (damals war man auch in der politischen Organisation noch streng per Sie) und dann kann man über eine politische Tätigkeit sprechen.“

Zu einer hauptberuflichen politischen Tätigkeit bin ich nicht gekommen, weil ich den Anwaltsberuf ergriffen habe, aber in einigen Dingen glaube ich, ganz interessant „mitgemischt“ zu haben, und mit dem Studium bin ich auch, wie ich bereits ausgeführt habe, sehr früh fertig geworden.

Persönlichkeiten der Fakultät sind mir in Erinnerung geblieben: So in Völkerrecht Prof. Verdroß-Droßberg, der auch Südtiroler war, Rektor Prof. Adamovic, einer aus der Vorvorgeneration des späteren Präsidenten des Verfassungsgerichtshofes, der berühmte Zivilprozessrechtler Dr. Schima, der berühmte Kriminologe Dr. Grassberger und natürlich auch die Rechtslehrer in den Rechtskursen, die eine Art „Nebenuniversität“ bildeten und im Gegensatz zur „hohen Schule“ Praxiswissen vermitteln konnten. Da gab es den berühmten Rechtskurs von Dr. Weiß, der mit dem Slogan arbeitete: „In 6 Monaten prüfungsreif vorbereitet“, und das hat er wirklich eingehalten, sogar auch ein Jahrzehnt später, bei meiner Anwaltsprüfung.

Der Weg zur „hohen Schule“ war in der ersten Nachkriegszeit beschwerlich. In den Parks lagen noch die Kadaver von Pferden, die Leichen von Soldaten, es wurden Gräber aufgeworfen. Mit der Zeit normalisierte sich alles. Die Uni bekam wieder Fenster, die eingestürzten Gebäudeteile nach den schweren Luftangriffen des Jahres 1945 wurden wieder aufgebaut. Die Selbstverwaltung der Studenten wurde eingerichtet, und für Juristen gab es wirklich keine Existenzprobleme, wer fertig wurde, hatte seinen Posten sicher. Ich hatte Angebote für die Sozialversicherung und als Sekretär für zwei Minister.

Ich habe mich über Rat des damals sehr bekannten Advokaten Dr. Kurt Scheffenegger, der inzwischen auch verstorben ist, entschieden, den Anwaltsberuf zu ergreifen. Es war dies kein leichter Weg. Mein Chef war eine überragende Persönlichkeit und geschätzt wegen seiner Anständigkeit, seiner Integrität und seines Wissens besonders im Arbeits- und Sozialrecht. Aber im persönlichen Umgang war er schwer zu ertragen.

Aber ich hielt durch, bis ich meinen späteren Berufspartner traf, und wir beschlossen, gemeinsam eine Anwaltskanzlei zu eröffnen. Und das ist fast 50 Jahre her!

Als wir einmal gemeinsam ein Jubiläum feierten, sagte er: „Ich kann mich nicht erinnern, jemals mit dir gestritten zu haben!“ Welches Ehepaar kann nach einem halben Jahrhundert das von sich sagen. Im vergangenen Jahr ist Dr. Robert Amhof verstorben und ich habe beschlossen, nach 55 Jahren aus dem aktiven Berufsleben zu scheiden.

Nach der feierlichen Promotion an einem wunderschönen Frühlingstag, als die blühenden Bäume vom Rathauspark herüberdufteten und die Doktoranden mit ihren großen Rollen, in welchen sich die Diplome befanden, aus der Universität herausfluteten, begleitet von glücksstrahlenden Eltern und Verwandten, Geschwistern und dergleichen, habe ich mir gedacht: Das ist jetzt der letzte Schulweg deines Lebens.

Aber es sollte anders kommen.

Die Motorisierung der 50er-Jahre stand bevor, und nach Beendigung der Konzipientenzeit und der Gründung einer eigenen Kanzlei war es selbstverständlich, dass als nächstes ein Fahrzeug angeschafft wurde und das ist dann die nächste und, wie ich glaube, letzte Geschichte über meine Schulwege.

Auf die Tanzschule hätte ich fast vergessen. Und auch diese Geschichte muss noch eingeschoben werden.

# Die Tanzschule

Violine spielen brachte mich also den Mädchen nicht näher. Ich habe schon in einer der Vorgeschichten ausgeführt, dass man zu dieser Zeit nicht so schnell zur Sache kam wie heute, und dazu kommt noch, dass ich vielleicht überhaupt etwas spätreif war.

Nach 1945, unter dem Einfluss der amerikanischen Musik, es war die Boogie-Woogie-Zeit, gab es in Wien an jedem Eck irgendein Tanzlokal. Es gab schöne Bars, ausgezeichnete Tanzorchester und Musikfilme. In Salzburg habe ich, als ich mich zwei Monate nach Kriegsende zur Lebensmittelbeschaffung dorthin durchschlug, den berühmten Film „Adoptiertes Glück" gesehen, in welchem die bekannten Glenn-Miller-Schlager „In the mood" und „Sentimental journey" erklangen, und da hieß es natürlich mitmachen, und das Tanzen ist bekanntlich eine sehr gute Gelegenheit, dem weiblichen Geschlecht nahezukommen.

Nun bestand für mich ein gewaltiges Hindernis: ich konnte nicht tanzen. Also fasste ich den Entschluss, tanzen zu lernen.

Es gab aber damals nach dem Krieg noch keine richtigen Tanzschulen, also wurde mir eine versierte Tanzlehrerin, die eine Tanzschule gehabt hatte und im 1. Bezirk wohnte, empfohlen. Die Tanzschule durfte sie nicht betreiben, weil sie der nationalsozialistischen Partei angehört hatte und daher gefürchtet wurde, dass sie beim Tanzen einen schädlichen Einfluss auf die anvertraute Jugend ausübe.

Ich begab mich also zu der Dame und vereinbarte mit ihr Privatstunden; das war ihr ganz angenehm, weil sie ja zu der Zeit keinen anderweitigen Verdienst hatte, und ich wiederum hatte keine Tanzpartnerin außer der Tanzlehrerin.

Sie war eine Dame von damals etwa 50 bis 60 Jahren. Ich hatte natürlich keine „unbedingte" Freude dabei, denn die prickelnden Erlebnisse, die man sonst in der Tanzschule vielleicht hat, blieben mir verwehrt, aber ich lernte ganz gut die damaligen Tänze wie Fox, Tango und dann die Modetänze Samba und was alles danach kam.

Und als ich eines Tages wieder zu ihr kam, hatte sie sehr nett gedeckt, einen Tee und Brötchen mit Butter, was damals eine Seltenheit war, und brachte schließlich ihr Anliegen vor. Sie wusste, dass ich in der österreichischen Hochschülerschaft eine Funktion hatte, und meinte, ich könne ihr helfen, dass sie die „nationalsozialistische Belastung wegbekäme" und ihre Tanzschule wieder aufsperren könnte. Ich habe also demgemäß dann brav, wie es damals üblich war, eine Erklärung unterschrieben, dass ich die Frau Sowieso seit Jahren kenne, dass sie immer insgeheim an Österreich geglaubt habe und was man damals in solche Schriftstücke hineingeschrieben hat. Jeder ehemalige Nationalsozialist hatte so einige Helfer, die ihm solche Bestätigungen ausstellten. Es nützte wahrscheinlich nichts, denn mit der Zeit wurde ja die Belastung in fast jedem Fall gelöscht; ausgenommen jene Fälle, in denen tatsächlich irgendwelche Beteiligungen an Verbrechen nachgewiesen wurden.

Jedenfalls habe ich bei dieser Dame die ersten Tanzschritte gelernt, bin dann, glaube ich, auch ein ganz passabler Tänzer geworden und habe die dadurch gebotenen Möglichkeiten entsprechend ausgebaut. Es gab damals herrliche Studentenbälle, es gab sehr gute studentische Orchester, insbesonders die Technikerband war ausgezeichnet. Die Studentenorganisation, der ich dann vorstand, sicherte durch die veranstalteten Bälle ihr Jahresbudget. Es war jedesmal sehr schön und man musste möglichst viel Prominenz dabeihaben: Ich kann mich noch gut daran erinnern, wie meine damalige Freundin – die ich schon vor Jahrzehnten aus den Augen verloren habe – am Arm des damaligen Bürgermeisters von Wien und späteren Bundespräsidenten General Körner in den Ballsaal des von uns veranstalteten Balles einzog.

Ich bin auch später immer gerne tanzen gegangen. Ich brauche in meinem Leben überhaupt immer Musik, möchte immer Musik bei mir haben, und wenn ich in einem Restaurant sitze, möchte ich auch etwas Musik hören. Es ist ganz interessant: getreu dem Grundsatz, dass sich Gegensätze anziehen, haben diese meine Neigungen bei meinen Lebenspartnerinnen leider keinen Anklang gefunden, aber das ist ja schließlich auch nicht das Wichtigste.

## Der allerletzte Schulweg – Vom Fußgänger zum Autofahrer

Wie im vorigen Kapitel schon angedeutet, erreichte die Motorisierungsschwelle Österreich in den 50er-Jahren des vergangenen Jahrhunderts.

Am Anfang erfolgte diese Motorisierung noch recht zaghaft. Es gab genügend Parkplätze, wenn es zu Blechschäden kam, war das jedes Mal eine „Staatsaffäre", die Polizei schritt auch bei Kratzern am Kotflügel ein, mit nachfolgenden langen Verwaltungsverfahren. Eine Fahrt ins Ausland erforderte langes Anstellen, um die erforderlichen Autoreisedokumente und Zollpapiere zu erhalten. Die Autobahnen, soweit sie vorhanden waren, glichen einem „Fleckerlteppich", nach einigen Kilometern Autobahn kamen immer schmale Straßen, aber der Anfang war gemacht. Wer ein Auto besaß, gehörte der „gehobenen Klasse" an.

Die gängigen Typen waren damals größtenteils Fahrzeuge, die man heute als Kleinwagen bezeichnen würde. Am häufigsten vertreten waren die „Käfer" der Firma VW; damaliger Kaufpreis war ca. 38.000 Schilling. Dann produzierte Renault kleine Fahrzeuge, die erschwinglich waren. Wer etwas mehr Geld hatte, leistete sich einen Ford Taunus. In der Mittelklasse groß im Geschäft war die Firma Opel mit dem berühmten „Olympia", später mit Panoramascheibe.

Es gab bei den Fahrzeugen nur kurze Serviceabstände, der Ölwechsel musste sehr häufig stattfinden, Elektronik gab es nicht, statt Blinkern noch vielfach Winker, aber die vier Räder bewegten sich, und die Motorisierung des Volkes war nicht aufzuhalten.

Wenn man bedenkt, dass heute die meisten Familien nicht nur ein oder zwei, sondern, wenn die Kinder erwachsen werden, drei bis vier Autos besitzen, ist es kaum zu glauben, dass damals schon ein gehobenes Einkommen dazu gehörte, um ein Fahrzeug zu erwerben und dieses auch zu erhalten.

Vorher aber war der Besuch einer Fahrschule, verbunden mit dem Erwerb des Führerscheines, erforderlich. Über freundschaftliche Empfehlung einer Studienkollegin begab ich mich daher in eine Fahrschule, die den Vorteil hatte, dass ein entsprechender Rabatt bei der Kursgebühr gewährt wurde, was allerdings nicht von Bedeutung war, denn das Teure waren damals – wie heute – die Fahrstunden. Aber diese Fahrschule hatte einen sehr guten Ruf und, was damals sehr wichtig war, auch offensichtlich gute Kontakte zu Prüfern.

Die Prüfer, meist Magistratsbeamte, waren sehr unterschiedlich. Es gab eine ganze Reihe von qualifizierten Beamten, die auf vernünftige Weise feststellten, ob der Kandidat geeignet war, auf den Verkehr losgelassen zu werden. Aber es gab auch skurrile Typen. Einer war besonders gefürchtet, bis es den vereinten Bemühungen der Fahrschuleninhaber gelang, ihn endlich abzuschießen. Er hatte eine Liste von Standardfragen, die in ihrer Beschränktheit unüberbietbar waren, aber natürlich von den Fahrschulinhabern, welche alle bei den Prüfungen anwesend waren, den ihnen anvertrauten Schülern mitgeteilt wurden, wodurch diese sich auf die entsprechenden Antworten vorbereiten konnten.

Glanzpunkt dieser Fragen war: „Wie besteigen Sie ein Fahrzeug?“ Die Antwort hatte zu lauten: „Gesund und nüchtern.“ Wer etwas anderes antwortete, dem wurde gesagt, dass er in 14 Tagen neuerlich zur Prüfung antreten müsse. Dann wusste dieser Prüfling allerdings schon, dass er gesund und nüchtern sein musste, und hat dann die Prüfung mit Glanz und Gloria bestanden.

Es wurde also im Fahrschulunterricht Wert auf Verkehrsregeln und Grundregeln der Funktion des Motors gelegt, und das Aufregende waren natürlich dann die Fahrstunden. Zum ersten Mal hinter dem Lenkrad zu sitzen und durch die Straßen zu fahren war natürlich ein Ereignis.

Ich kann mich an meine erste Fahrstunde erinnern. Sie führte mich zum Gürtel, der damals keine Einbahn war und ich fuhr natürlich, so wie die meisten Fahrschüler, viel zu schnell, weil man noch kein Abschätzungsvermögen hatte. Der neben mir sitzende Fahrschulinhaber raunzte ständig: „Net so schnell, net so schnell!“, und mit der Zeit habe ich dann auch gelernt, die Fahrgeschwindigkeit nicht nur dem erlaubten Limit, das damals in der Stadt noch 40 km/h betrug, sondern auch den Notwendigkeiten des Verkehrs anzupassen.

Unterrichtet wurde meistens nicht vom Fahrschulinhaber, sondern von seinen beiden Söhnen. Der eine war ein Diplomingenieur, hochgebildet, überlegen, leicht spöttisch und der Schwarm aller Fahrschülerinnen. Viele von ihnen versuchten für die letzte Fahrt am Abend eingeteilt zu werden, mit der Begründung, dass sie ja auch bei Straßenbeleuchtung fahren lernen müssten, und es gab da recht lustige Episoden über interne Intrigen zwischen den Damen, um die begehrte Einteilung zu erlangen.

Der zweite Sohn des Inhabers war eher unscheinbar, aber ein ausgezeichneter Pädagoge. Bei ihm habe ich eigentlich richtig fahren gelernt. Insbesondere das Einparken war damals ein sehr wichtiger Bestandteil des Fahrunterrichtes, hingegen hat während des Fahrschulbesuches damals noch niemand darauf hingewiesen, was Aquaplaning ist, oder wie man sich bei Schnee und Eis verhält: Das alles konnte man sich erst in der Praxis – manchmal erst nach leidvoller Erfahrung – aneignen.

Bei meiner Fahrprüfung bestand eine Schwierigkeit darin, dass ich auf einem Ford Taunus lernte. Das war damals ein Fahrzeug mit drei Gängen, das aber sehr „gutmütig“ war, im ersten Gang allerdings keine Synchronisierung hatte, man musste also kurz „Zwischengas“ geben. Niemand weiß heute mehr, worum es dabei geht. Es sei also kurz erklärt: Die Umlaufgeschwindigkeit der Zahnräder musste durch einen kurzen Kick auf das Gaspedal im Leerlauf angepasst werden. Ich habe mich mit dem Fahrzeug sehr gut vertragen. Leider fiel dieser Wagen bei der Prüfung aus, und ich musste mit einem VW fahren. Und das war natürlich etwas ganz anderes. Der VW hatte vier Gänge und ich hatte keine Gelegenheit zum vorherigen Einfahren. Der Fahrschulinhaber, der mich begleitete, sagte: „Regen Sie sich nicht auf, es wird schon gehen“, und es ist Gott sei Dank gegangen. Mein erstes Fahrzeug war dann auch ein blauer VW, den ich fünf Jahre lang fuhr und, wie es bei dieser Marke üblich war, um einen ganz guten Preis verkaufen konnte.

Nachher fuhr ich lange diverse Fordmodelle, seit etwa dreißig Jahren bin ich der Firma BMW treu und, beginnend bei „1500“, nach und nach bis zur Spitze aufgerückt. Ich sage immer: „Das Fahrzeug und der Besuch beim Spitzenfriseur sind der einzige Luxus, den ich mir leiste.“ Na ja, ganz so schlimm ist es nicht, aber wenn man älter wird, soll das Fahrzeug bequem sein, man soll auch viel mehr für sein Äußeres tun, und dazu gehört die Pflege der Haartracht, vor allem dann, wenn man wie ich das Glück hat, noch viele Haare zu besitzen.

In den meisten Geschichten über den jeweiligen Schulweg kommen auch heitere Episoden vor. Bei der Schulweggeschichte über die Fahrschule soll auch diese nicht fehlen.

Jener bei der Damenwelt hochgeschätzte Diplomingenieur ist einmal, wie man in Wien sagt, auf die Seife gestiegen, als er einer sehr hübschen Fahrschülerin, die aber gegen seinen Charme völlig immun war, auf die Frage, wo sie jetzt nach bestandener Prüfung den Führerschein abholen könne, erwiderte: „Am besten in der Apotheke.“ Die schöne Fahrschülerin ließ ihn eiskalt abblitzen, er wurde ganz rot und musste sich für die ungeschickte Äußerung vor versammelter Mannschaft mehrfach entschuldigen.

Der zweite Sohn des Fahrschulinhabers hatte damals eine sehr attraktive Freundin, die als eine Art Hilfsfahrlehrerin im Betrieb mittätig war. Jahrzehnte später hatte ich einen Klienten, der etwa 30 Jahre alt war und aus irgendwelchen unglücklichen Gründen eine über 50 Jahre alte Frau geheiratet hatte, die dann in die Scheidung einzuwilligen nicht bereit war, was damals, als es keine Scheidung vor Ablauf von 3 oder 6 Trennungsjahren gab, für den scheidungswilligen Partner sehr unangenehm war. Dieser hatte sich, um älter zu wirken, einen Vollbart wachsen lassen, und als es zur Verhandlung kam, entdeckte ich nach mehrmaligem Hinschauen, dass seine Frau jene attraktive Dame der Fahrschule war. Sie war inzwischen schrill und laut und vorzeitig gealtert. Diese Begegnung hat dazu geführt, dass ich oft über die Vergänglichkeit nachgedacht habe.

Die Fahrschule befand sich gegenüber eines ehemaligen Bezirksgerichtes, und dort war ich dann später als Rechtspraktikant tätig. Eigentlich ist das auch eine Art „Schule" gewesen, dieses Rechtspraktikantentum, und soll in der letzten Episode Erwähnung finden.

Ich war damals einem Richter zugeteilt, der unter den damals in diesem Beruf noch vorhandenen zahlreichen Originalen derjenige war, der den Vogel abschoss. Er war der Neffe eines sehr berühmten Rechtslehrers und stand daher hinsichtlich seiner Skurrilitäten unter einer Art Schutzglocke. Was er aufführte, war sagenhaft. Er war Alkoholiker und brauchte immer von Zeit zu Zeit alkoholischen Nachschub. Gegenüber, neben der Fahrschule, befand sich ein Gasthaus.

Der Wirt hieß Vorauer, und wenn der Richter Bedarf hatte, stellte er sich ans Fenster und brüllte laut und vernehmlich: „Vorauer!"

Nach einiger Zeit erschien der Wirt und rief: „Was willst?" Darauf sagte der Richter: „An Doppelliter." Und der Wirt entgegnete: „Du hast den letzten noch net zahlt."

Jedenfalls dauerte es einige Zeit, bis der Alkoholnachschub funktionierte.

Das führte dazu, dass der Richter vom „Weltschmerz" ergriffen wurde und keine Leute mehr sehen konnte und sich deshalb im Schrank versteckte. Einmal wurde er dort von einem Rechtspraktikanten versehentlich eingesperrt. Ob es wirklich versehentlich war, weiß ich nicht, denn er war Rechtspraktikanten gegenüber ein sehr unleidlicher Mann. Es dauerte jedenfalls sehr lange – den Erzählungen nach eine ganze Nacht –, bis der Richter befreit wurde.

Später gab es sogar eine unangenehme Affäre, weil angeblich von diesem Richter Gerichtsentscheidungen auf nicht korrekte Weise gefällt worden waren. Er wurde sogar aus dem Justizdienst entlassen, aber der Ruhm des Onkels hat dazu geführt, dass er schließlich nur pensioniert wurde. Bevor er wieder – zumindest teilweise – von der Justiz in Gnaden aufgenommen wurde, fristete er als Versicherungsvertreter sein Leben und hat mir eine kleine Lebensversicherung „angehängt". Irgendwie war es ja doch traurig, zu sehen, wie jemand, der einmal zwar nicht ganz oben, aber doch in guter Position tätig war, nun als kleiner Versicherungsvertreter versuchen musste, existentiell zu überleben.

Inzwischen sind Jahrzehnte vergangen. Das Bezirksgericht ist aus dem alten Gebäude in ein revitalisiertes Schloss in der Nähe übersiedelt. Die Fahrschule gibt es auch nicht mehr. Das Wirtshaus ist ein Chinalokal geworden. Mein erstes Auto ist sicherlich auch schon längst verschrottet worden, ich hätte es nicht verkaufen, sondern behalten sollen. Es hätte heute wahrscheinlich beträchtlichen Wert. Aber damals wurde der Verkaufserlös dringend zur Anschaffung eines neuen Fahrzeuges benötigt.

## Bezugspersonen

Bei Rückerinnerungen stößt man immer wieder auf „Bezugspersonen“. Nun soll ja nicht von allen so genannten „Bezugspersonen“, die ich im Leben getroffen habe, die Rede sein, aber einige, die in wesentlichen Entwicklungsphasen Bedeutung hatten, sollten nicht unerwähnt bleiben.

*Mutter und Großmutter, Mitte der 20er Jahre*

Die wichtigsten Bezugspersonen sind natürlich für einen heranwachsenden Menschen die Eltern. Ich hatte insofern Glück, als ich in einem Elternhaus aufwuchs, das von Pädagogik geprägt war. Mein Vater war leidenschaftlicher Lehrer, Jugendbildner, Erzieher, Reformer und zugleich, neben allen theoretischen Überlegungen, denen er sich hingab, ein bewährter Praktiker.

Mit 19 Jahren trat er seine erste Stelle als Volksschullehrer in Schabs bei Brixen an. Ein Junglehrer war damals keine besonders geachtete Persönlichkeit; er bekam ein unheizbares Zimmer von der Gemeinde zugewiesen, und als er dann ins Schulhaus übersiedeln konnte, in dem noch die Witwe des verstorbenen Vorgängers mit heiratsfähiger Tochter lebte, war er natürlich der Gefahr einer allzu frühen Bindung „ausgeliefert". Meine Großmutter, die stattliche Messnerhofbäuerin aus Tiers, fuhr eigens hinauf nach Schabs, um dort die Dinge „zurecht zu rücken" und dem Buben den Unsinn mit dem „Mariele", der Tochter seines Vorgängers, auszutreiben.

Meine Mutter hat mein Vater dann in Bozen kennengelernt. Sie war dort seine Kollegin, und Anna, die damals vorhandene offizielle Braut, musste zurückstehen. Seiner Mutter war das überhaupt nicht recht, da ich viel zu früh – schon vier Monate nach der Heirat meiner Eltern – auf die Welt kam, und das hat dann meine sittenstrenge Großmutter nicht ihrem Sohn, sondern meiner Mutter übel genommen.

Meine Mutter stammte immerhin aus einem so genannten guten Haus. Ich habe ja schon die Geschichte meines Großvaters erzählt, und eine Frau aus solcher Familie war für eine Großbäuerin natürlich noch lange keine standesgemäße Partie. Meine Mutter hatte es sehr schwer, sich durchzusetzen, und der Erfolg trat erst ein, als sie meiner Großmutter einmal gründlich die Meinung sagte. Die Anrede an Eltern war damals noch nicht „du", sondern „ös". Sie sagte zu meiner Großmutter, die ihr die voreheliche Beziehung mit meinem Vater vorwarf: „Ös sollt's eigentlich froh sein, dass enker Bua a

Frau g'funden hat, die ihn so gern hat, dass sie net bis zur Hochzeit g'wartet hat."

Der „Durchbruch" geschah nach meiner Geburt, als meine Mutter das erste Mal mit mir in meines Vaters Heimatgemeinde war. Sie wohnten im „Bäckenhaus", das an der Straße etwas erhöht stand und heute nicht mehr existiert. Damals ver-

*Mit den Eltern und dem Großvater, Sommeraufenthalt 1936*

stellte einem das spätere Hotel „Paradies“ noch nicht das Blickfeld, sondern man sah vom ersten Stock des „Bäckenhauses“ hinunter zum „Messnerhof“, und dort sah meine Mutter, wie sich ihre Schwiegermutter langsam den steilen Weg mit einem großen Korb, der weiß eingeschlagen war, Richtung „Bäckenhaus“ bewegte. Mein Vater rief voll Freude: „Die Muatter kimmt weissigen.“ Das war ein Brauch, der heute schon längst abgekommen ist. Man brachte einer jungen Mutter allerlei Weißgebäck, darunter auch das heute gar nicht mehr erzeugte „Brezidé“, ein schmackhaftes süßes Brot, das ich später immer sehr gerne gegessen habe.

Damit war der Bann gebrochen und es gab keine Probleme mehr.

Durch die Italianisierung im Faschismus (siehe Anhang) mussten meine Eltern Südtirol verlassen. Mein Vater war bereits in Wien und versuchte eine Anstellung als Lehrer zu erhalten, was am Anfang nicht möglich war. Mein Taufpate, der der Vorsitzende der Gendarmeriegewerkschaft war, brachte ihn im Zentralbüro der Gewerkschaft unter, und Mutter zog im hochschwangeren Zustand zu ihm nach.

Zuerst wäre es fast zu einer Tragödie gekommen, weil mein Vater, der in Maria Enzersdorf wohnte, von dort nach Meidling mit einem Lokalzug der Südbahn fuhr, der verspätet war und in Liesing vom Schnellzug aus Meran, in dem Mutter saß, überholt wurde. Mutter, die am Bahnsteig den Vater nicht vorfand, war sofort der Meinung, der Vater habe sie verlassen, und ich habe offensichtlich diesen Pessimismus von ihr geerbt. Sie erwog damals schon ernsthaft, sich vor den nächsten Zug zu werfen, aber mit dem darauffolgenden Lokalzug kam der Vater, und die Verzweiflung löste sich in Wohlgefallen auf.

Meine Eltern wohnten damals in Untermiete bei einem Kollegen meines Taufpaten, und erst nach längerer Zeit gelang es, im Hause Neubaugasse 7, einem Altbau, eine Wohnung zu bekommen, die aber immerhin Wasser und Klosett innen hatte und auf einen schönen Hof hinausging.

Der Schritt aus den Bergen Südtirols in die Großstadt war natürlich für meine Eltern nicht einfach, aber die schöne Wiener Umgebung ermöglichte es, an den Wochenenden Ausflüge zu machen, und für diese Ausflüge in Wien und Umgebung bin ich heute noch dankbar. Auch später in den Sommerfrischeorten haben mir diese Ausflüge so viele schöne Erinnerungen geliefert, dass ich sie nicht unerwähnt lassen will.

*Ausflug im „Kraxele"*

Wir unternahmen, wie bereits geschildert, Badefahrten an die Alte Donau und diverse Wanderungen auf die Wiener Waldberge in der Umgebung. Wir hatten immer ein Glas mit Kartoffelsalat oder Kartoffel-Gurkerl-Salat mit, Schnitzel in einer Proviantdose und Brot. Mein Vater trug den Rucksack, und dann ging es los in den Wiener Wald. Als ich ganz klein war, wurde ich noch im „Kraxele" mitgetragen, das ist ein Gestell, das auf den Rücken gebunden wird, das Kind sitzt oben und schläft meistens auf der Schulter des Vaters, der das Kind tragen muss.

Nun habe ich bei meiner Jüngsten dasselbe versucht und kann erst jetzt ermessen, welche gewaltige Leistung mein Vater bei diesen Transporten erbrachte. Das hängt sich nämlich ganz ordentlich an.

Wir machten Ausflüge auf den Kahlenberg, Leopoldsberg, Hermannskogel, nach Hütteldorf und Umgebung sowie Richtung Süden auf die Perchtoldsdorfer Heide und nach Breitenfurt. Das waren unsere Sonntagsziele, wobei natürlich immer genau kalkuliert wurde, wo eine neue Zone der Straßenbahn begann, insbesonders wenn man Richtung Perchtoldsdorf fahren musste. Eine neue Zone begann ab Mauer, und man musste extra bezahlen bzw. einen Ergänzungsfahrschein lösen. Das war damals, als mein Vater als Junglehrer, ohne Anrechnung der Dienstzeiten in Südtirol, wenig verdiente, immer ein finanzielles Problem.

Nach erfolgter Dienstzeitanrechnung wurde dann alles einfacher; meine Mutter machte die Hauptschullehrerprüfung, bekam natürlich keinen Posten, aber sie unterrichtete dann in der Hotelfachschule und bei diversen Kursen, so dass es uns finanziell eigentlich ganz gut ausging. Als dann Großvater zu uns kam mit seiner hohen Offizierspension aus dem Königreich Italien, waren die wirtschaftlichen Sorgen weitgehend gebannt.

Wir sind aber doch jedes Jahr in die Sommerfrische gefahren, was damals absolut keine Selbstverständlichkeit war. Es konnten sich das nicht sehr viele Menschen leisten. Die Fahrt nach Südtirol war überhaupt ungeheuer teuer. Man muss ja bedenken, dass man einige hundert Kilometer per Bahn zurücklegte. Die Eisenbahn war früher wesentlich teurer als jetzt, Familienermäßigungen wie heute gab es nicht. Also musste das ganze Jahr gespart werden, in einem eigenen Sackerl wurde das Geld zurückgelegt, und wenn wir nicht nach Südtirol fahren konnten, dann fuhren wir an den Faaker See oder einmal nach Saalbach auf die Schönleiten-Hütte. Wir wohnten meistens bei Bauern, Mutter kochte selbst, ein Gasthausbesuch war ein besonderes Ereignis.

Ich kann mich erinnern, dass wir einmal vom Wallersee, wo wir später während der Sommermonate ein Ausgedingehaus mieteten (mein Vater hatte natürlich als Lehrer „lange Ferien"), einen Ausflug in das Salzkammergut machten. Von Eugendorf fuhren wir mit der Salzkammergutlokalbahn (die es heute nicht mehr gibt), es gab keinen Fahrkartenschalter, ein Schaffner kam nicht, und das ersparte Geld wurde dann bei einem Gasthausbesuch in Mondsee umgesetzt. Damals ein großes Ereignis.

Alle diese Wanderungen durch die schönsten Gegenden Österreichs oder in Südtirol, zum Beispiel von Tiers bis nach St. Ulrich im Gröden über Völs, Kastelruth, Panidersattel, Seiser Alm, Molignon-Pass und zurück nach Tiers, dann Wanderungen im Rosengartengebiet, das sind unvergessliche Erlebnisse geblieben. Ich bin dadurch sehr viel auf die Berge gekommen. Und als ich dann langsam erwachsen wurde, ging ich allein in die Berge, manchmal mit Freunden, mit Partnerinnen eigentlich nie, weil sie meine Vorliebe für die Berge meist nicht teilten bzw. die Anstrengungen der Wanderungen nicht liebten.

Ein weiteres großes Verdienst meiner Eltern, auch dafür werde ich ihnen immer dankbar sein, war die Heranführung zur Musik, und zwar zur ernsten Musik. Ich erwog eine Zeitlang, überhaupt Musik zu studieren, sah mich schon als großen Dirigenten, aber das war schon deshalb nicht möglich, weil ich kein Instrument entsprechend beherrschte und wahrscheinlich auch nicht die nötige Ausdauer gehabt hätte, eines ordentlich zu lernen.

Die Kriegszeit und vor allem meine Einberufung zum Militär waren natürlich eine arge Belastungsprobe, denn man wusste nicht, wie lange man in der Heimat bleiben konnte und ob man überhaupt aus dem Krieg zurückkommen werde.

Ich hatte Glück, habe mit sehr viel Geschick die diesbezüglichen Gefahren überwunden, und meine Eltern haben dann meinen beruflichen Aufstieg miterlebt. Mein Vater ist 1975, meine Mutter 1992 verstorben. Natürlich macht sich jeder Mensch Vorwürfe, dass er sich um seine Eltern zu wenig gekümmert habe. Das tue ich auch. Jetzt, wo ich alt geworden bin, sehe ich, was Eltern eigentlich an Fürsorge über die materielle Abdeckung hinaus für die Kinder übrig haben, und so wie die meisten Menschen habe ich ihnen das, was sie mir als Kind geboten haben, nicht vergelten können. Aber mir tut am meisten Leid, dass meine Mutter, die eine sehr bestimmende Frau war, nicht mehr mein spät geborenes drittes Kindchen erlebt hat. Sie hätte ihre helle Freude daran gehabt, weil die Kleine ihr in vielen Dingen sehr ähnlich ist.

Was gibt es sonst noch an Bezugspersonen? Über manche Lehrer habe ich bereits erzählt, über meine Lebenspartnerinnen will ich in diesem Zusammenhang nichts schreiben, da gibt es zu viel Persönliches und Intimes, das eigentlich unter den Beteiligten bleiben soll.

Meine Partner im Beruf sind gute Freunde gewesen, mit denen ich nie Streit hatte; wir sind uns immer mit Fairness und Anständigkeit gegenübergetreten.

Bleibt noch, um diesem Kapitel einen heiteren Abschluss zu geben, mein Pate übrig.

Er stammte aus der Heimatgemeinde meines Vaters. Nach dem Krieg war er Gendarm und Obmann der Gendarmeriegewerkschaft, also in den Zwanzigerjahren eine bedeutende Persönlichkeit. Er wurde sogar, bevor die kurze große Koalition der Zwanzigerjahre auseinanderging, als Anwärter für den Posten des Innenministers erwähnt. Er heiratete dann eine reiche „Besitzerstochter“ aus Oberösterreich; diese Heirat ging zu Lasten seiner Freundin, einer hübschen und gescheiten Frau, die diesen Verlust eigentlich nie ganz verwinden konnte. Sie hatte vorher erklärt, wenn der Toni sie verlasse, gehe sie in die Donau. Toni war ein „Gemütsmensch“. Als sie es nicht tat, nahm er dies als Zeichen dafür, dass sie ihn nicht richtig geliebt hatte.

Immer wenn Toni nach Wien kam, besuchte er uns, diskutierte mit meiner Mutter, die gegensätzliche politische Ansichten hatte, bis in die Nacht so lautstark, dass ich nicht schlafen konnte. Er brachte meistens ein ganzes Stück „großes Geselchtes“ mit, und meine Mutter musste ihm eine heimatliche „Gerstsuppe“ machen, die er mir dann auch zum Essen anbot. Mir als seinem Patenkind musste er natürlich immer eine gewisse Aufmerksamkeit schenken. Wenn er darauf vergaß, sagte mein Vater, als er sich zum Gehen wendete, immer lautstark: „Heinzele, hascht dem Töt scho die Hand gebusst, weil er der etwas gebn hat?“ Daraufhin griff der „Töt“ in die Tasche und ließ ein blitzendes Zweischillingstück, was ja damals viel Geld war, in meiner Hand „verschwinden“.

Interessant war auch die politische Seite seines Lebens. Er führte als pensionierter Gendarmeriebezirksinspektor die Kanzlei des dort ansässigen Anwaltes, der meistens auf der Jagd war. Alle Agenden, Schriftsätze und dergleichen erledigte mein Taufpate. Seine Abneigung gegen die christlich-faschistische Regierung in Österreich ließ ihn zu den Nationalsozialisten stoßen, und als diese in Österreich die Macht ergriffen, wurde er der erste nationalsozialistische Bürgermeister dieser oberösterreichischen Großgemeinde. Er war ein sehr tätiger, schaffenskräftiger Mensch, und als ihm von der Gauleitung irgendein Bauvorhaben zugesagt wurde und das Geld sodann nicht zur Verfügung gestellt wurde, erklärte er, er müsse mit der

Gemeinde in Konkurs gehen, denn er wusste als Jurist dass bei Überschuldung einer Gebietskörperschaft der Konkurs angemeldet werden müsse, und als man ihn auslachte, ging er nach Linz auf das damalige Landgericht, um den Konkurs anzumelden. Er blieb dann natürlich keinen Tag mehr Bürgermeister und nahm dann später Kontakt mit Widerstandsgruppen auf. In der ihm eigenen tätigen Weise organisierte er die lokale „Kapitulation" gegenüber den einrückenden Amerikanern, und auf einmal war der ehemalige Nazi Widerstandskämpfer geworden. Einige Jahre später ist er dann in Wien gestorben.

Es gibt sicherlich noch eine Reihe anderer Bezugspersonen, die es wert wären, erwähnt zu werden. Ich werde das vielleicht, wenn ich noch einmal ein Buch schreiben sollte, tun: Vielleicht schreibe ich einen so genannten „Schlüsselroman", vielleicht kann ich mich sogar von der Ich-Form lösen. Das ist aber alles eine Sache der Zukunft, falls mir noch so viel Zeit bleibt, was ich für mein jüngstes Kind und meine Frau erhoffe.

*Julia, geboren 1997*

# Skurrile Geschichten

## Die Henkersmahlzeit

In den 30er-Jahren des vergangenen Jahrhunderts, als Österreich nach Abschaffung der parlamentarischen Demokratie autoritär durch die „Vaterländische Front" regiert wurde, gab es noch das so genannte „Standrecht". Dieses Standrecht musste dann verhängt werden, wenn schwere kriminelle Taten und besonders auch politische Gewalttaten überhand nahmen, und es bedurfte dazu einer Verordnung der Regierung. Diese Verordnung wurde im Jahre 1934 erlassen und vorwiegend gegen Sozialdemokraten angewendet.

Als schließlich die Nationalsozialisten versuchten, durch einen Putsch im Juli 1934 an die Macht zu kommen, und dieser Putsch zur Ermordung des damaligen Bundeskanzlers Dr. Dollfuß führte, wurde das Standrecht natürlich auch gegen Nationalsozialisten angewendet, wenn entsprechende Straftaten gesetzt wurden.

Und das war damals nicht so selten der Fall. Die Nazis haben Eisenbahnen gesprengt, Bomben in jüdischen Geschäften hochgehen lassen und etliche Dinge mehr. Wenn die Täter gefasst werden konnten, wurden sie vor Gericht gestellt und verurteilt. Die übliche Strafe im Standrecht war die Todesstrafe, die binnen zwei Stunden nach Urteilsverkündung zu vollstrecken war. Auf „Bitten des Verurteilten" konnte eine weitere Stunde zur „Vorbereitung auf den Tod" gewährt werden. Diese letzte „Gnade" ist ein wesentlicher Faktor in der nachfolgenden Erzählung.

Die Geschichte wurde mir von einem befreundeten Industriellen erzählt, der zwar die damalige Zeit nicht selbst erlebt hat, aber den Sachverhalt von seinen Vorfahren überliefert bekam.

In dieser Zeit war die Sozialdemokratie bereits besiegt, und die Regierung versuchte dem Druck der Nationalsozialisten standzuhalten und diese in Österreich verbotene Partei auch auszuschalten. Es gab als einzige politische Kraft die Vaterländische Front, die zwar nicht die Mehrheit der Bevölkerung vertrat, aber eben regierte. Es gab aber natürlich auch eine illegale Tätigkeit der verbotenen Parteien, und vor allem die Nazis waren dabei recht rege. Sie hatten speziell unter jüngeren Leuten viele Anhänger, da die Arbeitslosigkeit in Österreich und die mehr oder minder ausweglose wirtschaftliche Lage viele junge Leute in das nationalsozialistische Lager trieb, unter anderem auch einen biederen Holzknecht aus einer obersteirischen Gemeinde. Er war kein Funktionär und kein „Führer", aber er war ein Mitglied einer nationalsozialistischen Untergrundgruppe, die sich regelmäßig traf und auf den baldigen Untergang der christlichen Regierung hoffte.

In der Gemeinde, in welcher unser junger Holzknecht lebte, war ein zwar schon sehr alter, aber streitbarer Pfarrer tätig, der von der Kanzel immer gegen die Nationalsozialisten predigte und alle religiösen Machtmittel einsetzte, um der nationalsozialistischen Bewegung zu schaden. Er erreichte damit starken Widerspruch der illegalen Nazis, die aber natürlich nicht offiziell auftreten konnten.

Unser Holzknecht überlegte sich nun, wie er dem Pfarrer seine Reden abgewöhnen oder ihn zumindest dazu bringen könnte, künftig etwas leiser zu treten.

Zu diesem Zweck beschaffte er sich einen so genannten Papierböller, das war ein relativ ungefährlicher Knallkörper, der aber beträchtlichen Lärm zu entwickeln in der Lage war. Als dann eines Sonntags der Pfarrer wieder über den Antichrist Hitler und den nationalsozialistischen Ungeist predigte, brachte unser Holzknecht diesen Böller in der Kirche zur Explosion. Es entstand etwas Rauch, einige Kirchenbesucher stürzten zum Ausgang, aber an sich wäre nichts geschehen, wenn nicht der Pfarrer auf seiner Kanzel vor Schreck zusammengebrochen wäre. Die herbeieilenden Helfer konnten nur mehr seinen Tod feststellen. Es hatte ihn vor Schreck der Schlag getroffen.

Unser Holzknecht wurde als Täter ausgeforscht, eingesperrt und, da das Standrecht galt, sofort vor Gericht gestellt. Weil seine „Gewalttat“ den Tod des Pfarrers herbeigeführt hatte, war er flugs zum Tod durch den Strang verurteilt. Da saß er nun in der Todeszelle, und es wurde ihm eröffnet, dass er in zwei Stunden gehängt werde, er aber eine dritte Stunde zur Vorbereitung auf den Tod erbitten könne. Das tat er auch, und so wurde ihm die Henkersmahlzeit angeboten.

In dieser Beziehung war der österreichische Ständestaat großzügig. Die Henkersmahlzeit richtete sich nach den Wünschen des Delinquenten, und unser Holzknecht bestellte alles, was gut und teuer war: Schweinsbraten, Schnitzel, Kraut, mehrere Knödel, Salat, zur Vorspeise eine kräftige Suppe und nachher eine ausgiebige Mehlspeise. Das alles wurde ihm vom Wirtshaus der Kreisstadt, in welcher sowohl die Verhandlung vor dem Kreisgericht stattgefunden hatte als auch anschließend die Hinrichtung zu vollziehen war, in die Zelle geliefert, und der Deliquent begann es zu verspeisen.

Inzwischen wurde der Galgen vom Vollzugsrichter überprüft, der Scharfrichter war bereit, seines Amtes zu walten, bis zum Vollzug war nur mehr wenig Zeit.

Der Verteidiger des Holzknechts, ein braver Anhänger des christlichen Ständestaates, der aber sein Amt ernst nahm und natürlich überzeugt war, dass die Tat des jungen Holzknechts eher eine starke Lausbüberei als ein Attentat war, hatte nun noch knapp zwei Stunden Zeit, etwas zu unternehmen, denn der Begnadigungsweg stand auch einem standgerichtlich Verurteilten offen. Das war aber nicht so einfach. Es musste zunächst einmal die Zustimmung des Justizministeriums eingeholt werden, anschließend war der Bundespräsident für den Gnadenakt zuständig.

In der damaligen Zeit war eine Telefonverbindung nur sehr schwer zu bekommen, alles musste telegraphisch abgewickelt werden. Es brauchte Zeit bis Leitungen frei waren. Aber irgendwie schaffte der unermüdliche Verteidiger es, zuerst das Justizministerium zu überzeugen, dass es in diesem Fall doch Gnade vor Recht ergehen lassen könnte, und es gelang ihm sogar, was gar nicht einfach war, den Bundespräsidenten aus der Mittagsruhe zu reißen und auch ihn zu überzeugen. Und knapp bevor die drei Stunden abgelaufen waren, hatte der Bundespräsident den Gnadenakt unterschrieben.

Davon wusste aber unser Delinquent nichts, als er mit gefesselten Händen in den Galgenhof geführt wurde. Sein Magen war voll, das Essen hatte ihm ungeachtet der Todesangst offensichtlich sehr gemundet, und als der Scharfrichter schon auf ihn zutrat, kam die Order „Begnadigung zu lebenslangem schweren Kerker".

Unser Holzknecht saß also dann noch etwa einen Monat in der Gefängniszelle des Gerichtes, das ihn verurteilt hatte, und sollte dann in die Strafanstalt nach Stein gebracht werden, als er eines Tages von der Zelleninspektion ein Schriftstück erhielt. Hierbei handelte es sich um einen gerichtlichen Beschluss, angeschlossen an diesen eine Rechnung des Gasthauses „Zum grünen Baum", enthaltend genau aufgelistet, was der Holzknecht als Henkersmahlzeit verzehrt hatte: Knödel, Schweinsbraten, Schnitzel, Salat, Suppe, Nachspeise, und das alles zu dem damals beachtlichen Preis von 45 Vorkriegsschilling, das wären heute etwa 160 Schilling bzw. 12 Euro.

Die Begründung der gerichtlichen Entscheidung, durch welche dem Häftling der Ersatz dieses Betrages auferlegt wurde, lautete:

„Im Hinblick darauf, dass die Hinrichtung nicht stattfand, hat daher der Verurteilte die letzte Mahlzeit zu Unrecht erhalten und verbraucht, er ist daher zum Rückersatz der aufgelaufenen Kosten an den Bundesstaat Österreich (damals hieß es nicht Republik) verpflichtet."

Sogar eine Rechtsmittelbelehrung soll auf dem bezüglichen Beschluss enthalten gewesen sein. Es ist aber anzunehmen, dass der begnadigte Holzknecht gegen diese Entscheidung des Gerichtes nichts unternommen hat. Ob er oder seine Angehörigen bezahlt haben, ist unbekannt.

Das konsequente Vorgehen der österreichischen Bürokratie, wie sich aus der Begründung dieser Rückforderung ergibt, ist jedenfalls bemerkenswert, und der ganze Vorgang kann wirklich nur als skurril bezeichnet werden.

Die Geschichte war aber noch nicht zu Ende. Der Holzknecht saß natürlich nicht lebenslang im Gefängnis, denn knapp drei Jahre später zog Hitler in Österreich ein und unser Holzknecht wurde aus dem Gefängnis befreit. Er war nun ein Held, wurde in seiner Heimatgemeinde als tapferer Kämpfer für die nationalsozialistische Sache und den Führer gefeiert und mit dem so genannten nationalsozialistischen „Blutorden" ausgezeichnet.

Was dann weiter mit ihm geschehen ist, ist nicht bekannt. Der Triumph der österreichischen Bürokratie ist es aber wert, der Nachwelt erhalten zu bleiben.

## Der „Meraner Kuranzeiger"

In meiner Tätigkeit als Rechtsanwalt hatte ich mit vielen Richtern zu tun. Im Großen und Ganzen bin ich mit allen gut ausgekommen. Die meisten erledigten ihre Arbeit pflichtbewusst und objektiv, und es herrschte bei den Gerichten vorwiegend eine angenehme Atmosphäre, die vielfach in vergleichsweiser Bereinigung von Rechtsstreitigkeiten ihren Niederschlag fand.

Es gab da aber einen Richter im Landesgericht für Zivilrechtssachen in Wien, der ein so genanntes „Gifthäferl" war. Er war immer grantig, seine Tätigkeit schien ihn nicht sehr zu freuen, er stürzte sich voller Ingrimm auf die Parteien und deren Anwälte, beanstandete dieses und jenes und war sehr unzugänglich, wenn man um eine Vertagung ersuchte oder sonst irgendwie mit ihm ins Gespräch zu kommen versuchte.

Natürlich war man als Anwalt im Interesse der Klientel gezwungen, gute Miene zum bösen Spiel zu machen und zu versuchen, auch mit diesem Richter gut auszukommen. Dazu gehörten natürlich auch die guten Wünsche zu Weihnachten und auch zur Urlaubszeit.

Ich bin nun einmal nie der Mensch gewesen, der immer nur formell einen angenehmen Urlaub wünschte, sondern ich habe dann meistens auch nach den Urlaubsplänen gefragt. So tat ich das auch bei diesem Richter und erhielt im gegenständlichen Fall die mürrische Antwort: „Ich fahre nach Meran."

Nun bin ich, wie die meisten Leser schon wissen werden, Südtiroler Abstammung und habe daher natürlich sofort erwidert: „Nach Meran, das ist ja wunderschön!" Dann erzählte ich ihm auch ein bisschen von der Umgebung Merans, vom Vintschgau, von den Ausflugsmöglichkeiten in Meran und vielem mehr. Der Richter hörte mir dabei eigentlich freundlich zu, und zum ersten Mal gab es so etwas wie eine menschliche Regung bei ihm.

Als ich nach einigen Wochen wieder bei diesem Richter verhandelte, fragte ich ihn, ob der Urlaub in Meran denn schön gewesen wäre. Sofort schoss er die Gegenfrage heraus: „Wieso wissen Sie, dass ich in Meran war?"

Und just in diesem Moment muss mich der Teufel geritten haben, denn ich antwortete dem Richter nicht wahrheitsgemäß, dass wir ja über seinen Urlaub gesprochen hätten, sondern sagte: „Aus dem ‚Meraner Kuranzeiger'."

„Wieso aus dem ‚Meraner Kuranzeiger'?", fragte daraufhin der verwunderte Richter.

„Das ist so", erklärte ich ihm, „es werden dort jedes Mal in einer Liste prominente Persönlichkeiten angeführt, die zu Gast in unserer Stadt gewesen sind. Diesmal Oberlandesgerichtsrat Dr. S. aus Wien."

Ein Leuchten verbreitete sich im Gesicht des Richters. Das müsse er sehen, das wolle er unbedingt haben, meinte er, und fragte mich, ob ich ihm die Zeitung beschaffen könnte.

Nun war ich natürlich im Eck. Es gab nämlich gar keinen „Meraner Kuranzeiger" und so blieb mir nichts anderes übrig, als zunächst einmal Zeit zu gewinnen, indem ich antwortete: „Ich werde mich selbstverständlich bemühen, Herr Obergerichtsrat, und Ihnen diesen Kuranzeiger bringen."

In Hinkunft habe ich bei diesem Richter blendend verhandelt, er war mir sehr zugetan, aber es stand natürlich immer offen die Frage im Raum, was denn mit dem „Meraner Kuranzeiger" sei. Mehrfach wurde er vom Richter urgiert, und ich konnte stets nur bedauern, dass ich ihn vergessen hatte. Einmal teilte ich mit, dass ich noch bei der Redaktion anfragen müsse und daher noch etwas Geduld erforderlich sei.

In weiterer Folge schwitzte ich jedes Mal Blut, wenn ich bei diesem Richter verhandeln musste. Schließlich bat ich meine Kollegen hinzugehen, und einmal wechselte ich sogar die Straßenseite, als ich dem Richter auf der Mariahilfer Straße in Wien begegnete. Ein „Geständnis" war so gut wie unmöglich, und ich schaffte es tatsächlich bis zur Pensionierung dieses Richters, nicht nochmals mit der Frage nach dem „Meraner Kuranzeiger" konfrontiert zu werden.

Ein Jahr später stand ich diesem Richter in der Straßenbahn gegenüber und war glücklich, dass er mich nicht erkannte. Als ich einige Monate später auf der Anschlagtafel im Landesgericht in Wien den Partezettel des Richters sah, fühlte ich mich – das muss ich zu meiner Schande gestehen – erleichtert.

## Il conduttore dice …

Einer meiner angeheirateten Onkel war nach der Annektion Südtirols durch Italien – er war junger Richter in Bozen gewesen – nach entsprechender Umschulung, Studium des Italienischen und Tätigkeit an mehreren italienischen Gerichten Vizepräsident an einem Gericht im Piemont geworden.

Einmal fuhr er nach Bozen, um seinen Urlaub in der Heimatgemeinde anzutreten, und durch Zufall saß ich damals im selben Zug und wurde Zeuge eines mir sehr skurril erscheinenden Vorganges.

Ein deutscher Tourist hatte mit dem Schaffner des Zuges einen lautstarken Diskurs. Es ging offensichtlich darum, dass ein Zuschlag für die Zugsfahrt nicht bezahlt worden war. In Italien gab es mehrere Zugstypen: *Diretto* war ein Eilzug, *Direttissimo* der Schnellzug und *Rapido* der besonders schnelle Zug.

Im *Diretissimo* musste man einen Zuschlag entrichten (italienisch *supplemento*). Dieser war von diesem Touristen offensichtlich nicht bezahlt worden, und so entstand die Diskussion. Der Schaffner konnte nur Italienisch, der Tourist nur Deutsch, und die hitzige Debatte endete damit, dass der Schaffner fragte, ob jemand im Zug Deutsch könne.

Mein Onkel machte sich erbötig zu dolmetschen. Er hörte sich also den Sachverhalt von beiden Streitparteien an und begann sodann zu erklären. Zuerst wandte er sich an den deutschen Touristen: „Il conduttore dice …“ Das heißt, er setzte ihm den Standpunkt des Schaffners auf Italienisch auseinander, woraufhin der Tourist ihn natürlich fassungslos ansah, weil er doch diese Sprache nicht verstand. Dann wandte sich mein Onkel an den Schaffner und setzte ihm auf Deutsch auseinander, was der Tourist sagte.

Dieses Spiel ging noch einige Zeit hin und her. Die Kontrahenten waren nicht imstande, etwas zu verstehen, und redeten laut durcheinander, bis schließlich der Zug in Bozen in den Bahnhof einfuhr. Der Tourist nahm sein Gepäck und sprang aus dem Zug. Der Kondukteur lief hinterher, konnte ihn aber nicht einholen.

Damit wäre die Sache erledigt gewesen. Der Kondukteur aber wandte sich nun an meinen Onkel und sagte ihm, dass nun er den Zuschlag zu bezahlen habe, weil er schuld sei, dass der Tourist ihn nicht entrichtet habe.

Man müsste nun meinen, dass dieses Ansinnen entrüstet abgelehnt worden wäre! Mein Onkel aber war nicht nur Richter, sondern auch ein so genannter „Gerechtigkeitsapostel". Er prüfte daher das Verlangen des Schaffners aus der Sicht des Juristen und des Moralisten und griff schlussendlich in seine Geldtasche und bezahlte den Zuschlag für den deutschen Touristen. Er bekam daraufhin vom Schaffner auch eine Quittung, die er sorgfältig einsteckte, bevor er erhobenen Hauptes von dannen zog. Er hatte der Gerechtigkeit gedient.

## Das Wollleiberl

Mein Großvater findet in diesem Buch mehrfach Erwähnung und wird den meisten Lesern wohl schon bekannt sein. Es sei kurz rekapituliert: Er war altösterreichischer Offizier, wurde durch die Annexion Südtirols dann als Pensionist von den Italienern übernommen und war zuletzt bei meinen Eltern in Wien wohnhaft, weil ihn in Bozen niemand mehr betreute.

Mein Großvater war, solange ich ihn kannte, immer im Frühjahr und im Herbst verkühlt. Er war dann stets sehr schwer verkühlt, hustete und nieste, dass man jedesmal Angst haben musste, dass als Krankheitsfolge eine Lungenentzündung auftreten werde. Bis er wieder einigermaßen gesund war, dauerte es mehrere Wochen.

Die Ursache erblickte meine Mutter darin: Mein Großvater hatte in einem Büchlein genau aufgeschrieben, was jeweils zu bestimmten Tagen, Monaten und Jahreszeiten von ihm vorzunehmen war. So stand im jeweiligen Kalender immer am 15. Oktober: „Wollleiberl anziehen", und am 15. März: „Wollleiberl ausziehen". Damit war gemeint, dass die Witterung im ersten Fall eine wärmere Unterbekleidung erfordere, im zweiten Fall eine wärmere Unterbekleidung entbehrlich mache.

Nun ist aber bekannt, dass sich die Witterung nicht nach den Wünschen der Menschen richtet. So kann es im Oktober warm sein wie im Juli und im März kalt wie im Jänner. Und das war auch zur Zeit meines Großvaters öfters der Fall, woraus dann zweimal im Jahr eine Verkühlung resultierte.

Meine Mutter versuchte ihm diese Verhaltensweise auszureden, hatte aber keinen Erfolg. Denn mein Großvater war ein Mann von Grundsätzen: Das Wetter hatte sich gefälligst nach ihm zu richten und nicht umgekehrt!

## Welcher ist denn der „Narrische“?

Mein Großvater ist mir deshalb so gut in Erinnerung geblieben, weil er so viele Geschichten aus seinem und aus dem Leben anderer Personen zu erzählen wusste, die Absonderlichkeiten enthielten, wobei man nie genau wusste, ob daran wirklich alles wahr war. Jedenfalls gilt auch hier der Grundsatz: „Si non e vero, ben trovato“ („Wenn nicht wahr, dann gut erfunden“).

Die Geschichte, die ich jetzt erzähle, ist aber offensichtlich – zumindest in den Grundzügen – wahr.

Mein Großvater war Offizier der alten Armee, der ganze Vorfall dürfte sich Ende des vorvergangenen Jahrhunderts abgespielt haben. Er war zu dieser Zeit irgendwo in Böhmen stationiert, war damals offenbar Hauptmann. Nun trug es sich zu, dass einer seiner Offizierskameraden an Schizophrenie erkrankte. Schizophrenie ist eine Geisteskrankheit, die manchmal ganz eigenartig verläuft. Es gibt sehr lange Abschnitte, in denen man nichts von der Krankheit bemerkt, dann wiederum kann sie plötzlich und unerwartet mit allen ihren negativen Folgen ausbrechen. So war das auch bei diesem Offizierskameraden meines Großvaters, und es bestand daher die Notwendigkeit ihn in ein psychiatrisches Krankenhaus bzw., wie es damals respektlos hieß, in die „Irrenanstalt“ einzuliefern.

Das war aber nicht so einfach, denn der betreffende Offizier befand sich im Dienst, war demgemäß natürlich im Besitz seiner Dienstwaffen – in dem Fall hatte er eine Pistole und einen scharf geschliffenen Säbel –, und man konnte ja auch nicht wissen, wie er auf seinen „Abtransport" reagieren würde. Außerdem handelte es sich um eine kleine Garnison, in der jedes Aufsehen vermieden werden musste. Schließlich kam der Kommandeur nach Beratung mit seinen Offizieren zu dem Ergebnis, dass man den „Abtransport" des Erkrankten so durchführen müsse, dass dieser gar nicht merke, was eigentlich geschehe.

Man kam nun auf folgende, wahrhaft skurrile Lösung: Mein Großvater wurde beauftragt, die Einlieferung in die „Irrenanstalt am Steinhof" in Wien durchzuführen. Aber wie sollte man das bewerkstelligen, ohne dass der Betroffene das mitkriegte?

Auch hier fand der Kommandant eine zwar skurrile, aber brauchbare Lösung: Man teilte dem Betroffenen mit, dass sein Offizierskollege, also mein Großvater, derjenige sei, der eingeliefert werden müsse, und er, der Erkrankte, die Aufgabe habe, den Transport zu übernehmen. Mein Großvater bekam denselben (tatsächlichen) Auftrag betreffend den erkrankten Kameraden.

Die Papiere für die Einlieferung in die Irrenanstalt, sagte man dem erkrankten Offizier, müsse mein Großvater übernehmen, weil er sonst nicht gutwillig mitfahren werde.

Es war nun also die Situation so, dass beide Offiziere der Meinung waren, den anderen in der Irrenanstalt abliefern zu müssen. Im Falle meines Großvaters war es ein echter Auftrag, im Falle des erkrankten Offiziers ein fingierter.

So machten sich die beiden Herren also auf den Weg. Im Zug war ein Abteil erster Klasse für reserviert worden, und vom Nordbahnhof wurde mit dem Fiaker nach Steinhof gefahren. Das war ein langer Weg, aber der erkrankte Offizier hatte offenbar eine ruhige Periode, und es kam zu keinen Problemen.

Als nun die beiden Herren in der Irrenanstalt Steinhof eintrafen, wo sie bereits avisiert waren, standen die Irrenwärter bereit, den Kranken zu übernehmen. Zu diesem Zweck versammelten sich alle in einem Behandlungszimmer, wo beiden Herren bedeutet wurde, ihre Waffen abzulegen. Dem erkrankten Offizier gegenüber wurde dies damit begründet, dass ansonsten der (vermeintlich) erkrankte Offzierskamerad – mein Großvater – renitent werden könnte. Als dann beide entwaffnet waren, ergab sich die Situation, dass das Personal des Irrenhauses nicht mehr wusste, welchen der beiden Herren es in seine Obhut zu nehmen hatte. Schließlich fragte einer der Irrenwärter laut: „Wer ist denn der Narrische?“, worauf jeder der beiden Herren auf den anderen zeigte.

Es hätte nicht viel gefehlt, und mein Großvater wäre in eine Zwangsjacke gesteckt worden, weil er offensichtlich mit zu wenig Nachdruck seine Position verteidigte. Schließlich gelang es durch Vorlage der Papiere aber doch, einen Irrtum zu verhindern, was deshalb nicht so einfach war, weil in der damaligen Zeit ja niemand mit einem Ausweis reiste. Schlussendlich konnte man das Problem aber irgendwie lösen, und meinem Großvater blieb die – wenn auch nur zeitliche – Anhaltung erspart.

## Hier (keine) Gerichtskostenmarken

Durch meine langjährige Tätigkeit als Wiener Rechtsanwalt ist mir eine Reihe von wirklich skurrilen Geschichten untergekommen, deren prägnanteste ich der Nachwelt nicht vorenthalten möchte.

Bevor der aus dem Anwaltsstand zum Justizminister aufgestiegene Dr. Harald Ofner das Aufkleben der Gerichtskostenmarken jeweils nach Beendigung einer Gerichtsverhandlung durch die so genannte Pauschalgebühr ersetzte bzw. über seine Initiative das entsprechende Gesetz beschlossen wurde, gab es auf jedem Gericht ein oder mehrere Verschleißstellen, in denen Gerichtskostenmarken zum Verkauf angeboten worden.

Justizminister Dr. Harald Ofner, der der Freiheitlichen Partei angehörte, hatte es gar nicht leicht, diese Gerichtskostenmarkenkleberei zu beenden, denn eines Tages sprach eine Delegation „freiheitlicher Trafikanten“ vor (auch die Trafikanten waren autorisiert, Gerichtskostenmarken zu verkaufen) und beklagten den großen Verdienstentgang. Dr. Harald Ofner war zunächst erstaunt, dass es so viele freiheitliche Trafikanten gab, aber er ließ sich dadurch nicht beeinflussen, und es kam, wie gesagt, zur Abschaffung dieser komplizierten Prozedur.

Diese Einleitung ist notwendig, um die folgende Geschichte zu verstehen:

Einer dieser Gerichtskostenmarkenstände war in einem Zimmer im Wiener Justizpalast untergebracht. Der Nebenraum war das Zimmer des Richters Dr. D. Dieser Dr. D. war ein guter Richter, ein im persönlichen Umgang liebenswerter Mensch, der aber von Zeit zu Zeit cholerische Anfälle hatte. Das ist nicht verwunderlich, wenn man bedenkt, dass man als Richter, was aber leider zu diesem Beruf gehört, jeden Tag mehrfach angelogen wird. Da kann einem schon manchmal der Kragen platzen.

Es kam nun durch die Nachbarschaft des Zimmers des Richters Dr. D. zum Gerichtskostenmarkenverschleiß häufig vor, dass Parteien, die Gerichtskostenmarken kaufen wollten, irrtümlich in das Zimmer dieses Richters kamen und dort Gerichtskostenmarken von ihm verlangten. Man kann verstehen, dass nach einiger Zeit dieser Richter jedes Mal explodierte, wenn jemand erneut eintrat und Gerichtskostenmarken verlangte. Deshalb ließ er eine Tafel aus mit weißem Papier beklebtem Pappendeckel an seiner Tür anbringen, auf der groß geschrieben stand: „HIER KEINE GERICHTSKOSTENMARKEN!“

Das bewirkte nun, dass Dr. D. einige Tage unbehelligt

blieb. Aber dann nahm irgendein Spaßvogel ein Stück gleichartigen weißen Papiers und überklebte auf der Tafel das Wort „KEINE“, sodass die Aufschrift nunmehr lautete: „HIER GERICHTSKOSTENMARKEN!“

Man kann sich vorstellen, was die Folge war: Einer nach dem anderen kamen sie in das Zimmer des Richters und wollten Gerichtskostenmarken kaufen. Natürlich wurde aber auch einer nach dem anderen prompt vom Richter wieder hinausgeworfen. Die meisten beugten sich der richterlichen Autorität, gingen hinaus und bemerkten nach einiger Zeit, dass man die Gerichtskostenmarken im Nebenzimmer kaufen konnte.

Einer jedoch war besonders störrisch und brüllte zurück: „Steht ja draußen, dass es hier Gerichtskostenmarken gibt!“ Als Reaktion packte Richter Dr. D., der ein kleiner Mann war, diesen großen Kaufinteressenten am Kragen und schob ihn mit übermenschlicher Kraft zur Tür hinaus. Dort forderte er ihn auf: „Hier, lesen Sie, was auf der Tür steht!“

In dem Moment bemerkte der Richter die Veränderung der Aufschrift. Er sank in sich zusammen, worauf nun der andere Oberwasser hatte, ihn beim Kragen packte und wieder ins Zimmer hineinstieß.

Gott sei Dank hatte die Angelegenheit damit ihr Bewenden, die Aufschrift wurde wieder auf den ursprünglichen Stand gebracht, und abgesehen von der großen Heiterkeit, die die Erzählung dieser Geschichte jeweils im Buffet des Justizpalastes mit sich brachte, erledigte sich das Problem der Gerichtskostenmarken kurze Zeit später ohnehin durch die vom Justizminister betriebene Änderung.

## Jo, na, i wass nix

Im Jahre 1945 herrschte große Knappheit an Richtern, weil sehr viele von ihnen der nationalsozialistischen Partei angehört hatten und nun einem Berufsverbot unterlagen.

Zum allgemeinen Erstaunen konnte der Richter Dr. Sch. weiter tätig sein. Es stellte sich nachher heraus, dass er dies dem damaligen Vizekanzler und späteren Bundespräsidenten Dr. Schärf zu verdanken hatte, der im Jahr 1934, nach dem Verbot der Sozialdemokratie durch das damalige austro-faschistische Regime in Österreich, seinen Beamtenposten im Parlament verloren hatte und nunmehr als Anwalt tätig wurde.

Im Jahr 1938, kurz nach Hitlers Machtergreifung, wartete er im Verhandlungssaal auf eine Verhandlung bei diesem Richter Dr. Sch., der gerade ein Scheidungsverfahren leitete. Ein Straßenbahner wollte sich von seiner Frau scheiden lassen, weil sie Jüdin war. Das war damals sehr einfach, es genügte die Behauptung, dass ein Zusammenleben wegen rassischer Verschiedenheiten nicht möglich sei.

Es wäre nun zu erwarten gewesen, dass dieser Richter, der ja Nationalsozialist war, dem Scheidungsbegehren stattgeben werde. Aber hier zeigte sich, dass politische Anschauung manchmal gegenüber persönlicher Anständigkeit zurücktreten musste.

Der Richter fragte den Straßenbahner grob (beide Parteien waren unvertreten – das war damals im Scheidungsverfahren auch vor dem Landesgericht möglich), ob er sich nicht überlegt habe, was das für die Frau bedeute, wenn sie geschieden sei. Dann schrie er: „Wenn Ihnen die Frau bis jetzt recht war, dann wird Sie Ihnen auch künftig recht sein!“ Damit veranlasste der Richter den Straßenbahner, die Klage zurückzuziehen.

Dieser Vorfall hatte den späteren Bundespräsidenten so beeindruckt, dass er 1945 als Vizekanzler und Vorsitzender der sozialistischen Partei die rasche Wiedereinstellung des Richters Dr. Sch. ermöglichte.

Aber Richter Dr. Sch. war auch sonst jemand, der von festgefahrenen Regeln nicht viel hielt. Ich hatte bei ihm einmal eine Verhandlung gegen einen Kollegen, der ein Meister im Prozessverzögern war – dies dadurch, dass er einfach eine

Unzahl von Zeugen beantragte, die meistens nichts zur Sache selbst sagen konnten, aber allein durch ihre Anwesenheit und ihre Nominierung dazu beitrugen, dass der Prozess immer wieder vertagt werden musste.

Nun hatte dieser Kollege für diese Verhandlung, die etwa um 12 Uhr mittags stattfand, zwölf Zeugen beantragt. Ich fragte den Richter, wie sich das denn ausgehen solle, da die Verhandlung nur auf eine halbe Stunde ausgeschrieben war. Der Richter meinte: „Lassen Sie mich nur, Sie werden schon sehen!“

Es begann die Vernehmung der ersten Zeugin: „Wie haßen S’, wo wohnen S’, wie alt samma?“

Als die Frau zum Stottern anfing, fuhr Richter Sch. sie an: „Sie san also scho sechzig?“, worauf diese erklärte: „Na, na, so alt bin i no net, i bin erst fünfundvierzig.“ Darauf der Richter: „Man muss den Weibern nur sogn, dass sechzig san, dann sagens einem gleich, wie alt sie san!“ Dann meinte er: „Wissen S’ was, jo, na, i waß nix. Also, wie wor des? Kennen Sie die Parteien?“

Die Frau stotterte herum: „Na, aber es hot ma die Nachbarin erzöht.“

Darauf der Richter: „So. Protokoll: I waß nix. Auf Wiedersehen!“

Das ganze hatte knapp eineinhalb Minuten gedauert. Beim nächsten Zeugen folgte das gleiche Spiel. Und so ging es immer weiter: „Jo, na, i waß nix.“

Ein einziger Zeuge war etwas renitent und wollte unbedingt doch etwas wissen, worauf der Richter ihn anfuhr, der Zeuge unhöflich reagierte und sofort mit einer Ordnungsstrafe belegt und auf diese Weise kaltgestellt wurde.

Schlussendlich war das Verfahren zwar nicht nach einer halben Stunde beendet, aber nach vierzig Minuten wurde es geschlossen, woraufhin der Richter sich zu mir wandte und sagte: „Sehn S’ Herr Doktor, wie afoch des geht.“

Der Prozessverzögerer war am Boden zerstört!

## Das zehnte Gebot

Du sollst nicht begehren deines Nachbars Weib!

Gegen das zehnte Gebot ist schon von alters her häufig verstoßen worden, sonst hätte es ja Moses, der es vom Herrn selbst empfing, gar nicht seinem Volk vermittelt.

Dass die Missachtung des Gebotes eine schwere Sünde ist, steht außer Zweifel. Dass es deswegen schon Tragödien gegeben hat und trotz der Risken, dieses Gebot zu übertreten, dieses immer wieder übertreten wurde, ist bekannt. Aber dass man auch auf skurrile Weise durch einen Verstoß gegen das Gebot zu Schaden kommen kann, soll im Folgenden erzählt werden.

Als ich ein junger Konzipient war, zählte es auch zu meinen Aufgaben, bei allen Exekutionsvollzügen mitzuwirken. Diese anwaltliche Tätigkeit ist heutzutage großteils vorbei, das Exekutions-(Vollstreckungs-)recht ist in einem fortlaufenden Milderungsprozess begriffen, und es sind daher die anwaltlichen Interventionen im Wesentlichen kostenfrei, was zur Folge hat, dass Anwälte auch bei Exekutionsvollzügen nicht mehr tätig werden.

Damals aber war das anders, und es war vor allem die Aufgabe der Konzipienten, an einem Exekutionsvollzug in der Form mitzuwirken, dass er zusammen mit dem Vollstrecker bei der so genannten Fahrnispfändung, also der Wegnahme von persönlichen Gegenständen, zu intervenieren hatte. Dafür musste dann der Verpflichtete auch noch Kosten bezahlen.

Eines Tages hatten wir zu morgendlicher Stunde einen Vollzug im 10. Wiener Gemeindebezirk. Solche Vollzüge mussten immer früh am Morgen stattfinden, weil sonst niemand in der Wohnung angetroffen wurde.

Der Vollstrecker und ich gingen also zu dem betreffenden Haus, hinauf über die Stiege und läuteten an. Es dauerte einige Zeit, bis geöffnet wurde (meistens wurde gar nicht geöffnet, dann musste man einen Schlosser kommen lassen, aber das war in diesem Fall nicht notwendig), und eine Frau, offensichtlich die Gattin des so genannten Verpflichteten, kam heraus und erklärte, dass ihr Mann nicht zu Hause sei. Das war aber nun kein Hindernis, eine Exekution durchzuführen, denn wenn der Mann da war, würde er nur, was den Inhalt seiner Geldbörse betraf, gefilzt werden. Wenn er nicht da war, wurde aufgeschrieben, was an pfändbaren Gegenständen vorhanden war: beispielsweise die Wanduhr, wenn vorhanden, Möbel, die nicht zum unmittelbaren Existenzbedürfnis gehörten, und dergleichen.

Der Vollstrecker erklärte also, dass er nun in die Wohnung gehen müsse, um die Gegenstände aufzuschreiben. Die Frau versuchte ihn davon abzuhalten, woraufhin der Vollstrecker Unrat witterte und nicht zu Unrecht meinte, dass der verpflichtete Ehegatte sowieso da wäre. Er machte also kurz entschlossen die Schlafzimmertür auf, und dort lag der Mann im Bett.

„Aha", sagte der Vollstrecker, „da haben wir's ja! Herr N., geben Sie mir Ihre Brieftasche!"

In der Regel wurde eine solche Aufforderung meistens ignoriert oder mit Ausflüchten begegnet, aber dieser Mann war überaus sanftmütig, gab seine Brieftasche her, die ganz gut gefüllt war, und der Vollstrecker konnte das Geld entnehmen. Der Vollzug war somit erfolgreich, wir freuten uns darüber und konnten die Amtshandlung damit beenden.

Am nächsten Tag kam in die Kanzlei ein Herr N. und wollte mich unbedingt sprechen. Ich sei ja derjenige, der bei dem Vollzug am Vortag mitgewirkt habe. Ich bejahte dies und meinte, dass ja bereits alles von ihm bezahlt worden wäre. Da meinte Herr N.: „Aber wissen Sie, das Problem ist folgendes: Ich bin gar nicht der Herr N."

„Wieso?", fragte ich – ich war damals noch jung und reichlich naiv, „Sie sind doch im Bett neben der Frau N. gelegen."

„Ja", lautete die Antwort, „ich bin aber nur durch Zufall dort gewesen."

Schließlich stellte sich dann heraus, dass es sich bei dem Mann um den Liebhaber der Frau gehandelt hatte. Der Ehegatte befand sich zur Zeit auf Montage, und daher war für ihn die „Luft rein gewesen". Der vermeintliche Ehemann hatte natürlich nicht daran gedacht, welche sonstigen Unannehmlichkeiten, außer vielleicht vom Gatten erwischt zu werden, ihm drohen könnten! Nun meinte er, ich müsse das Geld zurückstellen, denn es sei ihm zu Unrecht weggenommen worden.

Für mich war das Problem insofern einfach, weil zufälligerweise an diesem Tag unser Klient in die Kanzlei gekommen war und wir ihm daher den Betrag bereits ausgefolgt hatten!

Es war also angenehm, dass ich mich mit dem Problem, ob eine Rückerstattung erfolgen hätte müssen oder nicht, persönlich nicht mehr abzugeben hatte, sondern ich konnte den „falschen Herrn N." an den Betreibenden, wie es im Exekutionsrecht heißt, verweisen.

Aber auch dort hatte der Mann kein Glück, denn unser Klient hatte sofort die Schwachstelle erkannt und ließ keinen Zweifel daran, dass er den Betrag freiwillig nicht zurückgeben werde. Wenn er geklagt worden wäre, hätte der Ehemann als Zeuge auftreten müssen, und davor hatte der arme Nebenbuhler sicherlich entsprechend Angst, so dass die Sache schließlich im Sande verlief.

Ja, der Herr gibt's den Seinen im Schlafe, in diesem Fall aber hat es der Herr dem Seinen nach dem Schlafen genommen. Der betroffene „Stellvertreter" wird wohl nicht mehr zu seiner Freundin gegangen sein.

## Frappierende Ähnlichkeit

Anknüpfend an die vorherige Geschichte über das zehnte Gebot (irgendwie betrifft das natürlich auch das sechste Gebot) soll nun auch eine vielbelachte Story, die sich im Zuge eines Eheprozesses ereignete, erzählt werden.

Ehescheidungsverfahren, damals noch vor dem Landesgericht für ZRS (Zivilrechtssachen) Wien. Anwesend die Parteien: die Klägerin, eine hübsche Blondine; der Beklagte, dem Beziehungen zu einer Dame der Gesellschaft vorgeworfen wurden, erheblich älter; die beiden Parteienvertreter: erfahrene Scheidungsanwälte. Es ging darum, dass nun auch der beklagte Ehemann seiner Frau eheliche Untreue vorwarf.

Zu dieser Zeit spielten die Scheidungsgründe und die Frage, wer an der Scheidung schuld ist, noch eine wesentlich erheblichere Rolle als heute. Die vermögensrechtlichen Regelungen hingen damals vielfach vom Verschulden ab.

Im gegenständlichen Fall war das offenbar sehr bedeutend, weil der Ehemann ein vermögender Geschäftsmann war, der seine Sekretärin, jene hübsche Blondine, geheiratet hatte, und die beiden Anwälte legten sich ordentlich ins Zeug, um den Fall für ihre Mandanten erfolgreich abschließen zu können.

Als nun auch der Anwalt des Ehemannes wortreich vorbrachte, dass die Ehefrau ehewidrige Beziehungen zu einem anderen Mann unterhalte, diesen in dessen Villa mehrfach besucht hätte, entrüstete sich der gegnerische Anwalt über diese unglaubliche Unterstellung, die offenbar nur eine „Retourkutsche" des des ehewidrigen Verhaltens überführten Ehemannes darstelle, und rief zuletzt pathetisch aus: „Man kann vieles behaupten, aber man muss es auch beweisen!"

Der Anwalt des Mannes erhob sich, griff in seinen Akt, zog ein Foto heraus und legte es auf den Richtertisch. Der Richter betrachtete das Foto, hielt es gegen das Licht und schaute die Klägerin und schließlich auch den Klagevertreter an. Dann überreichte er dem Klagevertreter wortlos das Bild zur Einsicht. „Bitte Ihre Stellungnahme, Herr Doktor!"

Der Klagevertreter studierte das Bild aufmerksam, dann sagte er: „Dieser Mann hat eine frappierende Ähnlichkeit mit mir."

Das Bild zeigte nämlich den Klagevertreter, auf dem Balkon seines Hauses sitzend, die Klientin auf seinem Schoß, und die beiden schmusten inniglich.

Der völlig kalt gebliebene Anwalt der Klägerin sagte dann: „Ich muss mich kurz mit meiner Klientin draußen besprechen."

Beide gingen hinaus, im Saal blieben Richter, Schriftführerin und der Beklagte samt Anwalt zurück, alle schmunzelten, und nach einigen Minuten kam die Klägerin mit ihrem Anwalt herein, und es begannen die Vergleichsgespräche, wie nicht anders zu erwarten war.

Die beabsichtigte Vernehmung des Detektivs, der die Aufnahme geschossen hatte, unterblieb.

## Gib scho her, bleda Bua

Über Empfehlung eines Freundes kam vor längerer Zeit ein gepflegter älterer Herr in meine Kanzlei. Es handelte sich um einen ehemaligen Industriellen, der im Wirtschaftsleben eine bedeutende Rolle gespielt hatte. Er befand sich zu dieser Zeit mit seiner Frau in einem schrecklichen Rosenkrieg, im Zuge dessen nunmehr die vermögensrechtlichen Nachwirkungen zu regeln waren.

Während der langen Prozessdauer wurden mein Klient und ich gute Freunde. Meine Frau und ich haben ihn auch persönlich betreut. Da er aufgrund einer schweren Krankheit später nicht mehr sprechen konnte, mussten wir uns schriftlich verständigen, aber solange wir uns noch unterhalten konnten, hat er mir sehr viele Geschichten aus seinem Leben erzählt, die insofern bemerkenswert waren, als es sich um die Zeit der 30er- und 40er-Jahre handelte.

Mein Klient und späterer Freund war im Berufsleben sehr geschickt gewesen. Er hatte in der Wirtschaft sehr hohe Positionen erreicht, aber auch sehr gute Verbindungen gewonnen und wusste immer, wie man ein Unternehmen auch in Krisenzeiten über Wasser halten kann.

Bedeutsam für diese erfolgreiche Einstellung war eine Art

Schlüsselerlebnis, über das ich jetzt berichten will. Zumal die geschilderten Gebräuche nicht nur damals Gültigkeit hatten.

Die Firma, um die es sich hier dreht, wurde vom alten österreichischen Bundesheer als Lieferant stark beschäftigt. Der spätere Firmenchef wurde von seinem Vater nach Wien geschickt, um dem zuständigen General einen gegengezeichneten Großauftrag zu überbringen. Der Vater folgte dem Junior die Vertragsformulare aus und schließlich auch ein verschlossenes Kuvert, das der Sohn dem General zu überreichen habe.

Der Sohn fuhr nach Wien und ahnte natürlich, dass dieses Kuvert eine entsprechende Geldsumme enthielt. Es bedrückten ihn nicht sosehr die Bestimmungen über verbotene Geschenkannahme, sondern die Frage, wie er das Kuvert loswerden konnte, ohne dass das zweifelhafte Geschäft offenbar wurde.

Er besuchte also den General, gab ihm die Vertragsurkunden, sprach mit ihm über dieses und jenes, während das Kuvert in seiner Sakkotasche knisterte und ihm nicht einfiel, wie er es loswerden konnte. Auf einmal erhob sich der General und sagte: „Gib scho endlich her, bleda Bua!“

Erleichtert übergab der Junior das Kuvert und war froh, als er wieder draußen war.

Unser Freund war im Wirtschaftsleben in der Folge sehr erfolgreich, es gelang ihm ohne Einberufung als „für die Wehrwirtschaft wesentlich“ den Krieg zu überstehen. Die für seine Position notwendige Zugehörigkeit zu NSDAP ließ sich auch bereinigen, und ich glaube nicht, dass mein Freund ein Einzelfall war. Seine Erfahrungen im Wirtschaftsleben spiegelten die gängige Praxis wider.

Die Begegnung mit ihm hatte zur Folge, dass ich zu der Erkenntnis kam, dass ein Sprichwort, das meine Mutter sehr häufig verwendet hatte, absolute Geltung hat: „Ein mit Gold beladener Esel übersteigt die höchsten Berge.“

## Wenn einer eine Reise tut …

… so kann er was erzählen. So heißt es in einem Sprichwort.

Es gibt Reisen, über die man viel Schönes erzählen kann, und es gibt Reisen, über die man viel Schlechtes erzählen kann, insbesondere wie man im Krieg durch ganz Europa gereist ist im Güterwagen mit der Aufschrift „24 Mann oder 6 Pferde“. Es gibt Reisen mit großen Erwartungen, und über eine solche, die dann aber ganz anders ausgegangen ist, sei nun berichtet.

Ein Geschäftsmann – er war kein ganz großer, aber auch kein ganz kleiner – wollte sich seinen Traum, nämlich den Erwerb einer Villa am Semmering, erfüllen. Er hatte ein Leben lang gearbeitet, hatte gute und schlechte Geschäfte gemacht, und vor allem hatte er auch Geschäfte vorbei am Finanzamt gemacht.

Diese Art von Geschäften hat den Vorteil, dass man den Erlös nicht mit dem Staat teilen muss. In einem Land mit einer doch nicht unbeträchtlichen Steuerbelastung kommt dies bekanntlich oft vor. Das ist wohl in fast der ganzen Welt so, vielleicht nicht in der Schweiz, wo angeblich bei einer Veröffentlichung der Steuerbekenntnisse manche Leute sogar mehr angeben, als sie verdient haben, um in der Reputation zu steigen. Ich halte das zwar für unwahrscheinlich, es ist mir aber glaubhaft berichtet worden.

Nun aber wieder zurück zum konkreten Fall. Der Geschäftsmann hatte also genügend Geld angehäuft und wollte die Villa zu einem kleineren „offiziellen“ Kaufpreis erwerben und das restliche so genannte Schwarzgeld bei Unterfertigung des Vertrages dem Verkäufer, der damit natürlich auch einverstanden war, übergeben. Eine einfache, aber praktikable Form der Geldwäsche.

Unser Kaufmann hatte also das Geld in seinen Innentaschen verstaut. Das war gar nicht so einfach, denn auch Tausendschillingscheine nehmen Platz ein, und die Villa am Semmering war nicht gerade billig. Während der Bahnfahrt, als sich der Zug schon bald der Station Semmering näherte, suchte unser Freund noch die Toilette auf. Bei einer ruckartigen Bewegung des Zuges sprang plötzlich die Brieftasche, in der der Großteil des zu entrichtenden „schwarzen" Barbetrages verstaut war, aus der Brusttasche, die er geöffnet hatte, heraus, fiel in die Klomuschel und in weiterer Folge zwischen die Schienen.

Unser Kaufmann wurde fast vom Schlag getroffen. Er stürzte, nachdem der Zug am Semmering zum Halten gekommen war, in die Fahrdienstleitung und ersuchte, sofort mit der Suche nach der Brieftasche zu beginnen. Das war aber nicht so einfach, denn allzu viel Personal war nicht vorhanden. Der Verlustträger konnte zwar genau beschreiben, wo ihn das Missgeschick ereilt hatte, aber es dauerte doch entsprechende Zeit, bis die Strecke abgesucht war. Obwohl hohes Trinkgeld versprochen wurde und es sicher nicht am Eifer der Sucher fehlte, wurde die Brieftasche nicht gefunden. Der Kaufvertrag konnte also nicht abgeschlossen werden und der Notar, der schon in die Villa bestellt worden war, kehrte unverrichteter Dinge in seine Kanzlei nach Mürzzuschlag zurück.

Plötzlich erreichte den Kaufmann in dem Hotel, in welchem er abgestiegen war, ein Anruf, wonach jemand seine Brieftasche gefunden und am örtlichen Gendarmerieposten abgegeben habe, von wo aus der Fund an die Gendarmeriestelle in Gloggnitz weitergeleitet worden sei.

Natürlich fuhr unser Kaufmann mit dem nächsten Zug nach Gloggnitz und eilte zur Gendarmerie, um seine Brieftasche abzuholen. Dort musste er aber erfahren, dass angesichts des hohen Betrages, der sich in der Brieftasche befinde, eine Mitteilung an das Finanzamt gemacht werden müsse.

Man kann sich vorstellen, welcher Schreck unseren gerade vor Antreten des Ruhestands befindlichen Kaufmann ereilte. Es hätte nicht viel gefehlt, und er hätte jetzt einen Herzinfarkt erlitten. Fieberhaft dachte er nach, wie er die Herkunft des Geldes erklären sollte. Seine offiziellen Einnahmen waren in der letzten Zeit sehr gering gewesen, und er hatte sich schon früher überlegt, dass der Aufwand des Erwerbes einer Villa am Semmering ihm unter Umständen auf den Kopf fallen könnte. Er wurde aber dahingehend beruhigend beraten, dass bei einem niedrigen offiziellen Kaufpreis die Verdachtsmomente sehr gering wären und sich die Finanz es sich nicht antäte, über den Aufwand lange Nachforschungen anzustellen. Solches sei zwar in Amerika üblich und sogar der berühmte Al Capone habe nur über den Aufwand ins Gefängnis gebracht werden können, aber er brauche sich diesbezüglich keine Sorgen zu machen. Nun aber saß unser Kaufmann in der Tinte.

Wie ist diese skurrile Geschichte dann ausgegangen?

Irgendwie hatte man auch bei der strengen Finanz mit dem Mann Mitleid. Ein solches Pech musste einfach überall auf Mitgefühl stoßen. Seine Erklärung verschiedener Einkünfte wurde akzeptiert, und unser Kaufmann unterschrieb am Schluss eine Unterwerfungserklärung mit einer zwar nicht unbeträchtlichen, aber noch tragbaren Nachzahlung, so dass ihm doch noch einiges Geld übrig blieb. Aus der Villa am Semmering wurde aber nichts mehr.

Der Kaufmann fuhr auch am Wochenende nicht mehr in eines der zahlreichen Hotels am Semmering. Der Semmering war ihm ein für allemal verleidet worden.

In späteren Jahren erwarb er dann ein hübsches Häuschen in der Buckligen Welt, das viel weniger kostete und ihm, seiner Frau, seinen Kindern und Enkelkindern noch viel Freude bereitet hat. Und wenn er nicht gestorben ist, dann lebt er dort noch heute.

## Wie bei Kafka …

Wer ist noch nicht wahnsinnig geworden, wenn er ein Amt oder sonst irgendeine vielbeschäftigte Stelle angerufen hat und immer wieder in der Warteschleife hängengeblieben ist?

„Bundesministerium für Handel und Wiederaufbau, Bundesministerium für soziale Verwaltung, Bundesministerium für Landwirtschaft, im Augenblick sind alle Leitungen besetzt, wir werden sofort nach Freiwerden der Leitung die Verbindung herstellen." Oder in neuerer Zeit heißt es seitens der Behörden sogar: „Wir sind um das Anliegen der Kunden bemüht" und dergleichen mehr, aber jedenfalls wiederholen sich diese Ansagen minutenlang und es wird manchmal sogar die Aufforderung erteilt, man möge nicht auflegen, weil man sonst wieder hinten in der Warteschleife eingereiht werden würde.

Es ist also oft wirklich zum Verzweifeln, und wenn man schließlich ermattet den Hörer je nach Temperament auflegt oder auf die Gabel schmeißt, dann steigt das Verständnis für den alten Kaiser, denn Franz Joseph hat es strikt abgelehnt, ein Telefon zu benützen.

Sicherlich ist der Dichter Kafka als Beschreiber des unwirklichen, uferlosen und hilflosen Wirkens des Menschen in einer feindlichen Umwelt bekannt. Und als einmal eine mir bekannte Juristin, die mir diese Geschichte erzählte, auch minutenlang mit der Warteschleife konfrontiert wurde und es ihr endlich gelungen war, unter Schilderung eines Sachverhaltes den ihr nicht namentlich bekannten zuständigen Referenten zu verlangen, blieb sie zwar in der Leitung, aber es dauerte geraume Zeit, bis sie verbunden werden konnte.

Nun war aber die betreffende Abteilung, die von der Telefonistin offensichtlich ausfindig gemacht worden war, unbesetzt. Dies wurde der Anruferin mitgeteilt und ihr eine andere, benachbarte Klappe vorgeschlagen, worauf unsere Juristin verzweifelt den Ruf ausstieß: „Wie bei Kafka!"

Darauf sagte die Telefonistin: „Ja, wenn Sie den Herrn Amtsrat Kafka sprechen wollen, hätten Sie das gleich sagen sollen. Zu ihm können wir Sie gerne verbinden!"

Und klacks – war unsere Juristin mit Herrn Amtsrat Kafka verbunden, der sicherlich kein Verwandter des berühmten

Dichters war, aber irgendwie hat sich dessen Geist offensichtlich, als er angerufen wurde, unserer Anruferin angenommen. Denn der Herr Amtsrat Kafka war zufällig der Richtige für das Anliegen der Juristin und konnte es in freundlichstem altösterreichischem Amtston einer Erledigung zuführen.

## Fußfreie Reihe

Die Erinnerung an einen meiner Anwaltskollegen – ich weiß gar nicht, ob er heute noch lebt, zuletzt habe ich ihn vor zwei Jahren, als er gleich mir in der Ambulanz des Wiener Hanusch-Krankenhauses wegen einer Blutuntersuchung saß, getroffen und er war längst in Pension – bringt mich auf eine Geschichte, die er wohl selbst schon vergessen hatte, die ich aber, weil sie lustig und skurril ist, nicht der Vergessenheit anheim fallen lassen will.

Dieser Anwaltskollege hatte in der Zeit, als in Wien ständig die Telefonnummern wechselten – zuerst von Buchstaben auf Ziffern, dann von diesen Ziffern auf andere Ziffern – eine Nummer erhalten, die früher einmal einem in der Nähe gelegenen Kino gehörte.

Damals waren die Kinos noch gut besucht, und es war bei bestimmten Filmen ständig ein „G'riss“ um Karten. Man konnte telefonisch bestellen, allerdings unter der Auflage, zumindest eine Viertelstunde vor Vorstellungsbeginn die Karten bei der Kasse beheben zu müssen.

Es riefen nun immer wieder Leute auf der Nummer meines Kollegen an und wollten Kinokarten bestellen. Anfänglich erklärte er den Leuten freundlich, dass das jetzt seine Nummer sei und nicht mehr die des Kinos, er tat sogar noch mehr, indem er sich die neue Nummer des Kinos beschaffte und sie in seiner Menschenfreundlichkeit den Anrufern bekanntgab.

Aber mit der Zeit wurde ihm die Sache doch lästig, denn die letzte Kinovorstellung begann zu einer Zeit, wo er bereits Ruhe zu pflegen wünschte. Da wurde er dann unfreundlich, schnauzte die Leute, die ihn anriefen, an und erwog schon, sich eine andere Telefonnummer zuzulegen. Ein diesbezüglicher Versuch bei der Post scheiterte aber daran, dass man erklärte, es gäbe keine andere Nummer und er solle froh sein, dass er diese Nummer habe. Es herrschte damals nämlich auch noch ein relativ großer Andrang auf Telefone, und so musste er sich seinem Schicksal fügen.

Der Ärger stieg aber mit jedem Anruf bezüglich Kinokarten gewaltig, und irgendwo glaubte mein Kollege, ein Ventil finden zu müssen, worauf er beschloss, die Kartenbestellungen einfach entgegenzunehmen. Wenn also nun jemand anrief und Karten bestellen wollte, auch für Filme, die nahezu ausverkauft waren, war mein Kollege der freundlichste Mensch und zeigte große Bemühungen, den Leuten die besten Karten zu reservieren. „Zehnte Reihe fußfrei, kein Problem." Er nahm alle Bestellungen entgegen, und die Leute bedankten sich. Damit war aber seiner erlittenen Unbill noch keine Genugtuung gewährleistet.

Also machte sich der Betroffene auf und ging in das Kino, wo er für die Unbill, die ihm angetan worden war, durch das, was er dort mitverfolgen konnte, entschädigt werden sollte. Es fanden nämlich gerade die wildesten Diskussionen zwischen Besuchern und Kassenangestellten statt. Die Leute schrien in die Kasse hinein, aus der Kasse wurde herausgeschrien. Es wurde beteuert, dass man die Karten ja telefonisch zugesagt bekommen habe. „Natürlich waren Sie das!", wurde dem Billeteur mitgeteilt. „Ich kenne doch Ihre Stimme! Sie haben die Bestellung doch entgegengenommen! So eine Frechheit! Wir werden mit der Geschäftsführung sprechen!"

Der Geschäftsführer des Kinos wurde geholt und sofort von den Leuten gröblich beschimpft. Aber er konnte natürlich nichts dafür, dass zu wenig Karten vorhanden waren, fühlte sich daher dementsprechend angegriffen und schimpfte lautstark zurück.

Nach einiger Zeit holte schließlich jemand einen Wachmann. Wachleute gab es damals noch mehr auf den Straßen als heute. Dieser Wachmann war ein behäbiger, rundlicher Herr, der offensichtlich schon Jahrzehnte im Revier tätig war und dessen hauptsächliche Tätigkeit in der Streitschlichtung bestand. Streit zu schlichten war einer umständlichen Meldungslegung sicherlich vorzuziehen, aber in diesem Fall hatte auch er keinen Erfolg. Schließlich kam er auf die Idee, zu sagen, dass sich da möglicherweise jemand einen Spaß erlaubt haben könnte, der eine ähnliche Telefonnummer habe.

Mein Kollege, der das mit anhörte, bekam nun doch einen gelinden Schreck, denn er musste befürchten, dass entsprechende Recherchen die Folge wären, da es bereits so aussah, als wenn es bald zu Tätlichkeiten kommen würde. Er entfernte sich also schnellstens vom Kino. In weiterer Folge legte er einfach den Telefonhörer auf, wenn ein neuer Anruf um Kinokarten kam, ohne sich zu äußern.

Es heißt, die Zeit heilt alle Wunden. In diesem Fall sprach sich mit der Zeit dann doch die richtige Telefonnummer des Kinos herum, und unser Telefonopfer hatte seine Ruhe. Später ging es ihm fast ab, dass keine neuen Anrufe mehr kamen – vielleicht auch deswegen, weil das Fernsehen dem Kino letztlich den Todesstoß versetzt hat.

## For the judge

Vor längerer Zeit, als die Drogendelikte noch nicht zum Alltag des Wiener Straflandesgerichtes gehörten, war über Empfehlung einer karitativen Organisation ein Afrikaner in unsere Kanzlei gekommen und wollte in einem Verfahren wegen Drogenhandels vertreten werden. Natürlich erklärte der Mann, dass er nur ganz wenige Drogen gehabt habe, diese auch nur für den Eigenverbrauch gedacht waren und er außerdem nur einmal einem guten Freund etwas abgegeben, aber ansonsten nichts mit Drogen zu tun habe. Da die gängigen Ausreden damals noch nicht so sehr bekannt waren und der Mann von einer nahestehenden Organisation empfohlen war, musste man ihn also vertreten, und es gelang erstaunlicherweise, die Sache mit einer überaus milden Strafe von einigen Monaten über die Bühne zu bringen.

Natürlich hatte man bei dem Mann auch Geld gefunden, das offensichtlich der Beschlagnahme verfallen war.

Der Afrikaner saß seine Strafe ab und wurde sodann abgeschoben.

Kosten bezahlte er unserer Kanzlei natürlich keine, ebensowenig die karitative Organisation, die ihn zu uns geschickt hatte. Ich kam damals auf die Idee, einmal nachzufragen, was mit dem beschlagnahmten Geld geschehen sei. Irgendein Verfallsbeschluss lag nicht vor, und so fragten wir im Landesgericht für Strafsachen nach. Der zuständige Richter war auf Urlaub, und der Vertretungsrichter fasste auf unsere Urgenz hin den Beschluss, der Betrag sei an uns zu überweisen.

Es war zwar kein sehr großer Betrag, aber immerhin ein Betrag, der eine kulante Kostenberechnung deckte, und es blieb sogar noch ein erkleckliches Sümmchen über. Wir fragten daher in der Strafanstalt an, wohin der Mann entlassen worden sei. Nach längerer Zeit meldete sich jemand, offensichtlich ein Afrikaner – er sprach ein eigentümliches Englisch – und gab ein Konto in Deutschland an, auf welches der Betrag zu überweisen sei.

Eine bankmäßige Rückfrage ergab, dass der Afrikaner dort tatsächlich ein Konto hatte, und nach Abzug unserer Kosten wurde der Betrag sogleich mit einer Kostennote übermittelt. Einige Tage später rief der Klient an und meinte, die Kosten seien so hoch. Es kommt häufig vor, dass anwaltliche Kosten, wenn die Sache ausgestanden ist, zu hoch erscheinen.

Unsere Mitarbeiterin, die das Gespräch übernahm, sprach nicht sehr gut Englisch und versuchte dem Mann klarzumachen, dass das eben Anwaltskosten seien, die der großen Mühe entsprechen würden. Außerdem solle er doch über den Erfolg zufrieden sein. Daraufhin unterbrach der Afrikaner sie mit den Worten: „Oh, I understand! This was the fee for the judge!“, und legte auf.

Wir hätten natürlich zur Ehre der österreichischen Justiz den Mann aufklären können, dass die Sitten, die vielleicht in seinem Heimatland üblich sind, in Österreich nicht gelten, aber ich glaube nicht, dass wir den Mann überzeugt hätten, und so ließen wir es dabei bewenden.

## Der Präsident geht jetzt br…

In einem Niederösterreichischen Kreisgericht, Berufungsverhandlung: Es ging um einen Verkehrsunfall, der sich im Sprengel eines Bezirksgerichtes in Niederösterreich ereignet hatte, der in erster Instanz mit der Verurteilung des Autolenkers endete. Der Kläger war durch einen mit mir befreundeten Anwaltskollegen vertreten (der mir die Geschichte erzählte), der Beklagte durch die damals berühmte Kanzlei Dr. Stern.

Dr. Stern war damals schon ziemlich alt, aber nicht so uralt, wie er war, als er am Schreibtisch starb (fast 100 Jahre). Er kam allerdings nicht selber zur Verhandlung, sondern ein „Sternsinger“. Unter „Sternsinger“ verstand man in Branchenkreisen, also bei Gericht und in der Advokatur, die vielen Konzipienten, die bei Dr. Stern tätig waren.

Dr. Stern war ein genialer Strafverteidiger, der durch seine guten Kontakte zu Richtern und Staatsanwälten und einen guten Zugang zu Informationen, auch aus der Unterwelt, sehr erfolgreich war. Persönlich kam er natürlich immer nur zu bedeutenden Strafsachen, zu Zivilprozessen und kleineren Strafsachen schickte er einen seiner „Sternsinger“.

Der Ruf des Dr. Stern hatte sich rasch verbreitet und zur Folge gehabt, dass speziell bei einfachen Leuten die Meinung vorherrschte, man brauche nur von der Kanzlei Stern vertreten zu sein und habe damit schon alles gewonnen. Dadurch hatte Dr. Stern natürlich einen sehr großen Zulauf und musste dementsprechend viele Konzipienten beschäftigen. Seine Kanzleiorganisation war jedoch nicht auf dem besten Stand, so dass es vorkam, dass die Konzipienten häufig erst unmittelbar vor der Verhandlung über das bevorstehende Verfahren informiert werden konnten.

Das war nun auch bei diesem Verkehrsunfall so. Ein Konzipient, der noch dazu offensichtlich lange Zeit in Norddeutschland gelebt hatte und deshalb der dortigen Aussprache huldigte, was an sich schon von Anfang an das sichtliche Missfallen des Senates erregte, begründete weitläufig und ausführlich, warum das Urteil der ersten Instanz aufgehoben werden müsse. Schließlich stand der Präsident des Gerichtes, der den Vorsitz führte, auf und ging aus dem Zimmer. Offensichtlich musste er einem menschlichen Bedürfnis nachgehen.

Der Vizepräsident des Gerichtshofes, der beisitzender Richter war, sagte daraufhin zum Beklagtenvertreter, dem „Sternsinger“: „Passen S' auf, Herr Doktor, der Präsident geht jetzt brunzen, und wann er z'ruckkommt, werden Sie mit Ihrer Berufung scheißen gehen.“

Es sei um Verzeihung gebeten, dass solche Ausdrücke in diese Geschichte Eingang gefunden haben, aber die Skurrilität und Originalität lässt sich nur dann treffend erzählen, wenn man die Originalausdrücke verwendet.

Der Vizepräsident des Gerichtshofes wurde kurze Zeit später, nach der Pensionierung des Präsidenten, selbst Präsident des Gerichtshofes. Niemand war ihm wegen seiner auch sonst üblichen deftigen Ausdrucksweise und Originalität böse. Er war nämlich ein ausgezeichneter Jurist und ein sehr guter Richter.

## Zu die Knedl g'hört a Suppn!

Es ist allgemein bekannt, dass Knödel die Nationalspeise der Tiroler diesseits und jenseits des Brenners sind. Jedes Mal, wenn ich in die alte Heimat zu Besuch komme, gibt es ein großes Knödelessen, das jeweils auf Bestellung in einem der Dorfgasthäuser eingenommen wird.

Es gibt bei diesen Knödelessen nicht nur die so genannten Tiroler Knödel, das sind solche, die mit Speck – natürlich Tiroler Bauernspeck – und harter Wurst gemacht werden, sondern auch Leberknödel, die nicht wie bei uns nur in der Suppe gegessen werden, sondern als Hauptgericht mit Salat.

Folgende Speisenfolge wird eingehalten: Zuerst gibt es Tiroler Knödel in der Suppe, darauf folgen Leberknödel mit frischem grünem Salat, dann werden Tiroler Knödel mit Gulasch serviert und zum Abschluss nochmals Tiroler Knödel in der Suppe.

Dieses Abschlussgericht spielt bei der folgenden Erzählung, die ich meinem verstorbenen Freund, Partner und Kanzleikollegen Dr. Robert Amhof verdanke, die entscheidende Rolle.

In einer Osttiroler Gemeinde – ich glaube, es war Obertilliach – fand eine Hochzeit statt. Dazu kamen – wie es nun einmal bei solchen Hochzeiten üblich ist – nicht nur geladene Gäste, sondern jeder aus dem Dorf war eingeladen, der gerade vorbeikam. Zu diesem Zweck mussten natürlich immer Unmengen von Knödel bereitgestellt werden, um die hungrigen Gäste zu verköstigen.

Es gibt bei solchen Festen natürlich immer wieder Leute, die nicht nur kommen, um dem Brautpaar zu gratulieren und den Brauteltern die Ehre zu erweisen, sondern auch solche, die die Gelegenheit nützen wollen, sich ordentlich gratis anzuessen.

Diese so genannten „Partyfresser“ gibt es auch im städtischen Bereich. Das sind Leute, die bei Partys ohne genaue Eingangskontrolle gut gekleidet auftauchen und bei denen man nie weiß, ob man nicht irgendeine Persönlichkeit vor sich hat oder ob es sich um einen Schmarotzer handelt. Auf diese Weise kann man recht gut verköstigt werden. Vor allem Studenten beherrschen das bis zur Vollendung.

Bei dieser Hochzeit in Osttirol kam auch einer, der in diesem Ruf stand, aber im Hinblick auf die gute Stimmung des Festes wurde er natürlich geduldet, und er aß und trank, was das Zeug hielt. Und nicht genug damit. Er trug ein Gewand mit vielen und großen Taschen, und unbemerkt füllte er in diese Taschen ein, was er erhaschen konnte, um sich die Verpflegung auch noch für die nächsten Tage zu sichern.

Als er gerade wieder einige Knödel in der Tasche verstaute, kam ein Kellner, dem das Tun dieses Mannes schon längere Zeit aufgefallen war, mit einem Topf Knödelsuppe vorbei, und ehe es sich der ungebetene Hochzeitsgast versah, füllte der Kellner die Taschen des Mannes mit Suppe an. Dazu äußerte er lautstark, damit es auch alle Umstehenden hörten: „Zu die Knedl g'hört am Schluss imma a Suppn!"

Die weite Jacke des Knödelschmarotzers war zwar aus gutem Loden, aber die Menge Suppe, welche in die Taschen geschüttet wurde, haben sicherlich auch sie nicht bewahren können, und unter stürmischem Gelächter der Umstehenden verließ der Mann eiligst das Gasthaus. Fortan wurde er bei ähnlichen Gelegenheiten lange nicht mehr gesehen.

## Das gestohlene Besteck

Während meines Militärdienstes in der Deutschen Wehrmacht holte ich mir eine schwere Lungenrippenfellentzündung, und als gar nicht unangenehme Folge konnte ich einen Erholungsaufenthalt im Lazarett in Reichenau an der Rax antreten.

Das berühmte Schloss Hinterleithen diente damals als so genanntes Reservelazarett, und der wunderschöne Park hat den dort Genesenden viel Freude gemacht. Es waren dort durch-

*Im Wehrmachtslazarett Hinterleithen, 1944*

wegs junge Leute in den verschiedensten militärischen Rängen, und sie genossen dort eine gute Verpflegung, was im vierten Kriegsjahr keine Selbstverständlichkeit war. Als die Lage an den Fronten für Deutschland immer ungünstiger wurde, kam auch eine Reihe von Soldaten der Verbündeten, die teilweise verwundet, teilweise erkrankt waren, in dieses Lazarett.

Es gab schon damals Gegensätze zwischen der Deutschen Wehrmacht und den Angehörigen der Hilfsvölker. Eines Tages beim Mittagessen empörte sich ein Wiener Luftwaffensoldat lautstark, dass ihm ein Italiener sein Besteck gestohlen habe. Nun muss erklärt werden, dass das Essen natürlich immer mit Besteck serviert wurde, dass aber manche Soldaten, speziell solche, die auf eine entsprechend höhere Zivilisation Wert legten, ihr eigenes Besteck hatten und dieses auch verwendeten.

Es entstand ein großer Tumult, die italienischen Kameraden stellten sich vor den angeblichen Besteckdieb, und es kam fast zu einer Schlägerei, als der Spieß, das war der Hauptfeldwebel, der für Ruhe, Ordnung und Disziplin verantwortlich war, erschien und zunächst einmal die Parteien zur Ruhe brachte und sich dann berichten ließ.

Der Wiener, ich glaube, er trug den häufigen Namen Horvath, stellte sich in Positur, nahm Haltung an und sagte: „Herr Hauptfeldwebel, der Hundsitaliener hot ma mein Besteck gstoihn!"

Daraufhin wurde der Wiener zunächst einmal vom Hauptfeldwebel dahingehend verwiesen, dass er solche Ausdrücke zu unterlassen habe, man dürfe Soldaten des Duce Mussolini nicht beleidigen. Dann stellte der Spieß die durchaus logische Frage: „Horvath, wie woins denn des beweisen?"

Die Antwort ist in ihrer Skurrilität und Eindeutigkeit nicht überbietbar: „Herr Hauptfeldwebel, auf dem Besteck steht eingraviert: Gestohlen bei Otto Kaserer."

Nun muss man zur Erläuterung hinzufügen, dass Otto Kaserer damals der führende Gastronom in Wien war. Er hatte mehrere Lokale: das „O K" in der verlängerten Kärntner Straße und unter anderem auch den „Rathauskeller", der damals allerdings angesichts der Bombenzerstörung des Rathauses offenbar nicht mehr in Betrieb war. Um Besteckdiebstähle zu vermeiden oder doch davor abzuschrecken, war auf Kaserers Besteck eingraviert: „gestohlen bei Otto Kaserer".

Das Rechtsproblem, ob und inwieweit ein Dieb Besitzesschutz genießen kann, hat mich dann später in meinem Jusstudium beschäftigt. Damals allerdings waren solche Erwägungen uninteressant, und die Antwort des Gefreiten Horvath löste einen Sturm der Heiterkeit aus, dem sich auch der Hauptfeldwebel nicht entziehen konnte.

Die Italiener haben das alles nicht verstanden, das Besteck musste jedenfalls zurückgegeben werden. Ob es aber jemals wieder in die Hände des Otto Kaserer, der auch nach dem

Krieg der führende Gastronom Wiens blieb, zurückgelangte, ist nicht bekannt.

## Der Richter auf dem Dach

In den 60er-Jahren gab es die Verfilmung einer amerikanischen Novelle, deren Autor mir entfallen ist, wobei als Besonderheit dieser Film einmal mit einer österreichischen und einmal mit einer amerikanischen Schauspielerin gedreht wurde. Der Titel dieses Films lautete „Die Jungfrau auf dem Dach", die Heldin war eine – wie es im Film hieß – „professionelle" Jungfrau, die sich von diesem Zustand, obwohl sie sehr hübsch und sehr umschwärmt war, nur schwer trennen konnte. Die „Jungfrau" wurde in der deutschen Filmfassung von Johanna (damals noch „Hannerl") Matz sehr originell und ansprechend dargestellt, sie stand aber im Schatten der großartigen Maggie McNamara, die die amerikanische Version spielte. Ich habe beide Verfilmungen gesehen, die amerikanische im Original im Burgkino, die österreichische irgendwo anders, und die zwei Stunden, bis die Jungfrau, bildlich gesprochen, vom Dach in das Bett des erwählten Mannes gefallen war, sind mir als Vergnügen in Erinnerung geblieben.

Aus eigener Erinnerung kann ich aber eine Story bieten, die tatsächlich auf einem Dach spielte, und in Erinnerung an diesen Film habe ich sie mit dem Titel „Der Richter auf dem Dach" versehen.

Es handelte sich um das alte Handelsgericht, Bezirksgericht, Bezirksgericht für Handelssachen und Exekutionsgericht in Wien 1, Riemergasse 7. Dieses umfangreiche Gerichtsgebäude, welches Generationen von Richtern, Beamten, Anwälten und nicht zuletzt den Exekutionskäufern eine Art Heimstätte geworden war, ist im heurigen Jahr, nachdem es vorher jahrelang völlig renoviert und mit EDV-Leitungen versehen wurde – also natürlich um ein Riesengeld –, von der Justiz verkauft worden, und statt im eigenen Haus die Rechtspflege zu betreiben, sind die vorgenannten Gerichte in den Justizturm in der Marxergasse im 3. Bezirk übersiedelt, wo eine horrende Miete dafür zu bezahlen ist. Warum das so geschehen ist, hat Anlass zu dunklen Vermutungen gegeben.

Tatsache ist, dass im Zusammenhang mit der Absiedlung der Gerichte von der Riemergasse in die Marxergasse an den Realitätenvermittler eine Riesenprovision geflossen ist, wobei man allgemein der Meinung war, dass eine solche Transaktion wohl angesichts des Interesses an einem so zahlungskräftigen Mieter wie der Republik einerseits und der ausgezeichneten Lage des Gerichtsgebäudes in der Riemergasse andererseits provisionsfrei ohne Inanspruchnahme eines Vermittlers über die Bühne hätte gehen können. Dass der Vermittler der Partei des Justizministers, der den Verkauf trotz Widerstands der Richter und der Anwaltschaft durchsetzte, nahestand, war Anlass für allerlei Mutmaßungen, die natürlich, wie man das in einem seriösen Buch festhalten muss, allesamt unbegründet sind.

In diesem Gerichtsgebäude in der Riemergasse war die Außerstreitabteilung und die dazugehörigen Richterzimmer im letzten Stock, der eigentlich der sechste war, aber als fünfter bezeichnet wurde, domiziliert. In diesem sechsten Stock hatte ein Richter, der durch seine – um einen vorsichtigen Ausdruck zu gebrauchen – eigenwilligen Entscheidungen bekannt war, sein Amtszimmer. Dieses Amtszimmer hatte ein Fenster auf die Zedlitzgasse. Vor diesem Fenster befand sich ein Blechdach im Ausmaß von etwa 10 bis 15 Quadratmeter. Dieses Blechdach war von anderen Häusern nicht einsehbar, weil es eben schon an der Spitze des Gerichtsgebäudes gelegen war. Der dort hausende Außerstreitrichter – für Nichtjuristen sei der Begriff „Außerstreit“ insofern definiert, als es sich hier weitgehend um familiengerichtliche Angelegenheiten handelt und der Ausdruck „Außerstreit“ dabei insofern irreführend ist, weil nirgends so viel gestritten wird wie in so genannten

„Außerstreitsachen" – pflegte nun zur Mittagszeit, wenn die Sonne so schön auf das Blechdach schien, dort ein Sonnenbad zu nehmen. Er sperrte das Richterzimmer ab, stieg durch das Fenster auf das Blechdach, breitete dort eine Decke aus und ließ sich bräunen.

Einmal schlief er aber bei einer solchen Bräunungsstunde ein, und da er sich im Schlaf bewegte, hing ein Bein über den Rand des Blechdaches und wurde nun von der Straße aus sichtbar. Nachdem der erste Passant mit einem Schreckensruf auf diese Situation reagiert hatte, sammelte sich eine Menge weiterer Personen an, wobei die einen entsetzt, die anderen erwartungsfroh hinaufschauten und allgemein erörtert wurde, wie lange es dauern werde, bis der zum Bein gehörige Körper vom sechsten Stock auf die Straße herunterstürzen würde.

Es ist nun für alle derartigen außergewöhnlichen Ereignisse eine Einrichtung zuständig, gleichgültig ob es sich um Katastropheneinsätze oder um eine aufs Dach verirrte Katze handelt: nämlich die Wiener Feuerwehr. Sofort wurde diese telefonisch vom gegenüberliegenden Kaffeehaus aus alarmiert.

Eine Feuerwehrausfahrt ist in Wien jedes Mal ein Ereignis. Erst kommt ein Kommandofahrzeug, dann ein Fahrzeug mit Löschwasser, dann noch ein Fahrzeug mit etwas Mannschaft und zuletzt als Höhepunkt die große Leiter. Nun ist die Feuerwehrzentrale von der Riemergasse nicht allzuweit entfernt, aber das „Trara" hört man jedenfalls schon lange vor dem Eintreffen.

Von diesem beträchtlichen Lärm aufgeschreckt, erwachte unser Richter, zog das Bein aufs Dach zurück und verschwand durch sein Fenster in sein Zimmer.

Irgendwie gelang es, die Feuerwehr noch vor ihrem Katastropheneinsatz zu stoppen. Der Vorfall wurde angeblich von der Polizei aufgenommen, und dann, da es sich ja um eine hochgestellte Persönlichkeit handelte, ad acta gelegt, nicht einmal die „Kronen-Zeitung" hat darüber berichtet. Innerhalb der Justiz hat die Geschichte aber viel Staub aufgewirbelt, der bezügliche Richter ist kurz darauf – wie es hieß, aus gesundheitlichen Gründen – in Pension gegangen (worden).

## Der (Nicht)Stammgast

Die alte Eden Bar in der Liliengasse im ersten Bezirk gibt es immer noch. Sie ist zwar heute etwas verändert – der legendäre Krawattenzwang war zwischenzeitig einmal abgeschafft, nunmehr soll er wieder eingeführt worden sein –, und ich habe die Bar, obwohl ich früher sehr gerne hingegangen bin, schon lange nicht mehr besucht und bin daher über den letzten Stand der Dinge nicht informiert.

Als ich dieses Lokal noch öfter frequentierte, geschah dies meistens gemeinsam mit einem guten Freund, dessen Geschichte es wahrscheinlich auch wert wäre, in einem biographischen Werk festgehalten zu werden. Er hat in seinem Leben eine Menge Berufe ausgeübt. Begonnen hat er als Zuckerbäcker, dann war er Pfleger in Steinhof, schließlich erlernte er das Gewerbe eines Installateurs, und zuletzt war er Geschäftsführer einer Gebäudereinigung, die er dann dem Eigentümer abkaufte und von einem Kleinstbetrieb zu einem Großunternehmen mit mehr als tausend Beschäftigten ausbaute.

Er hatte, wie gesagt, als einfacher Arbeiter begonnen, und auch als er groß und mächtig geworden war – Kommerzialrat und Innungsmeister, Vortragender an Berufsfachschulen, Sponsor von Fußballvereinen und dergleichen mehr –, vergaß er niemals, woher er gekommen war, und blieb auch als Großunternehmer ein standhafter Sozialdemokrat. Natürlich war das für ihn auch als Auftragnehmer im roten Wien nicht unbedingt ein Nachteil, aber seine Arbeiter schätzten ihn wegen seiner sozialen Einstellung, ungeachtet seiner deftigen Ausdrucksweise und der Notwendigkeit, in der Arbeit auch etwas leisten zu müssen.

Der Kommerzialrat war dem weiblichen Geschlecht sehr zugetan. Er konnte, was hier zu Lande von der Weiblichkeit sehr geschätzt wird, ausgezeichnet „Schmäh führen". Auch die direktesten Angebote waren mit solchem Charme vorgetragen, dass die wenigsten darüber beleidigt waren, und wenn er sich im Ausdruck vergriff, wurde es bei ihm immer toleriert. Mit ihm auszugehen war also jedes Mal eine Quelle reiner Freude.

In dieser Eden Bar, die sich über die Jahrzehnte ihres Bestehens wirklich ein vornehmes Flair erhalten hat, bestand also Krawattenzwang. Im Sinne dieser den Gästen auferlegten Verpflichtung wurde im Fasching an die Stammgäste jeweils eine schöne Krawatte zur Verteilung gebracht.

Wir waren zu viert in der Eden Bar, als der damalige Eigentümer Kennessy, begleitet von einem der beiden Ober, an den Tischen, an denen Stammgäste saßen, vorbeiging und Krawatten verteilte. Ich bekam eine, mein Freund bekam keine, und zwar deshalb, weil er sie schon am Vortag bekommen hatte. Er war dabei allerdings nicht, wie am gegenständlichen Tage, mit seiner Frau, sondern mit einer seiner zahlreichen Freundinnen dort gewesen. Seine Frau fragte nun den Geschenk austeilenden Ober: „Wieso bekommt denn mein Mann keine Krawatte?" Als der Ober verwirrt gerade anheben wollte, zu sagen: „Der Herr Kommerzialrat war ...", fiel ich ihm ins Wort und sagte: „Er ist ja kein Stammgast!"

Die Gattin meines Freundes nahm diese Antwort zwar etwas skeptisch hin, aber sie war damit zufrieden, und als ich ein anderes Mal wieder in diesem Etablissement war, kam der Ober und meinte: „Gott sei Dank sind Sie, Herr Doktor, mir ins Wort gefallen, denn ich war so konsterniert, dass ich wahrscheinlich Blödsinn gesagt hätte."

Diskretion ist immer die Stärke der Eden Bar gewesen. In den Auslagen des Etablissements sind viele so genannte Prominente abgebildet, die bei ihrem Besuch im Lokal fotografiert wurden. Der langjährige Fotograf ist längst verstorben, aber irgendein Nachfolger wird nun dort tätig sein, und es gehört zum Hausbrauch, dass jeder gefragt wird, ob er einverstanden ist, dass der Schnappschuss auch in die Vitrine kommt. Gemessen an der großen Zahl von Seitensprüngen, die zu Besuchen in der Eden Bar führten, sind daraus resultierende Rosenkriege nur in verschwindender Zahl vorgekommen.

## Wie ich der US Army entgangen bin

Nach der Rückkehr aus dem Krieg habe ich mir, wie wohl fast alle so genannten deutschen Landser, also Personen, natürlich auch Österreicher, die während des Krieges der Deutschen Wehrmacht gedient hatten, gesagt: Nie wieder Militär!

Das führte auch dazu, dass die Gründung des österreichischen Bundesheeres keine allzu große Begeisterung auslöste. Kreisky hat bekanntlich mit der Verkürzung der Wehrpflicht seinen ersten großen Wahlerfolg erzielt.

Es gab einige meiner Bekannten, auch Anwaltskollegen, die als Reserveoffiziere bei den jeweiligen Reservistenübungen noch tätig waren, aber das war eine verschwindende Minderheit. Allgemein war man froh, diesen Lebensabschnitt hinter sich zu haben, wobei ja auch im Frieden ein Dienst beim Militär meist keine Annehmlichkeit darstellt.

Ich muss nun einen großen Zeitsprung machen. Ich habe das Glück, jünger auszusehen, als ich bin, das wird mir von meinen Freunden, von gutwilligen und auch von böswilligen, bestätigt. Als ich mich vor mehr als zwanzig Jahren der Notwendigkeit beugte, einmal in Amerika gewesen zu sein, führte mich mein Weg durch die USA zu diversen Freunden und Bekannten über New York, Washington, Phoenix in Arizona, natürlich verbunden mit dem Besuch des Grand Canyon, und zuletzt nach San Francisco, in diese am europäischsten anmutende Großstadt der USA.

An einem schönen sonnigen Morgen machte ich einen Spaziergang durch die reichlichen Parkanlagen dieser Stadt und hörte auf einmal eine Blasmusik einen lauten Marsch spielen. Da ich eine Schwäche für Blasmusiken habe, ging ich den Tönen nach und stieß auf eine amerikanische Militärmusik, die wirklich ganz ausgezeichnet war und zu meiner Überraschung ein auch bei uns viel gespieltes Musikstück darbrachte.

Ich stellte mich zu den anderen Zusehern und lauschte der Musik. In der Folge bemerkte ich, dass es sich um eine Werbeaktion der US Army handelte. Die allgemeine Wehrpflicht war kurz davor abgeschafft worden, und die Army stand nun vor der Notwendigkeit, ihren Stand entsprechend zu erhöhen, und wie zu Landsknechtszeiten war die Werbung in den Parks und Straßen von Musik, Trommelklang und Freibier begleitet.

Als ich dann etwas näher zur Musik hinging, trat plötzlich ein dicker Sergeant auf mich zu und fragte mich allen Ernstes, ob ich nicht in die Army eintreten wolle. Zuerst glaubte ich, dass das ein Witz sei, aber dann erkannte ich zu meinem Erstaunen, dass es dem Sergeant mit seinem Anliegen ernst war. Ich entgegnete ihm, so gut ich Englisch konnte, und ich kann es nicht gut, dass ich Ausländer sei und mich daher sein Antrag zwar ehre, aber aus diesem Grund sein Vorschlag ins Leere gehe.

Der Sergeant entgegnete aber, dass das überhaupt kein Grund sei, denn wer in die Armee eintrete, werde die amerikanische Staatsbürgerschaft erhalten, und bei einer längerfristigen Verpflichtung wäre damit eine Pension verbunden. Er schilderte alle Vorteile des Eintretens in die Army, so dass mir ganz schwindlig wurde. Schließlich sagte ich dem Mann, dass ich bereits in einer Army tätig gewesen sei, nämlich in Hitlers Wehrmacht. Das schreckte ihn auch nicht ab, er meinte, dass das, nachdem er mir das Kompliment gemacht hatte, dass ich wohl nicht so alt sein könne, eine gewisse militärische Grunderfahrung darstelle und ich daher rascher Karriere machen könnte. Er drückte mir ein Formular in die Hand, und ich versuchte zuerst, dieses Formular spaßhalber auszufüllen. Dann aber überlegte ich mir, abgeschreckt durch verschiedene Filme und Presseberichte, die Gefahren, die einem bei unwahren Erklärungen gegenüber einer amerikanischen Behörde drohen können, und unterließ daher diesen beabsichtigten Jux. Der Sergeant kam dann noch einmal zu mir zurück und bedauerte meine Ablehnung.

## Das veruntreute Ritterkreuz

Ich habe schon erzählt, dass ich mich wegen einer sehr hartnäckigen Rippenfellerkrankung längere Zeit in einem Lazarett der deutschen Wehrmacht in Reichenau aufhielt. Zu dieser Zeit, im Sommer des Jahres 1944, fanden fast täglich Luftangriffe der Amerikaner statt, hauptsächlich auf Wiener Neustadt und Wien. Die Flugzeuge kamen in der Regel am späten Vormittag und flogen am frühen Nachmittag wieder zurück. Die Luftabwehr konnte, da in dieser Zeit die Stärke der deutschen Wehrmacht bereits stark im Schwinden begriffen war, nicht viel gegen mehrere Hundert Bomber ausrichten, aber es kam doch immer wieder vor, dass Flugzeuge abgeschossen wurden.

Wir, das waren also die Insassen des Lazaretts in Schloss Wartholz in Reichenau, waren alle, ungeachtet unserer Dienstgrade, junge Leute, die für jede Art Unfug zu haben waren. Ich kann mich noch daran erinnern, dass wir zum Beispiel die Handwagerln, die zum Abtransport der Wäsche und zum Antransport des Essens verwendet wurden, insofern zweckentfremdeten, als wir zu fünft und zu zehnt mit diesen die abschüssigen Wege hinunterfuhren, wobei es mehrmals vorkam, dass wir an Bäume stießen oder die Wägen umwarfen, es ist aber dabei erstaunlicherweise niemandem etwas passiert.

Ein weit gefährlicherer Unfug war es, mit einem großen Zimmerspiegel, der in einem der Schlossräume gefunden wurde, von der Terrasse des Schlosses aus die anfliegenden Flugzeuge anzublinken. Es war deutlich zu sehen, wenn das

Aluminium auf den Flugzeugen aufglänzte, wir also mit dem Spiegel das Flugzeug „getroffen“ hatten. Einmal ging ein Begleitjäger im Tiefflug herunter und schoss wild herum. Es passierte zwar nichts, aber als die Lazarettleitung von unserem Unfug erfuhr (während des Angriffes fiel es ja nicht auf, weil die Lazarettleitung im Keller saß), wurde mit Kriegsgericht und allem Möglichen gedroht, jedenfalls ist dieser Unfug dann unterblieben.

Wir hatten Kontakt mit der Flakbatterie (Fliegerabwehr), die sich zum Schutz der Semmeringbahn beim Viadukt in Payerbach befand. Bei einem dieser Angriffe wurde eines der anfliegenden Flugzeuge abgeschossen. Ein Mitglied der Besatzung schwebte mit dem Fallschirm herunter, kam etwas unsanft am Boden auf und wurde gefangengenommen. Es handelte sich um einen fast zwei Meter großen Schwarzen, der sichtlich erfreut war, dass der Krieg für ihn zu Ende gegangen war. Er wurde dann abgeholt und in irgendein Gefangenenlager gebracht. Die Flakbatterie geriet in Ekstase, weil sie das Flugzeug abgeschossen hatte. Der Kommandant der Batterie erklärte bereits, dass er hierfür das Ritterkreuz erhalten werde. Das Ritterkreuz war einer der höchsten Orden, die man in der deutschen Wehrmacht erhalten konnte.

Es wurde bereits entsprechend gefeiert, als die Nachricht eintraf, dass auch weiteren Besatzungsmitgliedern der Absprung mit dem Fallschirm gelungen sei, diese aber nicht im Raum Payerbach oder Reichenau aufgegriffen worden wären, sondern bereits in Mürzzuschlag und in Spital am Semmering. Daraus war zu schließen, dass das Flugzeug nicht von der tapferen Batterie in Payerbach zum Absturz gebracht worden war, sondern offensichtlich bereits von einer in der Gegend von Graz und die Besatzung nach und nach ausgestiegen war.

Natürlich haben wir die Kameraden von der Flak dann gehänselt und sie spaßhalber „Ritterkreuzträger“ genannt.

# Anhang

## Glöckelsche Schulreform

Otto Glöckel war geschäftsführender Präsident des Wiener Stadtschulrates; die Reformierung des Schulwesens in Wien nach dem 1. Weltkrieg ist sein Verdienst. Seine Reformen konnten nur zum Teil verwirklicht werden, weil auch schon damals die Schulgesetze im Parlament eine Zweidrittelmehrheit erforderten. Ein Konsens zwischen Sozialdemokraten und Bürgerlichen konnte in der 1. Republik nicht gefunden werden und in der 2. Republik nur teilweise.

Glöckel forderte die akademische Lehrerbildung, gleichgültig, ob es sich um Lehrer in Volksschulen oder in höheren Schulen handelte; weiters die allgemeine Mittelschule für die Zehn- bis Fünfzehnjährigen und die natürlich damals nur sehr selten bestehende Koedukation (Knaben und Mädchen in einer Schulklasse).

Eine Reihe von Forderungen sind heute überholt; es hat jedenfalls einen Glöckelschen Anstoß zur Reformation des in sehr alten Schuhen steckenden Schulwesens gegeben. Glöckel verstand es, junge Lehrer für seine Ideen zu begeistern, und hat es auch erreicht, dass, zumindest in den Wiener Pflichtschulen, dieser Geist der Modernität eingezogen ist.

## „Heldenkanzler" Dollfuß

Dr. Engelbert Dollfuß, christlich-sozialer Bauernpolitiker, setzte es sich zum Ziel, die Sozialdemokratie, die damals die stärkste politische Kraft war (mehr als 40% der Wählerstimmen), auszuschalten und anstelle der demokratischen Bundesverfassung eine so genannte ständische Verfassung einzuführen. Anstelle der Parteien sollten die Berufsstände die gesetzgebende Körperschaft bilden, natürlich mit dem Ziel, Arbeitnehmervertretungen wie die damalige sozialdemokratische Partei, die Gewerkschaften und Arbeiter- und Angestelltenkammern ausschalten. Dies geschah durch eine „Lücke im Gesetz“, als anlässlich eines Eisenbahnerstreiks im Jahr 1933 eine Maßregelung der Streikführer vorgesehen war und die sozialdemokratische Partei dagegen stimmte.

Der Präsident des Nationalrates, damals der Abgeordnete Dr. Renner, war als Vorsitzender nicht stimmberechtigt und wollte die Mehrheit sichern, indem er zurücktrat. Daraufhin traten seine beiden Stellvertreter, die der bürgerlichen Seite angehörten, auch zurück, und Dollfuß stellte sich nunmehr auf den Standpunkt, dass es kein Parlament mehr gäbe. Und als die Abgeordneten wieder zusammentreten wollten, stellte er die Polizei vor das Parlament und versperrte die Türen. Das war der Anfang des so genannten „Austrofaschismus“.

Als sich die Sozialdemokratie im Februar 1934 dagegen erhob, kam es zuerst zu Auseinandersetzungen zwischen dem republikanischen Schutzbund (das war die Wehrorganisation der Sozialdemokratie) und der Heimwehr (das war die Wehrorganisation der Bürgerlichen). In der Folge griff das Bundesheer zugunsten der Heimwehr ein, und die sozialdemokratische Partei wurde, ebenso wie die Gewerkschaften, verboten.

Der Bürgermeister und Landeshauptmann von Wien wurde aus dem Rathaus geschleppt, und die „aufständischen Sozialdemokraten“ hatten gegen das Bundesheer und die hochgerüstete Heimwehr keine Chance. In vier Tagen war jeder Widerstand erloschen. Die Führer des republikanischen Schutzbundes, soweit es ihnen nicht gelungen war, ins Ausland zu fliehen, wurden vom Standgericht abgeurteilt und hingerichtet.

Dr. Engelbert Dollfuß ließ sich in der Folge als „Sieger und Heldenkanzler“ feiern. Der Sieg über die Sozialdemokratie machte aber, wie sich in der Folge zeigte, Österreich für den Nationalsozialismus sturmreif.

Die erste Welle des nationalsozialistischen Angriffes im Juli

1934 war ein Putsch, der zwar fehlschlug, aber mit der Ermordung des Dr. Dollfuß endete. Die so genannte „vaterländische Front", welche nach Dollfuß von seinem Nachfolger Dr. Schuschnigg geführt wurde, war außer Stande, sich dem nationalsozialistischen Druck entgegenzustellen, und es kam 1938 dann zur Besetzung und Einverleibung Österreichs durch das Deutsche Reich.

Dr. Schuschniggs Anlehnung an das faschistische Italien zwecks Rückhalt gegen Hitler scheiterte, weil sich die beiden Diktatoren verständigten und Österreich damit „sturmreif" war. Durch die Anlehnung an den italienischen Faschismus spricht man seither vom so genannten „Austrofaschismus".

### Carl Freiherr Auer von Welsbach

Die Straßenbeleuchtung in Wien im 19. Jahrhundert geschah durch so genannte „Schmetterlingsbrenner". Das waren offene Gasflammen, die natürlich nur sehr wenig Licht gaben und nur den Raum unmittelbar neben dem Kandelaber erhellten.

Der Forscher Freiherr Auer von Welsbach erfand das so genannte Glasglühlicht. Es wurde ein aus Asbest gefertigter Strumpf über die Gasflamme gezogen, und dieser Strumpf kam zum Glühen und gab ein mildes, helles Gaslicht, das dann zur Straßenbeleuchtung verwendet wurde. Ebenso wurden auch Wohnungen und öffentliche Gebäude auf diese Weise beleuchtet. Später baute man Zeitschaltungen ein, durch die sich diese Beleuchtung selbst entzündete. Jedenfalls bedeutete das einen ganz entscheidenden Fortschritt im Beleuchtungswesen.

### „Adabei"

Adabei war eine Art von Cartoon-Figur, die durch die „Kronen-Zeitung" populär gemacht wurde. Es handelte sich um einen Mann mit großer Nase, einen so genannten „Wiener

Typ", der in der vorgenannten Zeitung zu diversen Zeitereignissen Stellung nahm. Dieser Adabei wurde auch als Brandteigkrapfen und als Zuckerfigur in Konditoreien verkauft.

### Zeiss-Fabrik

Die Firma Zeiss aus Jena hatte in Wien eine Niederlassung und erzeugte auf einer Anhöhe am Flötzersteig in Wien 14 optische Geräte. Von dieser Anhöhe war das ganze Umfeld gut zu sehen. Im Bürgerkrieg 1934 wurden dort Geschütze aufgestellt; gleichzeitig fanden in den Siedlungen, die zum Großteil von Parteigängern der Sozialdemokratie bewohnt waren, Durchsuchungen nach Waffen statt. Dort waren zwar keine Waffen versteckt, aber die Frauen und Kinder wurden entsprechend drangsaliert und es wurde gedroht, wenn eine einzige Waffe gefunden werde, fange die Artillerie zu feuern an.

Ich war damals zum ersten Mal im Schutzkeller, weil man ernsthaft einen Angriff befürchtete.

### Otto Wagner

Otto Wagner war der Architekt des Jugendstils. Er hatte die Idee, speziell im 6. Bezirk in Wien ein eigenes Jugendstilstadtviertel zu schaffen; einige Häuser im Jugendstil sind dort noch erhalten. Auch die berühmte Kirche am Steinhof ist eines seiner Werke. Aber sein bekanntestes Werk ist die Wiener Stadtbahn.

Es war eine gewaltige städtebauliche Initiative, einen Architekten zu beauftragen, die Gestaltung der gesamten neu errichteten Stadtbahn, also die Rundbögen, die Begrenzungsgitter, die Stationen, die Einrichtung der Stationen und schließlich auch die Waggons und deren Innenleben, vorzunehmen.

Otto Wagner ist hier ein ganz großes Werk gelungen. Heute noch sind, wenn man die einzelnen Haltestellen der Stadtbahn – nunmehr U 4 oder U 6 bzw. S 45 (Vorortelinie), soweit sie nicht im 2. Weltkrieg zerstört wurden, besichtigt, die Jugendstilelemente unverkennbar.

Nicht zu vergessen die große Brücke über den Gürtel. Das einzige, was verschwunden ist, sind die Wagen. Es gibt nur mehr sehr wenige. Sie waren zwar klein und nur zweiachsig, aber komfortabel eingerichtet. Es gab zwei Klassen, und diese alten Stadtbahnwagen wurden schließlich, nachdem die Wiener Stadtbahn elektrifiziert wurde, im normalmäßigen Bahnbetrieb auf der West- und Südbahn eingesetzt.

### Der „214er"

Nach dem 1. Weltkrieg wurde ein Gesetz beschlossen, wonach die Westbahn als Hauptbahn in Österreich elektrifiziert werden sollte. Dies unter Berücksichtigung der Tatsache, dass Österreich, durch die Ergebnisse der diversen Friedensverträge nach dem 1. Weltkrieg, seiner einstigen Kohlevorkommen verlustig gegangen war und durch Strom („weißes Gold") diverser Kraftwerke, die zwar noch zu errichten gewesen wären, autark werden würde.

Die Elektrifizierung blieb auf die Arlbergstrecke, auf die Westbahn bis Salzburg und auf die Tauernbahn beschränkt. In der Zwischenkriegszeit hielt die Österreichische Bundesbahn den Rekord an Korruptionsaffären. Solange es ein Parlament gab, wurden diese Affären bekannt, nachher verdunkelt. Die Sabotage der Elektrifizierung durch korrupte Beamte hatte die Erlangung von Schmiergeldern von Seiten der Kohlenlieferanten zum Ziel.

Die Fahrzeiten auf der Westbahn wurden international heftig kritisiert, weil sie exorbitant lang waren. Dies deshalb, weil kein entsprechendes Lokomotivmaterial vorhanden war. Die Westbahn ist zwar keine Gebirgsbahn, sie hat aber doch Steigungen, und mit den vorhandenen Loks konnte ein einigermaßen annehmbarer Schnellverkehr nicht abgewickelt werden. Es erging daher der Auftrag an die Lokomotivfabriken

Siegl/Wiener Neustadt und Wien/Floridsdorf, eine geeignete Lokomotive zu entwickeln. Wiener Neustadt baute dann die Lokomotive, die die Reihenbezeichnung 114 bekam, Floridsdorf die Loknummer 214. Die „214er“ bewährte sich im Betrieb besser und wurde daher immer wieder nachbestellt; es waren zuletzt an die 15 Loks vorhanden, mit denen also auf der Westbahn das Auskommen gefunden wurde.

Die Lok erreichte bei Probefahrten eine Höchstgeschwindigkeit von 155 km/h und war für 120 km/h zugelassen, wodurch sich die Fahrtzeit von Wien nach Salzburg von etwa 5,5 bis 6 Stunden auf 4,5 Stunden reduzierte (heute fährt man elektrisch 3 Stunden). Diese „214er“ wurden von der Eisenbahnerwelt bestaunt, und es kamen immer wieder Eisenbahnfreunde nach Salzburg, um sie dort zu besichtigen.

Diese Maschinen fuhren auch noch relativ lange nach Kriegsende, zuletzt auf der Südbahn. Dann wurden sie verschrottet; ein Exemplar steht im Eisenbahnmuseum. Die Rumänen haben die Loks in Lizenz nachgebaut, und ein Wiener Eisenbahnhobbyverein hat eine solche Lok von Rumänien erworben, und diese fährt jetzt durch Österreich bei Vergnügungsfahrten.

## Nürnberger Rassengesetze

Die Nationalsozialisten in Deutschland fanden ein einfaches Mittel, der Bevölkerung die trostlose Wirtschaftslage der Zeit nach dem 1. Weltkrieg verständlich zu machen, indem sie sagten, dass daran „die Juden schuld seien“. Es gab eine ganz üble rassistische Propaganda und es gab Publikationen mit übelsten Verleumdungen. Alles war darauf ausgerichtet, Juden für jedes Übel in Deutschland verantwortlich zu machen. Auch bei den österreichischen Nationalsozialisten, die ja nicht annähernd den Aufschwung nahmen wie in Deutschland, lief die Propaganda in gleicher Weise.

Nach der Machtergreifung der Nationalsozialisten im Jahre

1933 in Deutschland wurden die so genannten Nürnberger Rassengesetze erlassen, welche die jüdische Bevölkerung Deutschlands in „Volljuden“ und „Mischlinge ersten und zweiten Grades“ einteilten. Man ging nicht von der Religionszugehörigkeit, sondern von der so genannten „Rassenzugehörigkeit“ aus. Eine jüdische Religionszugehörigkeit führte aber dazu, dass ein „Mischling ersten Grades“ einem Volljuden gleichgesetzt wurde. Die Volljuden waren praktisch vom Erwerbs- und Wirtschaftsleben ausgeschlossen. „Mischlinge ersten Grades“ durften in untergeordneten Berufen tätig sein, „Mischlinge zweiten Grades“ ebenso, sie hatten aber den „Vorteil“ gegenüber den „Mischlingen ersten Grades“, dass sie „wehrwürdig“ waren. Allerdings nur beschränkt; sie konnten äußerstenfalls Gefreite bei der Deutschen Wehrmacht werden. Dies alles war gesetzlich geregelt, ebenso wie die so genannte „Rassenschande“. Beziehungen zwischen jüdischen Mischlingen und so genannten „Ariern“ wurden unter Strafe gestellt und endeten häufig im Konzentrationslager. Die Gesetze waren die Vorstufe des Massenmordes an den Juden in Deutschland und den besetzten Gebieten.

### Ferdinand Hanusch

Ferdinand Hanusch war maßgeblicher Sozialreformer in der ersten Republik, als nach 1918, zur Zeit der großen Koalition zwischen Sozialdemokraten und Christlich-Sozialen, die Grundsozialgesetze geschaffen wurden, die auch heute – wenngleich in modifizierter Form – noch Geltung haben (Arbeiterurlaub, Betriebsräterecht, Sozialversicherung und Kollektivvertragsrecht).

Die große Reformperiode endete dann mit dem Ausscheiden der Sozialdemokratie aus der Regierung; die geschaffenen Gesetze blieben jedoch zu einem großen Teil erhalten, und nach dem 2. Weltkrieg wurde auf diesen Gesetzen wieder aufgebaut.

Ferdinand Hanusch wurde auf dem Schmerlingplatz in Wien ebenso wie dem Gründer der Sozialdemokratie, Viktor Adler, und dem ersten republikanischen Bürgermeister Wiens, Reumann, ein Denkmal gesetzt, welches 1934 von den Austrofaschisten entfernt und nach dem 2. Weltkrieg wieder aufgestellt wurde.

### Gendarmerie

Mit dem Anschluss Österreichs an das Deutsche Reich im Jahr 1938 wurde auch die Polizeistruktur wesentlich geändert. Es gab nicht mehr Polizei und Gendarmerie, sondern nur mehr Polizei. Das war eine Entwicklung, die auch heute angestrebt wird. Der Begriff „Polizei" war damals viel weitreichender gefasst. Die Berufsfeuerwehr zum Beispiel war die so genannte „Feuerschutzpolizei".

### Donau-Save-Adria-Bahn

Das Eisenbahnwesen erreichte Österreich etwa um 1830. Es gab bei den in der Folge gegründeten Bahnen nur Privatbahnen in Form von Aktiengesellschaften. Später kam es zu Verstaatlichungen, dann wieder zu Entstaatlichungen, und schließlich blieb von den großen Privatbahnen die Donau-Save-Adria-Bahn übrig. Sie verfügte über ein ausgedehntes Netz sowohl in Ungarn als auch in Österreich bis nach Triest.

Nach dem 1. Weltkrieg übernahm dann die Bundesbahn Österreich, die BBÖ, wie sie damals hieß, den Betrieb, aber die Gesellschaft blieb bestehen, und auch als Nominalgesellschaft hat sie noch bis in die letzte Zeit Bestand gehabt.

### „Ahnenforschung"

Die Nürnberger Rassengesetze verlangten von allen Staatsbürgern die Erbringung eines so genannten „Ariernachweises".

Dieser war Voraussetzung für die Gewährung der staatsbürgerlichen Rechte und die Ermöglichung einer beruflichen Tätigkeit.

Das hatte zur Folge, dass die entferntesten Verwandten einander aufsuchten, um festzustellen, welche Unterlagen man besaß. Man tauschte Dokumente aus und half sich gegenseitig weiter. Die Schwierigkeit bei der „Ahnenforschung" bestand darin, dass die Forschung relativ weit gehen musste. Es gab den „kleinen Ariernachweis" und den „großen Ariernachweis"; z.B. war für entsprechend hohe Positionen der große Nachweis erforderlich.

Die Nachweise waren oft deshalb schwer zu erbringen, weil die Matrikenführung den Kirchen oblag und die Kirchen im Laufe der Jahrhunderte zumindest einmal abbrannten (und mit ihnen die Matrikenbücher).

Es gab eigene Bücher, die man im Papiergeschäft kaufen konnte, worin eine Ahnentafel enthalten war. Alle Daten mussten fein säuberlich eingetragen werden; man musste unter Umständen bis ins 15. Jahrhundert – und eventuell noch weiter – zurückgehen, um belegen zu können, wer die Vorväter waren. Natürlich war das sehr arbeitsaufwändig, letztlich aber sehr interessant.

Meine Mutter hat aus Ärger über den Nationalsozialismus diese Ahnentafel nach Kriegsende leider verbrannt, aber ich lebe auch nicht unglücklich, weil ich nicht weiß, wer meine weiteren Vorfahren waren.

### Russensturm

Die Bombenschäden in Wien waren im Verhältnis zu denen in den deutschen Städten als geringfügiger zu bezeichnen, wenngleich wichtige Gebäude – unter anderem auch die Oper – den Alliierten Bomben zum Opfer gefallen waren.

Wien wurde aber in den letzten Kriegstagen „Frontstadt". Das heißt, es fanden besonders im 2. und 3. Bezirk Kämpfe statt, und auch die Innere Stadt wurde teilweise Haus um Haus von den Russen gestürmt. Die Bevölkerung flüchtete in die Keller, und es war schon vom Einmarsch der Russen in Ungarn bekannt, dass die Frauen von russischen Soldaten missbraucht wurden. Es kam zu sehr vielen Vergewaltigungen, besonders in Gegenden, in denen Alkohol den Russen in die Hände fiel. Die Ausgabe von Wein an die Bevölkerung wurde dummerweise verweigert, so dass große Vorräte – insbesondere im Süden von Wien – dazu führten, dass die Soldaten nach übermäßigem Alkoholgenuss über die Frauen, derer sie habhaft werden konnten, herfielen.

Die Übergriffe ebbten mit der Zeit ab, es kam aber immer wieder zu solchen Vorfällen, und zwar bis etwa Ende 1946.

**Faschismus**

Obwohl Österreich vor dem 1. Weltkrieg mit dem Deutschen Reich durch den so genannten „Dreibund" verbündet war, wechselte Italien bereits im Jahr 1915, also ein Jahr nach Beginn des Kriegsausbruches, die Fronten und schloss sich den Alliierten an. Dies geschah im Hinblick darauf, dass die Alliierten Italien schon damals die italienischsprachlichen Gebiete der Monarchie, Triest, Istrien und Trentino, versprachen und auch die Brennergrenze und damit die Annexion ganz Südtirols in Aussicht stellten. Die wegen der bestehenden Bündnisverpflichtung entblößte österreichische Südgrenze musste durch Gendarmen, Standschützen – das waren alte und ganz junge Männer – gehalten werden, bis endlich Truppen eintrafen, unter anderem auch das Deutsche Alpencorps, um eine Verteidigung im Süden aufbauen zu können.

Im Jahr 1918 waren sowohl Österreich als auch Italien wirtschaftlich dem Zusammenbruch nahe. Italien konnte sich mit der Hilfe der Entente über das Ärgste hinwegretten und besetzte das von den rückflutenden deutschen und österreichischen Truppen verlassene Südtirol.

In den ersten Nachkriegsjahren gab es nur geringe Probleme zwischen den deutschsprachigen Südtirolern und den Italienern. Die öffentlichen Einrichtungen, die Schulen und die Ortstafeln blieben alle deutschsprachig. Erst mit dem Sieg des Faschismus wurde dann eine radikale Entnationalisierungspolitik seitens Italiens gegen Südtirol betrieben. Die deutschen Ortsnamen wurden verboten, Fantasienamen eingeführt, die deutschen Schulen abgeschafft, die Beamtenschaft durch zugezogene Italiener ersetzt und die Zuwanderung von Italienern besonders gefördert.

Nach dem 2. Weltkrieg kam es dann zu Verhandlungen über die Rückgliederung Südtirols an Österreich, die allerdings erfolglos blieben, weil die Alliierten im 2. Weltkrieg den Italienern, die auch in diesem Krieg „die Seite gewechselt hatten", zugesagt hatten, die Grenzen zu belassen; schon weil man befürchtete, dass Italien kommunistisch werden würde. Österreich und Italien wurden jedoch aufgefordert, eine gemeinsame Regelung zu treffen. Nach jahrelangen Problemen, Attentaten und Folterungen kam schließlich eine zwar nicht befriedigende, aber für beide Seiten akzeptable Lösung zustande.

Querschüsse gegen eine multinationale Gesellschaft in Südtirol kommen auch heute von den Neofaschisten, der Nachfolgepartei der Faschisten, die in Italien übrigens noch immer existiert und heute sogar eine Regierungspartei geworden ist. Die Bevölkerung besteht etwa zu drei Vierteln aus Deutsch und Ladinisch sprechenden Tirolern und zu einem Viertel aus Italienern, die größtenteils in der Stadt Bozen und Umgebung ansässig sind.